한국장학재단

NCS직업기초능력평가

한국장학재단
NCS직업기초능력평가

초판 2쇄 발행	2021년 4월 30일
개정2판 발행	2024년 9월 13일

편 저 자	|	취업적성연구소
발 행 처	|	㈜서원각
등록번호	|	1999-1A-107호
주 소	|	경기도 고양시 일산서구 덕산로 88-45(가좌동)
교재주문	|	031-923-2051
팩 스	|	031-923-3815
교재문의	|	카카오톡 플러스 친구[서원각]
홈페이지	|	goseowon.com

우리나라 기업들은 1960년대 이후 현재까지 비약적인 발전을 이루었다. 이렇게 급속한 성장을 이룰 수 있었던 배경에는 우리나라 국민들의 근면성 및 도전정신이 있었다. 그러나 빠르게 변화하는 세계 경제의 환경에 적응하기 위해서는 근면성과 도전정신 이외에 또 다른 성장 요인이 필요하다.

최근 많은 공사·공단에서는 기존의 직무 관련성에 대한 고려 없이 인·적성, 지식 중심으로 치러지던 필기전형을 탈피하고, 산업현장에서 직무를 수행하기 위해 요구되는 능력을 산업부문별·수준별로 체계화 및 표준화한 NCS를 기반으로 하여 채용공고 단계에서 제시되는 '직무 설명자료'에서 제시되는 직업기초능력과 직무수행능력을 측정하기 위한 직업기초능력평가, 직무수행능력평가 등을 도입하고 있다.

한국장학재단에서도 업무에 필요한 역량 및 책임감과 적응력 등을 구비한 인재를 선발하기 위하여 고유의 직업기초능력평가를 치르고 있다. 본서는 한국장학재단 종합직 채용대비를 위한 필독서로 한국장학재단 직업기초능력평가의 출제경향을 철저히 분석하여 응시자들이 보다 쉽게 시험유형을 파악하고 효율적으로 대비할 수 있도록 구성하였다.

신념을 가지고 도전하는 사람은 반드시 그 꿈을 이룰 수 있습니다. 처음에 품은 신념과 열정이 취업 성공의 그 날까지 빛바래지 않도록 서원각이 수험생 여러분을 응원합니다.

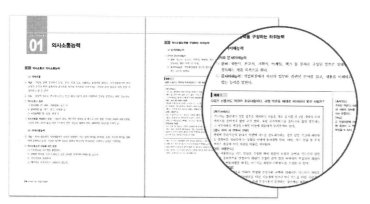

핵심이론정리

NCS 기반 직업기초능력평가에 대해 핵심적으로 알아야 할 이론을 체계적으로 정리하여 단기간에 학습할 수 있도록 하였습니다.

출제예상문제

적중률 높은 영역별 출제예상문제를 상세하고 꼼꼼한 해설과 함께 수록하여 학습효율을 확실하게 높였습니다.

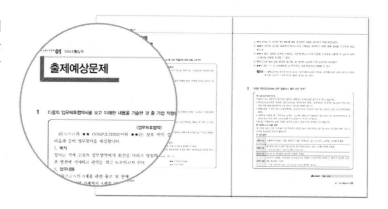

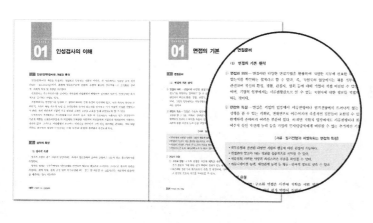

인성검사 및 면접

인성검사의 개요와 함께 실제 인성검사 유형과 유사한 실전 인성검사를 수록하였습니다. 성공취업을 위한 면접의 기본 및 면접기출을 수록하여 취업의 마무리까지 깔끔하게 책임집니다.

CONTENTS

PART **01**

한국장학재단 소개

CHAPTER
01

재단소개

(1) 설립취지

① **설립목적** … 학자금대출 및 장학사업 등을 효율적으로 운영함으로써 경제적 여건과 관계없이 의지와 능력만 있으면 누구나 공부할 수 있는 여건을 마련함으로써 국가에서 필요로 하는 인재육성에 기여

② **설립근거** … 한국장학재단 설립 등에 관한 법률

③ **미션** … 균등한 교육 기회 제공을 통한 인재 육성

④ **비전** … 학자금 부담은 줄이고, 꿈과 도전을 지원하는 희망 파트너

⑤ **전략목표 및 전략과제**

전략목표	전략과제
I 국가장학 공정 지원으로 고른 교육기회 확대	• 소득연계형 국가장학금 지원으로 학비 부담 경감 • 맞춤형 우수·취업 연계형 국가장학금 지원으로 청년 미래 역량 강화 • 학자금 지원 제도의 지속가능성 확보
II 고객 중심의 학자금대출 혁신	• 학자금대출 수혜자 확대 및 상환 부담 완화 • 학자금대출 재정건전성 제고 • 디지털 전환 촉진으로 학자금 지원 서비스 혁신
III 생애주기별 지원으로 미래 창의인재 양성	• 초·중·고생 성장 및 교육지원 확대 • 창의적 인재 양성을 위한 고등교육 지원 강화 • 청년 사회진출 및 주거복지 지원
IV 효율성 기반 ESG 책임경영 전환	• (E) 환경·안전과 고객의 정보를 지키는 책임경영 실천 • (S) 국민이 체감할 수 있는 사회적 책임 강화 • (G) 효율·투명·소통 경영으로 혁신성과 창출

⑥ **핵심가치** … 공정, 혁신, 창의, 효율

(2) 주요업무

① 학자금대출(취업후 상환 학자금대출, 일반 상환 학자금대출 등) 수행

② 우수학생 및 저소득층 국가장학사업 수행

③ 인재육성지원 프로그램 운영

④ 학자금 재원 조성을 위한 재단채 발행 및 운용

⑤ 장학금 등 학자금 지원 재원 마련을 위한 기부금 모집 · 관리

⑥ 기숙사 등 학생복지 시설 등의 설치 · 운영

(3) 한국장학재단 장학금 종류

구분		종류
소득연계형 국가장학금	국가장학금 Ⅰ유형(학생직접지원형)	소득수준에 연계하여 경제적으로 어려운 학생들에게 보다 많은 혜택이 주어지도록 설계된 장학금
	국가장학금 Ⅱ유형(대학연계지원형)	대학의 적극적인 등록금 부담완화 참여를 도모하기 위해 대학 자체노력과 연계하여 지원하는 장학금
	국가장학금 Ⅱ유형(신 · 편입생지원)	입학금 폐지가 완료된 대학의 신 · 편입생의 수업료를 지원하는 장학금
	다자녀 국가장학금	다자녀 가구의 등록금 부담 경감을 위해 지원되는 장학금
	지역인재장학금	지역대학의 우수 인재 유치 및 미래인재 양성을 위해 지원되는 장학금
국가근로 및 중소기업 취업연계 장학금	국가근로장학금	안정적 학업여건 및 양질의 직업체험을 제공하는 장학금
	대학생 청소년교육지원장학금	대학생에게 초 · 중 · 고등학생을 대상으로 교육지원 활동 기회를 부여하고 대가를 지급함으로써 교육봉사 및 장학금 수혜 기회 제공
	다문화 · 탈북학생 멘토링	대학(원)생 멘토들이 다문화 · 탈북학생 멘티들과 함께하는 다문화 · 탈북학생 멘토링
	중소기업취업연계장학금(희망사다리Ⅰ유형)	중소 · 중견기업 취업 및 창업 희망자, 기취 · 창업자를 위한 장학금 (취 · 창업 여부 무관)

구분	종류	
국가근로 및 중소기업 취업연계 장학금	고졸 후학습자 장학금(희망사다리Ⅱ유형)	선취업 후학습자를 위한 장학금
	고교 취업연계 장려금	고등학교 3학년 학생(2025년 졸업예정자) 중 중소·중견 기업에 취업한 학생을 위한 장려금
	현장실습 지원금	직업계고 산업체 채용형 현장실습 이수자를 위한 현장실습 지원금
	현장실습 기업현장교육 지원	직업계고 산업체 채용형 현장실습에 참여한 기업현장교사를 위한 현장실습 기업현장교육 지원금
국가우수 장학금	대학원대통령과학장학금	세계 최고의 이공계 연구인력으로서 성장 잠재력이 있는 우수 대학원생(석·박사과정) 발굴 및 성장 기반을 마련하기 위한 장학금
	대통령과학장학금	창의적이고 잠재력이 풍부한 과학기술분야의 최우수학생을 발굴·육성 지원함으로써 세계적 수준의 핵심 과학자군 양성을 위한 장학금
	국가우수장학금(이공계)	우수 인재를 이공계로 적극 유도하여 국가 핵심 인재군으로 육성하고 과학기술분야 국가 경쟁력 우위를 확보하기 위하여 지원하는 사업
	인문100년장학금	인문사회계열 우수학생에게 학자금을 지원하여 인문학 소양을 갖춘 인재 양성
국가우수 장학금	예술체육비전장학금	전공분야별로 재능과 소질을 개발하여 예술 및 체육분야를 선도할 수 있는 인재 육성
	우수고등학생 해외유학 장학금(드림장학금)	학업에 대한 의지와 열정이 있는 저소득층 성적 우수고등학생에게 해외유학 기회를 제공하여 글로벌 인재로의 성장 지원
	전문기술인재장학금	취업역량 개발 노력이 우수한 전문대 학생을 지원하여 전문기술인재로 육성
	복권기금 꿈사다리 장학금	복권기금을 재원으로 저소득층 우수 중·고생을 발굴, 대학까지 연계 지원하는 국가 장학제도를 통해 교육의 희망 사다리 기능 강화
푸른등대 기부 장학금	푸른등대 기부장학금	푸른등대 기부자의 의도를 반영하여 다양한 분야의 저소득층 우수 학생을 지원하는 장학금 (기부금 조성 상황에 따라 매년 사업규모가 변동됨)

(4) 학자금대출 안내

① 학자금은 대학(원) 또는 학점은행제 평가인정 학습과정 교육훈련기관이 통보한 등록금 및 학생의 생활안정을 위한 생활비로 구분

    ㉠ **등록금** : 입학금 + 수업료 등(기숙사비 제외)

    ㉡ **생활비** : 숙식비 + 교재구입비 + 교통비 등

※ 학점은행제 학습자 학자금대출은 생활비 대출 해당없음

② 학자금대출제도 종류

    ㉠ **취업 후 상환 학자금대출** : 연간소득금액이 상환기준소득을 초과하거나, 상속·증여재산이 발생한 경우 일정금액을 의무적으로 상환

    ㉡ **일반 상환 학자금대출** : 거치기간 동안 이자 납부 후 상환기간 동안 원리금(원금 + 이자) 상환

    ㉢ **농촌출신대학생 학자금융자** : 조건별 최장 기간 내 원금균등분할상환

CHAPTER

02

채용안내

(1) 채용분야 및 인원

※ 채용분야별 중복지원 절대 불가(중복 지원 발견 시 일괄 불합격 처리)

채용구분		채용분야		채용인원(명)		담당직무	근무지
				분야별	합계		
종합직	5급	일반행정	일반	7	19	직무기술서 참고	대구
			이전지역	6			
			장애	1			
		IT 개발운영	일반	2			
			이전지역	2			
		기록물관리		1			
	6급 (고졸)	행정지원		2	2		
합계					21		

※ 대구·경북지역에 소재한 고등학교 또는 대학교(대학원 제외)를 최종적으로 졸업하였거나, 졸업예정인 자(이전지역에서 고등학교 졸업 후 타 지역에서 대학을 졸업(예정)한 자는 제외)
※ 분야별 적격자가 없을 경우 미채용하거나 당초 계획보다 적은 인원을 선발할 수 있음
※ 근무지는 향후 재단의 인력운영 상황 등에 따라 타 지역(서울사무소, 중앙취업지원센터, 지역센터 등)으로 이동·배치될 수 있음

(2) 지원자격

① 공통 지원자격

구분	지원자격
기본	• 종합직(5급) 신입직원 ※ 학력, 연령, 성별 및 전공 제한 없음(연령의 경우 재단 정년에 의거 만 60세 미만인 자) ※ 2024. 12. 16.(월)부터 즉시 근무가 가능한 자 • 종합직(6급) 신입직원(고졸) ※ 고졸(예정)자로 제한하며, 이 외에 연령, 성별, 전공(직업계고 내에서 전공을 말함) 제한 없음(연령의 경우 재단 정년에 의거 만 60세 미만인 자) ※ 2024. 12. 16.(월)부터 즉시 근무가 가능한 자
결격사유	한국장학재단 「인사규정」 제10조에 따른 결격사유에 해당하지 않는 자
병역	• 「병역법」 제76조에서 정한 병역의무 불이행자에 해당하지 않는 자 ※ 종합직 6급(고졸) 신입직원 분야 지원자의 경우 병역 지원자격 미적용
기타	• 재단 재직 중인 일반직 및 기간제 근로자 중 채용공고일 기준 최근 개인성과평가(근무성적평정) 결과 연속 3회 이상 C등급 이하를 받은 경우 응시 제한 • 지원서 작성 시 인적사항, 영어시험점수, 지원자격, 가점사항 등 오기재에 따른 정보 불일치 시 불합격 처리 • 채용분야별 중복 지원이 불가하며, 중복 지원이 발견될 경우 불합격 처리 • 자격 미충족자가 임용 전후로 발견될 경우 합격취소 처리

② 종합직(5급) 지원자격

구분	지원자격
기본	• 공통 지원자격을 충족한 자

외국어
(영어)

• 영어능력검정시험 기준점수 이상 취득자

※ 지원서 접수 마감일 기준 자체 유효기간 내에 있거나, 사이버국가고시센터에 사전등록이 완료된 성적에 한하여 인정

※ 재단 직무 중 해외 장학금 운영 등에 따라 일정 수준의 어학능력 필요

※ 재단 재직 중인 일반직 및 기간제 근로자 중 근속기간 1년 이상인 자의 경우 해당 지원자격(영어 능력검정시험 기준점수 이상 취득) 불필요

시험명	채용분야별 기준점수		
	일반	장애	
		청각장애인 외	청각장애인
TOEIC	800	600	300
New TEPS	310	228	137
TOEFL(iBT)	91	68	34
G-TELP(Level2)	76	50	34
TOEIC Speaking	IM3	IM1	–
OPIc	IM3	IM1	–
TEPS Speaking	57	40	–

– 위 표에서 '일반'이란 일반행정(장애) 채용분야 외 일반행정(일반, 이전지역), IT개발운영(일반, 이전지역), 기록물관리를 말함

– 위 표에서 '장애'란 일반행정(장애) 채용분야 지원 시 기준점수를 의미하며, 일반행정(장애)분야 외 지원한 장애인 지원자의 경우는 '일반' 기준점수 적용

– 위 표에서 청각장애인이란 장애의 정도가 심한 청각장애인(중증장애인)을 말함

– 청각장애인의 기준점수는 해당 영어능력검정시험에서 듣기부분을 제외한 나머지 부분의 합계점수를 말함

이전지역	• 대구·경북지역에 소재한 고등학교 또는 대학교(대학원 제외)를 최종적으로 졸업하였거나, 졸업예정인 자 ※ 이전지역에서 고등학교 졸업 후 타 지역에서 대학을 졸업(예정)한 자는 제외 ※ 상세 기준은 별첨 자료 참고
장애	• 「장애인고용촉진 및 직업재활법 시행령」 제3조에 의한 장애인

기록물관리	• 「공공기록물 관리에 관한 법률 시행령」 제78조제1항에 해당하는 자 (1호 또는 2호에 해당하는 자) 1. 기록관리학 전공으로 석사학위 이상을 취득한 사람 2. 다음 각 목의 어느 하나에 해당하는 사람으로서 행정안전부령으로 정하는 기록관리학 교육과정을 이수하고, 행정안전부장관이 시행하는 기록물관리 전문요원 시험에 합격한 사람 　가. 기록관리학 학사학위를 취득한 사람 　나. 역사학 또는 문헌정보학 학사학위 이상을 취득한 사람 ※ 채용공고 접수 마감일까지 취득 완료된 학위·자격까지만 인정

③ 종합직(6급) 지원자격

구분	지원자격
기본	• 공통 지원자격을 충족한 자
학력	• 직업계고 졸업(예정)자(최종학력이 고졸 이하)로서 학교장 추천을 받은 자(학교별 3명 이내) ※ 직업계고 : 「초·중등교육법」에 따른 특성화고, 산업수요맞춤형고등학교(마이스터고), 일반고 직업계열 설치학과를 포함하는 명칭 ※ 대학 및 전문대학 졸업자, 졸업예정자, 졸업 유예자, 수료자는 지원 불가 ※ 최종학력을 허위로 기재(대학 및 전문대학 졸업자, 졸업예정자, 졸업 유예자, 수료자가 고졸 학력만 제시) 한 경우에는 합격 취소 또는 임용 취소 ※ 고졸 인재 기준은 기획재정부 「공공기관 통합공시 매뉴얼, 전자문서 작성지침」에 따름 ※ 학교장 추천서 제출이 필수이며, 상세 내용은 채용공고문 '6. 제출서류' 참조 ※ 학교별 4명 이상 추천 시 해당 학교 지원자 모두 불합격 처리

④ 결격사유

한국장학재단 「인사규정」 제10조(채용 금지자)에 따른 결격사유

1. 「국가공무원법」 제33조 각 호의 결격사유 중 어느 하나에 해당하는 자
2. 채용 신체검사 결과 채용 부적격으로 판정된 자
3. 전직 중 불미한 소행 또는 근무태만으로 인하여 해직된 자
4. 병역 기피자 또는 군복무 이탈자
5. 「부패방지 및 국민권익위원회의 설치와 운영에 관한 법률」에 따라 비위면직자 등 취업제한 적용을 받는 자
6. 채용비위(「공공기관의 운영에 관한 법률」 및 같은 법 시행령에 해당하는 채용비위 행위를 말한다. 이하 같다) 연루자 및 부정합격자로서 합격 취소, 임용 취소 또는 면직된 날로부터 5년이 경과하지 아니한 자

(3) 채용절차

① 지원서 접수

　㉠ 채용 홈페이지에서 온라인 접수(방문, 우편, 이메일 접수 불가)

　㉡ 최종제출 이후 지원서 수정은 불가하며, 지원 마감 시간에는 지원자 동시 접속으로 시스템이 불안정할 수 있으므로 충분한 시간적 여유를 갖고 최종제출 완료 요망(접수기간 연장 불가)

② 서류전형

　㉠ 평가기준 : 지원자격 충족자 전원 필기전형 응시기회 부여(단, 지원서 불성실 작성자는 서류전형 탈락)

　㉡ 탈락사유 및 유형

탈락사유	불성실 작성 유형
지원서 불성실 작성	경험기술서 및 자기소개서 문항 미기재 또는 특정 문자 반복 기재
	경험기술서 및 자기소개서 문항별 20% 미만 기재
	경험기술서 및 자기소개서 문항 중 2개 이상을 동일 내용으로 작성
	경험기술서 및 자기소개서 문항과 전혀 무관한 내용으로 작성

③ 필기전형

　㉠ 시험장소 : 대구 및 서울에서 동시 진행

　㉡ 시험기준 : 직업기초능력평가(50점)+직무수행능력평가(50점)

시험과목	채용분야		출제내용	출제방식	배점	과락
직업기초능력평가	공통		의사소통, 수리, 문제해결, 자원관리, 조직이해	객관식 50문항 (60분)	50점	합산점수 40%(40점) 미만 득점
직무수행능력평가	5급	일반행정	경영(재무·회계 포함), 경제(미시·거시), 민·상법	객관식 50문항 (60분)	50점	
		IT 개발운영	전산 (프로그래밍·DB·자료구조·정보보안)			
		기록물관리	기록관리학 (기록관리학개론, 전자기록관리론, 기록평가·선별론, 기록조직론)			
	6급	행정지원	상식(일반, 금융경제)			

※ 직업기초능력평가 및 직무수행능력평가 점수를 합산한 최종 득점이 40%(40점) 미만일 경우 가점사항에 대한 가점 미부여 및 불합격 처리

④ 인성검사

　㉠ **검사대상** : 필기전형 합격자

　㉡ **검사기준** : 합격·불합격 여부 판단 없이 실무면접 및 심층면접 시 참고자료로 활용(단, 인성검사 미응시자는 실무면접 응시 불가)

⑤ 실무면접

　㉠ **면접기준** : 응시자별 과제수행능력에 대한 논리적인 사고력을 중심으로 종합평가(100점 만점)하여 고득점 순으로 합격자 선발

　㉡ **과제수행능력평가**

평가방식	평가내용	배점	비고
과제수행 능력평가	(PT면접) 개인별 과제 분석 및 발표, 질의응답	50점	별도 주제 부여
	(토론면접) 주제에 대한 집단토론	50점	

⑥ 심층면접

　㉠ 입사지원서를 기반으로 면접 응시자의 인성·가치관(30점), 의사소통(30점), 직무적합성(40점) 각 항목에 대하여 종합적으로 평가(100점 만점)

　㉡ 전형별 점수 가중치를 반영(실무면접 30% + 심층면접 70%)한 고득점 순으로 합격자 선발

> ※ 전형별 점수 계산 기준
> － 필기전형(6배수 선발) : 소수점 둘째자리에서 반올림하여 고득점 순으로 합격자 선발
> － 실무면접 전형(3배수 선발) : 소수점 넷째자리에서 반올림하여 고득점 순으로 합격자 선발
> － 심층면접 전형(1배수 선발) : 실무면접 30% + 심층면접 70%로 가중치를 부여한 원점수를 합산한 후 소수점 넷째자리에서 반올림하여 고득점 순으로 합격자 선발
> ※ 전형별 동점자 처리 기준
> － 필기전형/실무면접 : 선발예정인원을 초과한 동점자가 있을 경우, 동점자 전원 합격
> － 심층면접 : 취업지원대상자(보훈) → 장애인 → 심층면접 고득점자 → 실무면접 고득점자 → 필기전형 고득점자 순으로 합격자 선발

(4) 가점사항

가점항목		세부 가점 대상	가점	대상전형
취업지원 대상자(보훈)		「국가유공자 등 예우 및 지원에 관한 법률」 등 관련법령에 의한 취업지원대상자	10% 이내 (증명서 기재비율)	필기전형 실무면접 심층면접
장애인		「장애인고용촉진 및 직업재활법 시행령」에 의한 장애인	5%	
자립준비 청년		「아동복지법」에 의한 보호종료 아동으로서 지원서 접수 마감일 기준 보호시설을 퇴소한지 5년 이내인 자	5%	
사회적 배려 대상자	저소득층	「국민기초생활 보장법」에 의한 수급자로서 지원서 마감일까지 계속하여 2년 이상인 자	2%	
	한부모가족	「한부모가족지원법」에 의한 지원대상자로서 지원서 마감일까지 계속하여 2년 이상인 자	2%	
	북한이탈 주민	「북한이탈주민의 보호 및 정착지원에 관한 법률」에 의한 보호대상자	2%	합산 하여 최대 5%
	다문화 가족	「다문화가족지원법」에 의한 다문화가족의 구성원	2%	
우대자격증 소지자		한국사능력검정시험(국사편찬위원회) 2급 이상	2%	
비수도권 지역인재		대학까지의 최종학력(대학원 이상 제외)을 기준으로 서울·경기·인천지역을 제외한 비수도권 지방에 소재한 학교를 졸업(예정)·중퇴한 자 또는 재학·휴학 중인 자 ※ 상세 기준은 별첨 자료 참고	2%	
한국장학재단 재직자		재단 재직 중인 일반직 및 기간제 근로자 중 근속기간 1년 이상인 자 • 채용공고일 기준 근속기간 1년 이상부터 3년 미만까지 3%, 3년 이상부터 5년 미만까지 5%, 5년 이상부터 7% 차등 부여 • 단, 채용공고일 기준 개인성과평가(근무성적평정)를 받은 횟수가 2회 이하인 직원이 매 회 평가 결과 모두 C등급 이하를 받은 경우 가점 미부여	3~7%	필기전형

※ 각 전형별 만점(100점)에 대한 가점 부여
※ 가점 중복대상자는 각 전형별 최대 15%까지만 적용하며, 사회적배려 대상자, 우대자격증 소지자, 비수도권 지역인재 가점은 합산하여 최대 5%까지만 적용(총 취득점수는 만점 초과 가능)
※ 일반행정(이전지역) 및 IT 개발운영(이전지역) 분야 지원자는 비수도권 지역인재 가점 미적용
※ 일반행정(장애) 분야 지원자는 장애인 가점 미적용
※ 취업지원대상자(보훈) 가점은 관련법령에 의해 우대하며, 모집인원이 3명 이하인 채용분야(일반행정 中 장애, IT 개발운영, 기록물관리, 행정지원)의 경우 가점을 미적용
　– 단, 모집인원이 3명 이하인 경우에는 응시자가 모집인원과 같거나 적을 경우 가점 부여
※ 취업지원대상자(보훈) 가점에 따른 선발인원은 모집인원의 30퍼센트를 초과할 수 없음
※ 가점을 제외한 각 전형별 득점이 만점의 40% 미만 시 가점 미적용

(5) 제출서류

① '★' 표시 서류는 서류접수 마감일 기준 1개월 이내 발급분만 유효하며, 발급문서 진위확인을 위하여 문서확인번호 (온라인 발급본) 및 교부담당자·수입증지 날짜(오프라인 발급본)가 보이도록 제출

② 서류전형 합격자 및 실무면접 합격자는 지원자가 작성한 사항에 대한 진위여부 확인을 위해 재단에서 정한 기일 내에 증빙자료를 제출(제출방법은 별도 안내)하여야 하며, 미제출 또는 누락되어 지원서 상 내용에 대한 증명이 불가능할 시 합격 취소 처리

※ 제출 서류는 진위 확인을 위해서만 활용되며 심사위원 등에게는 제공되지 않음

구분	제출서류	제출대상	
		서류전형 합격자	실무면접 합격자
필수	최종학교 졸업(예정)증명서★ (석사학위 이상 졸업자인 경우 학사학위 이상 전부 제출)	–	○
	주민등록등본★	–	○
	주민등록초본★ (군 경력이 있는 경우 반드시 병역사항 전체를 포함하여 발급·제출)	–	○
	가족관계증명서★	–	○
	건강보험자격득실확인서★ 또는 국민연금가입증명서★ 중 해당서류	–	○
	어학능력검정시험 성적 증명서★ ※ 서류접수 마감일 기준 자체 유효기간 내에 있거나, 서류접수 마감일까지 사이버국가고시센터에 사전등록이 완료된 어학성적에 한해 인정 – 단, 서류접수 마감일까지 사이버국가고시센터에 사전등록이 완료된 경우 어학능력검정시험 성적 증명서 제출 생략 가능 ※ 종합직 6급 지원자 및 한국장학재단 재직자는 어학능력사항 (외국어(영어))을 입력한 경우 제출	–	○
	(종합직(5급) 기록물관리 지원자) 기록관리학 관련 학위 및 자격증 사본 ① 학부(학사) 및 대학원(석사·박사 해당자) 졸업증명서★ ※ (학위) 석사(기록관리학), 학사(기록관리학 학사, 역사학 또는 문헌정보학 학사이상) ② 기록물관리 전문요원 시험 합격증명서 사본★ ※ ①은 제출 필수이며 ②는 해당자(학사 학위자 이상)에 한해 제출	–	○
	(종합직(6급) 지원자) 학교장 추천서★	–	○

	(교육사항) 학교교육 성적증명서★, 교육이수증명서 사본 중 해당서류	–	○
	(경력사항) 경력증명서★, 재직증명서★, 인턴수료증 사본 중 해당서류	–	○
	(자격사항) 한국사능력검정시험 인증서 사본, 입사지원서 상 입력한 자격증 사본	–	○
해당시	(취업지원대상) 취업지원대상자 증명서★ 등 취업지원대상자임을 확인할 수 있는 증명서 ※ 증명서 상 용도, 가점비율(국가보훈부 문의 필수), 제출처(한국장학재단) 반드시 명시	○	–
	(장애인) 장애인 증명서 등 장애인임을 확인할 수 있는 증명서★ ※ 정부24 인터넷 발급본으로 제출	○	–
	(자립준비청년) 자립수당 수급자 확인서★ 또는 보호종료 확인서★ ※ 행정복지센터 발급본 제출	○	–

	(사회적배려 대상자) 사회적 배려 대상자 관련 증명서 사본★
	① 국민기초생활수급자 증명서
	  ※ 증명서상 수급기간(연속하여 2년 이상) 명시 필요, 행정복지센터 발급본 제출
	② 한부모가족증명서
	  ※ 증명서상 수급기간(연속하여 2년 이상) 명시 필요, 행정복지센터 발급본 제출
	③ 북한이탈주민등록확인서
	④ 다문화가족의 구성원인 경우 가족관계증명서, 부 또는 모의 혼인관계 증명서, 부 또는 모의 국적확인 서류 등 다문화가족임을 증명할 수 있는 서류
	  ※ 정부24 또는 대법원 전자가족관계등록시스템 인터넷 발급본으로 제출
		○	–

※ 종합직(5급) 일반행정(장애) 분야 지원자의 경우 '장애인 증명서' 제출 필수

(6) 유의사항

① 각 전형 응시 시 신분증 원본(주민등록증(모바일 포함), 운전면허증(모바일 포함), 유효기간 만료 전 여권, 주민등록증 발급 신청서, 청소년증에 한함)을 반드시 지참하여야 하며, 기타 신분증 (학생증, 자격증 등)으로는 응시가 제한됨

※ 정부24, PASS 등을 통해 발급받은 모바일 주민등록증, 운전면허증 가능

② 입사지원서 작성 시 기재 착오, 내용 누락으로 인한 불이익은 지원자 본인의 책임이며, 오기재에 따른 정보 불일치 시 불합격 처리됨

③ 입사지원서 작성 시 직·간접적으로 생년월일, 신체조건, 출신지, 가족관계, 출신학교 등 개인 인적사항이 입력될 경우 면접전형 시 임의로 블라인드 처리

　　㉠ 직무관련 경력·경험사항에는 근무 중이거나 근무했던 기관명은 기재 가능하나 학교(고등학교, 대학교, 대학원)일 경우 블라인드 처리(예. ○○대학교, ○○고등학교) 필요

　　㉡ 경험기술서 및 자기소개서에는 근무 중이거나 근무했던 기관명 및 개인 인적사항과 관련된 부분은 블라인드 처리를 하여야 하며, 블라인드 미처리 시 면접단계에서 임의로 블라인드 처리될 수 있음

④ 지원자 개인별 장애로 인하여 편의지원이 필요할 경우, 필기시험 대상자 발표 후 정해진 기간 내 한국장학재단 인사부 이메일(apply@kosaf.go.kr)로 신청

※ 신청방법 등은 필기시험 대상자 발표 시 안내 예정

⑤ 임용 후 3개월 이내의 수습기간을 운영하여 수습 해제 시 계속 근무가 가능하며, 수습기간 중 특별내신을 통해 직무수행능력부족, 근무태도 불량 등 직원으로서 적절하지 못하다고 판단될 경우에는 채용을 취소할 수 있음

⑥ 아래 사항에 해당하는 경우 합격 취소 및 임용 취소됨

　　㉠ 제출서류가 기재사항과 상이하거나 허위사실 또는 위·변조가 발견된 경우

　　㉡ 결격사유 확인(신원조회, 비위면직자조회 등) 결과 결격사유가 발견될 경우

　　㉢ 지원자 본인의 귀책사유로 임용일 이후 정상적인 근무가 불가능한 경우

　　㉣ 채용 관련 청탁자, 비위연루자 및 부정합격자는 「부정청탁 및 금품등 수수의 금지에 관한 법률」 등 관련 법령에 따라 처리되며, 향후 5년간 재단 채용 응시자격이 제한됨

PART

02

직업기초능력

의사소통능력

1 의사소통과 의사소통능력

(1) 의사소통

① 개념 … 사람들 간에 생각이나 감정, 정보, 의견 등을 교환하는 총체적인 행위로, 직장생활에서의 의사소통은 조직과 팀의 효율성과 효과성을 성취할 목적으로 이루어지는 구성원 간의 정보와 지식 전달 과정이라고 할 수 있다.

② 기능 … 공동의 목표를 추구해 나가는 집단 내의 기본적 존재 기반이며 성과를 결정하는 핵심 기능이다.

③ 의사소통의 종류
 ㉠ 언어적인 것 : 대화, 전화통화, 토론 등
 ㉡ 문서적인 것 : 메모, 편지, 기획안 등
 ㉢ 비언어적인 것 : 몸짓, 표정 등

④ 의사소통을 저해하는 요인 … 정보의 과다, 메시지의 복잡성 및 메시지 간의 경쟁, 상이한 직위와 과업지향형, 신뢰의 부족, 의사소통을 위한 구조상의 권한, 잘못된 매체의 선택, 폐쇄적인 의사소통 분위기 등

(2) 의사소통능력

① 개념 … 의사소통능력은 직장생활에서 문서나 상대방이 하는 말의 의미를 파악하는 능력, 자신의 의사를 정확하게 표현하는 능력, 간단한 외국어 자료를 읽거나 외국인의 의사표시를 이해하는 능력을 포함한다.

② 의사소통능력 개발을 위한 방법
 ㉠ 사후검토와 피드백을 활용한다.
 ㉡ 명확한 의미를 가진 이해하기 쉬운 단어를 선택하여 이해도를 높인다.
 ㉢ 적극적으로 경청한다.
 ㉣ 메시지를 감정적으로 곡해하지 않는다.

2 의사소통능력을 구성하는 하위능력

(1) 문서이해능력

① 문서와 문서이해능력
  ○ 문서 : 제안서, 보고서, 기획서, 이메일, 팩스 등 문자로 구성된 것으로 상대방에게 의사를 전달하여 설득하는 것을 목적으로 한다.
  ○ 문서이해능력 : 직업현장에서 자신의 업무와 관련된 문서를 읽고, 내용을 이해하고 요점을 파악할 수 있는 능력을 말한다.

예제 1

다음은 신용카드 약관의 주요내용이다. 규정 약관을 제대로 이해하지 못한 사람은?

> **[부가서비스]**
> 카드사는 법령에서 정한 경우를 제외하고 상품을 새로 출시한 후 1년 이내에 부가서비스를 줄이거나 없앨 수가 없다. 또한 부가서비스를 줄이거나 없앨 경우에는 그 세부내용을 변경일 6개월 이전에 회원에게 알려주어야 한다.
> **[중도 해지 시 연회비 반환]**
> 연회비 부과기간이 끝나기 이전에 카드를 중도해지하는 경우 남은 기간에 해당하는 연회비를 계산하여 10 영업일 이내에 돌려줘야 한다. 다만, 카드 발급 및 부가서비스 제공에 이미 지출된 비용은 제외된다.
> **[카드 이용한도]**
> 카드 이용한도는 카드 발급을 신청할 때에 회원이 신청한 금액과 카드사의 심사기준을 종합적으로 반영하여 회원이 신청한 금액 범위 이내에서 책정되며 회원의 신용도가 변동되었을 때에는 카드사는 회원의 이용한도를 조정할 수 있다.
> **[부정사용 책임]**
> 카드 위조 및 변조로 인하여 발생된 부정사용 금액에 대해서는 카드사가 책임을 진다. 다만, 회원이 비밀번호를 다른 사람에게 알려주거나 카드를 다른 사람에게 빌려주는 등의 중대한 과실로 인해 부정사용이 발생하는 경우에는 회원이 그 책임의 전부 또는 일부를 부담할 수 있다.

① 혜수 : 카드사는 법령에서 정한 경우를 제외하고는 1년 이내에 부가서비스를 줄일 수 없어.
② 진성 : 카드 위조 및 변조로 인하여 발생된 부정사용 금액은 일괄 카드사가 책임을 지게 돼.
③ 영훈 : 회원의 신용도가 변경되었을 때 카드사가 이용한도를 조정할 수 있어.
④ 영호 : 연회비 부과기간이 끝나기 이전에 카드를 중도 해지하는 경우에는 남은 기간에 해당하는 연회비를 카드사는 돌려줘야 해.

[출제의도]
주어진 약관의 내용을 읽고 그에 대한 상세 내용의 정보를 이해하는 능력을 측정하는 문항이다.
[해설]
② 부정사용에 대해 고객의 과실이 있으면 회원이 그 책임의 전부 또는 일부를 부담할 수 있다.

답 ②

② 문서의 종류

    ㉠ **공문서** : 정부기관에서 공무를 집행하기 위해 작성하는 문서로, 단체 또는 일반회사에서 정부기관을 상대로 사업을 진행할 때 작성하는 문서도 포함된다. 엄격한 규격과 양식이 특징이다.

    ㉡ **기획서** : 아이디어를 바탕으로 기획한 프로젝트에 대해 상대방에게 전달하여 시행하도록 설득하는 문서이다.

    ㉢ **기안서** : 업무에 대한 협조를 구하거나 의견을 전달할 때 작성하는 사내 공문서이다.

    ㉣ **보고서** : 특정한 업무에 관한 현황이나 진행 상황, 연구·검토 결과 등을 보고하고자 할 때 작성하는 문서이다.

    ㉤ **설명서** : 상품의 특성이나 작동 방법 등을 소비자에게 설명하기 위해 작성하는 문서이다.

    ㉥ **보도자료** : 정부기관이나 기업체 등이 언론을 상대로 자신들의 정보를 기사화 되도록 하기 위해 보내는 자료이다.

    ㉦ **자기소개서** : 개인이 자신의 성장과정이나, 입사 동기, 포부 등에 대해 구체적으로 기술하여 자신을 소개하는 문서이다.

    ㉧ **비즈니스 레터**(E-mail) : 사업상의 이유로 고객에게 보내는 편지다.

    ㉨ **비즈니스 메모** : 업무상 확인해야 할 일을 메모형식으로 작성하여 전달하는 글이다.

③ **문서이해의 절차** … 문서의 목적 이해→문서 작성 배경·주제 파악→정보 확인 및 현안문제 파악→문서 작성자의 의도 파악 및 자신에게 요구되는 행동 분석→목적 달성을 위해 취해야 할 행동 고려→문서 작성자의 의도를 도표나 그림 등으로 요약·정리

(2) 문서작성능력

① 작성되는 문서에는 대상과 목적, 시기, 기대효과 등이 포함되어야 한다.

② **문서작성의 구성요소**

    ㉠ 짜임새 있는 골격, 이해하기 쉬운 구조

    ㉡ 객관적이고 논리적인 내용

    ㉢ 명료하고 설득력 있는 문장

    ㉣ 세련되고 인상적인 레이아웃

예제 2

다음은 들은 내용을 구조적으로 정리하는 방법이다. 순서에 맞게 배열하면?

> ㉠ 관련 있는 내용끼리 묶는다.
> ㉡ 묶은 내용에 적절한 이름을 붙인다.
> ㉢ 전체 내용을 이해하기 쉽게 구조화한다.
> ㉣ 중복된 내용이나 덜 중요한 내용을 삭제한다.

① ㉠㉡㉢㉣   ② ㉠㉡㉣㉢
③ ㉡㉠㉢㉣   ④ ㉡㉠㉣㉢

③ 문서의 종류에 따른 작성방법

　㉠ 공문서
　• 육하원칙이 드러나도록 써야 한다.
　• 날짜는 반드시 연도와 월, 일을 함께 언급하며, 날짜 다음에 괄호를 사용할 때는 마침표를 찍지 않는다.
　• 대외문서이며, 장기간 보관되기 때문에 정확하게 기술해야 한다.
　• 내용이 복잡할 경우 '-다음-', '-아래-'와 같은 항목을 만들어 구분한다.
　• 한 장에 담아내는 것을 원칙으로 하며, 마지막엔 반드시 '끝'자로 마무리 한다.

　㉡ 설명서
　• 정확하고 간결하게 작성한다.
　• 이해하기 어려운 전문용어의 사용은 삼가고, 복잡한 내용은 도표화 한다.
　• 명령문보다는 평서문을 사용하고, 동어 반복보다는 다양한 표현을 구사하는 것이 바람직하다.

　㉢ 기획서
　• 상대를 설득하여 기획서가 채택되는 것이 목적이므로 상대가 요구하는 것이 무엇인지 고려하여 작성하며, 기획의 핵심을 잘 전달하였는지 확인한다.
　• 분량이 많을 경우 전체 내용을 한눈에 파악할 수 있도록 목차구성을 신중히 한다.
　• 효과적인 내용 전달을 위한 표나 그래프를 적절히 활용하고 산뜻한 느낌을 줄 수 있도록 한다.
　• 인용한 자료의 출처 및 내용이 정확해야 하며 제출 전 충분히 검토한다.

② 보고서

- 도출하고자 한 핵심내용을 구체적이고 간결하게 작성한다.
- 내용이 복잡할 경우 도표나 그림을 활용하고, 참고자료는 정확하게 제시한다.
- 제출하기 전에 최종점검을 하며 질의를 받을 것에 대비한다.

예제 3

다음 중 공문서 작성에 대한 설명으로 가장 적절하지 못한 것은?

① 공문서나 유가증권 등에 금액을 표시할 때에는 한글로 기재하고 그 옆에 괄호를 넣어 숫자로 표기한다.
② 날짜는 숫자로 표기하되 년, 월, 일의 글자는 생략하고 그 자리에 온점(.)을 찍어 표시한다.
③ 첨부물이 있는 경우에는 붙임 표시문 끝에 1자 띄우고 "끝."이라고 표시한다.
④ 공문서의 본문이 끝났을 경우에는 1자를 띄우고 "끝."이라고 표시한다.

[출제의도]
업무를 할 때 필요한 공문서 작성법을 잘 알고 있는지를 측정하는 문항이다.
[해설]
공문서 금액 표시
아라비아 숫자로 쓰고, 숫자 다음에 괄호를 하여 한글로 기재한다.
예) 금 123,456원(금 일십이만삼천사백오십육원)

답 ①

---

④ 문서작성의 원칙

㉠ 문장은 짧고 간결하게 작성한다(간결체 사용).
㉡ 상대방이 이해하기 쉽게 쓴다.
㉢ 불필요한 한자의 사용을 자제한다.
㉣ 문장은 긍정문의 형식을 사용한다.
㉤ 간단한 표제를 붙인다.
㉥ 문서의 핵심내용을 먼저 쓰도록 한다(두괄식 구성).

⑤ 문서작성 시 주의사항

㉠ 육하원칙에 의해 작성한다.
㉡ 문서 작성시기가 중요하다.
㉢ 한 사안은 한 장의 용지에 작성한다.
㉣ 반드시 필요한 자료만 첨부한다.
㉤ 금액, 수량, 일자 등은 기재에 정확성을 기한다.
㉥ 경어나 단어사용 등 표현에 신경 쓴다.
㉦ 문서작성 후 반드시 최종적으로 검토한다.

⑥ 효과적인 문서작성 요령

    ㉠ 내용이해 : 전달하고자 하는 내용과 핵심을 정확하게 이해해야 한다.

    ㉡ 목표설정 : 전달하고자 하는 목표를 분명하게 설정한다.

    ㉢ 구성 : 내용 전달 및 설득에 효과적인 구성과 형식을 고려한다.

    ㉣ 자료수집 : 목표를 뒷받침할 자료를 수집한다.

    ㉤ 핵심전달 : 단락별 핵심을 하위목차로 요약한다.

    ㉥ 대상파악 : 대상에 대한 이해와 분석을 통해 철저히 파악한다.

    ㉦ 보충설명 : 예상되는 질문을 정리하여 구체적인 답변을 준비한다.

    ㉧ 문서표현의 시각화 : 그래프, 그림, 사진 등을 적절히 사용하여 이해를 돕는다.

(3) 경청능력

① **경청의 중요성** … 경청은 다른 사람의 말을 주의 깊게 들으며 공감하는 능력으로 경청을 통해 상대방을 한 개인으로 존중하고 성실한 마음으로 대하게 되며, 상대방의 입장에 공감하고 이해하게 된다.

② **경청을 방해하는 습관** … 짐작하기, 대답할 말 준비하기, 걸러내기, 판단하기, 다른 생각하기, 조언하기, 언쟁하기, 옳아야만 하기, 슬쩍 넘어가기, 비위 맞추기 등

③ **효과적인 경청방법**

    ㉠ 준비하기 : 강연이나 프레젠테이션 이전에 나누어주는 자료를 읽어 미리 주제를 파악하고 등장하는 용어를 익혀둔다.

    ㉡ 주의 집중 : 말하는 사람의 모든 것에 집중해서 적극적으로 듣는다.

    ㉢ 예측하기 : 다음에 무엇을 말할 것인가를 추측하려고 노력한다.

    ㉣ 나와 관련짓기 : 상대방이 전달하고자 하는 메시지를 나의 경험과 관련지어 생각해 본다.

    ㉤ 질문하기 : 질문은 듣는 행위를 적극적으로 하게 만들고 집중력을 높인다.

    ㉥ 요약하기 : 주기적으로 상대방이 전달하려는 내용을 요약한다.

    ㉦ 반응하기 : 피드백을 통해 의사소통을 점검한다.

■ 예제 4

다음은 면접스터디 중 일어난 대화이다. 민아의 고민을 해소하기 위한 조언으로 가장 적절한 것은?

> 지섭 : 민아씨, 어디 아파요? 표정이 안 좋아 보여요.
> 민아 : 제가 원서 넣은 공단이 내일 면접이어서요. 그동안 스터디를 통해서 면접 연습을 많이 했는데도 벌써부터 긴장이 되네요.
> 지섭 : 민아씨는 자기 의견도 명확히 피력할 줄 알고 조리 있게 설명을 잘 하시니 걱정 안하셔도 될 것 같아요. 아, 손에 꽉 쥐고 계신 건 뭔가요?
> 민아 : 아, 제가 예상 답변을 정리해서 모아둔거에요. 내용은 거의 외웠는데 이렇게 쥐고 있지 않으면 불안해서
> 지섭 : 그 정도로 준비를 철저히 하셨으면 걱정할 이유 없을 것 같아요.
> 민아 : 그래도 압박면접이거나 예상치 못한 질문이 들어오면 어떻게 하죠?
> 지섭 : _____

① 시선을 적절히 처리하면서 부드러운 어투로 말하는 연습을 해보는 건 어때요?
② 공식적인 자리인 만큼 옷차림을 신경 쓰는 게 좋을 것 같아요.
③ 당황하지 말고 질문자의 의도를 잘 파악해서 침착하게 대답하면 되지 않을까요?
④ 예상 질문에 대한 답변을 좀 더 정확하게 외워보는 건 어떨까요?

[출제의도]
상대방이 하는 말을 듣고 질문 의도에 따라 올바르게 답하는 능력을 측정하는 문항이다.
[해설]
민아는 압박질문이나 예상치 못한 질문에 대해 걱정을 하고 있으므로 침착하게 대응하라고 조언을 해주는 것이 좋다.

답 ③

(4) 의사표현능력

① 의사표현의 개념과 종류

  ㉠ 개념 : 화자가 자신의 생각과 감정을 청자에게 음성언어나 신체언어로 표현하는 행위이다.

  ㉡ 종류

  • 공식적 말하기 : 사전에 준비된 내용을 대중을 대상으로 말하는 것으로 연설, 토의, 토론 등이 있다.

  • 의례적 말하기 : 사회·문화적 행사에서와 같이 절차에 따라 하는 말하기로 식사, 주례, 회의 등이 있다.

  • 친교적 말하기 : 친근한 사람들 사이에서 자연스럽게 주고받는 대화 등을 말한다.

② 의사표현의 방해요인

  ㉠ **연단공포증** : 연단에 섰을 때 가슴이 두근거리거나 땀이 나고 얼굴이 달아오르는 등의 현상으로 충분한 분석과 준비, 더 많은 말하기 기회 등을 통해 극복할 수 있다.

     ⓛ **말** : 말의 장단, 고저, 발음, 속도, 쉼 등을 포함한다.

     ⓒ **음성** : 목소리와 관련된 것으로 음색, 고저, 명료도, 완급 등을 의미한다.

     ⓔ **몸짓** : 비언어적 요소로 화자의 외모, 표정, 동작 등이다.

     ⓜ **유머** : 말하기 상황에 따른 적절한 유머를 구사할 수 있어야 한다.

③ **상황과 대상에 따른 의사표현법**

     ㉠ **잘못을 지적할 때** : 모호한 표현을 삼가고 확실하게 지적하며, 당장 꾸짖고 있는 내용에만 한정한다.

     ㉡ **칭찬할 때** : 자칫 아부로 여겨질 수 있으므로 센스 있는 칭찬이 필요하다.

     ㉢ **부탁할 때** : 먼저 상대방의 사정을 듣고 응하기 쉽게 구체적으로 부탁하며 거절을 당해도 싫은 내색을 하지 않는다.

     ㉣ **요구를 거절할 때** : 먼저 사과하고 응해줄 수 없는 이유를 설명한다.

     ㉤ **명령할 때** : 강압적인 말투보다는 'ㅇㅇ을 이렇게 해주는 것이 어떻겠습니까?'와 같은 식으로 부드럽게 표현하는 것이 효과적이다.

     ㉥ **설득할 때** : 일방적으로 강요하기보다는 먼저 양보해서 이익을 공유하겠다는 의지를 보여주는 것이 좋다.

     ㉦ **충고할 때** : 충고는 가장 최후의 방법이다. 반드시 충고가 필요한 상황이라면 예화를 들어 비유적으로 깨우쳐주는 것이 바람직하다.

     ㉧ **질책할 때** : 샌드위치 화법(칭찬의 말 + 질책의 말 + 격려의 말)을 사용하여 청자의 반발을 최소화 한다.

| 예제 5

당신은 팀장님께 업무 지시내용을 수행하고 결과물을 보고 드렸다. 하지만 팀장님께서는 "최대리 업무를 이렇게 처리하면 어떡하나? 누락된 부분이 있지 않은가."라고 말하였다. 이에 대해 당신이 행할 수 있는 가장 부적절한 대처 자세는?

① "죄송합니다. 제가 잘 모르는 부분이라 이수혁 과장님께 부탁을 했는데 과장님께서 실수를 하신 것 같습니다."

② "주의를 기울이지 못해 죄송합니다. 어느 부분을 수정보완하면 될까요?"

③ "지시하신 내용을 제가 충분히 이해하지 못하였습니다. 내용을 다시 한 번 여쭤보아도 되겠습니까?"

④ "부족한 내용을 보완하는 자료를 취합하기 위해서 하루정도가 더 소요될 것 같습니다. 언제까지 재작성하여 드리면 될까요?"

[출제의도]
상사가 잘못을 지적하는 상황에서 어떻게 대처해야 하는지를 묻는 문항이다.

[해설]
상사가 부탁한 지시사항을 다른 사람에게 부탁하는 것은 옳지 못하며 설사 그렇다고 해도 그 일의 과오에 대해 책임을 전가하는 것은 지양해야 할 자세이다.

답 ①

④ 원활한 의사표현을 위한 지침

   ㉠ 올바른 화법을 위해 독서를 하라.

   ㉡ 좋은 청중이 되라.

   ㉢ 칭찬을 아끼지 마라.

   ㉣ 공감하고, 긍정적으로 보이게 하라.

   ㉤ 겸손은 최고의 미덕임을 잊지 마라.

   ㉥ 과감하게 공개하라.

   ㉦ 뒷말을 숨기지 마라.

   ㉧ 첫마디 말을 준비하라.

   ㉨ 이성과 감성의 조화를 꾀하라.

   ㉩ 대화의 룰을 지켜라.

   ㉪ 문장을 완전하게 말하라.

⑤ 설득력 있는 의사표현을 위한 지침

   ㉠ 'Yes'를 유도하여 미리 설득 분위기를 조성하라.

   ㉡ 대비 효과로 분발심을 불러 일으켜라.

   ㉢ 침묵을 지키는 사람의 참여도를 높여라.

   ㉣ 여운을 남기는 말로 상대방의 감정을 누그러뜨려라.

   ㉤ 하던 말을 갑자기 멈춤으로써 상대방의 주의를 끌어라.

   ㉥ 호칭을 바꿔서 심리적 간격을 좁혀라.

   ㉦ 끄집어 말하여 자존심을 건드려라.

   ㉧ 정보전달 공식을 이용하여 설득하라.

   ㉨ 상대방의 불평이 가져올 결과를 강조하라.

   ㉩ 권위 있는 사람의 말이나 작품을 인용하라.

   ㉪ 약점을 보여 주어 심리적 거리를 좁혀라.

   ㉫ 이상과 현실의 구체적 차이를 확인시켜라.

   ㉬ 자신의 잘못도 솔직하게 인정하라.

   ㉭ 집단의 요구를 거절하려면 개개인의 의견을 물어라.

   ⓐ 동조 심리를 이용하여 설득하라.

   ⓑ 지금까지의 노고를 치하한 뒤 새로운 요구를 하라.

   ⓒ 담당자가 대변자 역할을 하도록 하여 윗사람을 설득하게 하라.

   ⓓ 겉치레 양보로 기선을 제압하라.

   ⓔ 변명의 여지를 만들어 주고 설득하라.

   ⓕ 혼자 말하는 척하면서 상대의 잘못을 지적하라.

(5) 기초외국어능력

① **기초외국어능력의 개념과 필요성**
  ㉠ **개념** : 기초외국어능력은 외국어로 된 간단한 자료를 이해하거나, 외국인과의 전화응대와 간단한 대화 등 외국인의 의사표현을 이해하고, 자신의 의사를 기초외국어로 표현할 수 있는 능력이다.
  ㉡ **필요성** : 국제화·세계화 시대에 다른 나라와의 무역을 위해 우리의 언어가 아닌 국제적인 통용어를 사용하거나 그들의 언어로 의사소통을 해야 하는 경우가 생길 수 있다.

② **외국인과의 의사소통에서 피해야 할 행동**
  ㉠ 상대를 볼 때 흘겨보거나, 노려보거나, 아예 보지 않는 행동
  ㉡ 팔이나 다리를 꼬는 행동
  ㉢ 표정이 없는 것
  ㉣ 다리를 흔들거나 펜을 돌리는 행동
  ㉤ 맞장구를 치지 않거나 고개를 끄덕이지 않는 행동
  ㉥ 생각 없이 메모하는 행동
  ㉦ 자료만 들여다보는 행동
  ㉧ 바르지 못한 자세로 앉는 행동
  ㉨ 한숨, 하품, 신음소리를 내는 행동
  ㉩ 다른 일을 하며 듣는 행동
  ㉪ 상대방에게 이름이나 호칭을 어떻게 부를지 묻지 않고 마음대로 부르는 행동

③ **기초외국어능력 향상을 위한 공부법**
  ㉠ 외국어공부의 목적부터 정하라.
  ㉡ 매일 30분씩 눈과 손과 입에 밸 정도로 반복하라.
  ㉢ 실수를 두려워하지 말고 기회가 있을 때마다 외국어로 말하라.
  ㉣ 외국어 잡지나 원서와 친해져라.
  ㉤ 소홀해지지 않도록 라이벌을 정하고 공부하라.
  ㉥ 업무와 관련된 주요 용어의 외국어는 꼭 알아두자.
  ㉦ 출퇴근 시간에 외국어 방송을 보거나, 듣는 것만으로도 귀가 트인다.
  ㉧ 어린이가 단어를 배우듯 외국어 단어를 암기할 때 그림카드를 사용해 보라.
  ㉨ 가능하면 외국인 친구를 사귀고 대화를 자주 나눠 보라.

출제예상문제

1 다음의 업무제휴협약서를 보고 이해한 내용을 기술한 것 중 가장 적절하지 않은 것을 고르면?

〈업무제휴협약〉

㈜○○○과 ★★ CONSULTING(이하 ★★)는 상호 이익 증진을 목적으로 신의성실의 원칙에 따라 다음과 같이 업무협약을 체결합니다.

1. 목적

양사는 각자 고유의 업무영역에서 최선을 다하고 영업의 효율적 진행과 상호 관계의 증진을 통하여 상호 발전에 기여하고 편의를 적극 도모하고자 한다.

2. 업무내용

① ㈜○○○의 A제품 관련 홍보 및 판매

② ★★ 온라인 카페에서 A제품 안내 및 판매

③ A제품 관련 마케팅 제반 정보 상호 제공

④ A제품 판매에 대한 합의된 수수료 지급

⑤ A제품 관련 무료 A/S 제공

3. 업체상호사용

양사는 업무제휴의 목적에 부합하는 경우에 한하여 상대의 상호를 마케팅에 사용 가능하나 사전에 협의된 내용을 변경할 수 없다.

4. 공동마케팅

양사는 상호 이익 증진을 위하여 공동으로 마케팅을 할 수 있다. 공동마케팅을 필요로 할 경우 그 일정과 방법을 상호 협의하여 진행하여야 한다.

5. 협약기간

본 협약의 유효기간은 1년으로 하며, 양사는 매년 초 상호 합의에 의해 유효기간을 1년 단위로 연장할 수 있고 필요 시 업무제휴 내용의 변경이 가능하다.

6. 기타사항

① 양사는 본 협약의 권리의무를 타인에게 양도할 수 없다.

② 양사는 상대방의 상호, 지적재산권 및 특허권 등을 절대 보장하며 침해할 수 없다.

③ 양사는 업무제휴협약을 통해 알게 된 정보에 대해 정보보안을 요청할 경우, 대외적으로 비밀을 유지하여야 한다.

2018년 1월 1일

㈜○○○   ★★ CONSULTING

대표이사 김XX   대표이사 이YY

① 해당 문서는 두 회사의 업무제휴에 대한 전반적인 사항을 명시하기 위해 작성되었다.

② ★★은 자사의 온라인 카페에서 ㈜○○○의 A제품을 판매하고 이에 대해 합의된 수수료를 지급받는다.

③ ★★은 업무 제휴의 목적에 부합하는 경우에 ㈜○○○의 상호를 마케팅에 사용할 수 있으며 사전에 협의된 내용을 변경할 수 있다.

④ 협약기간에 대한 상호 합의가 없다면, 본 계약은 2018년 12월 31일부로 만료된다.

⑤ ★★은 ㈜○○○의 지적재산권 및 특허권을 절대 보장하며 침해할 수 없다.

> ✔해설 '3. 업체상호사용' 항목에 따르면, 양사는 업무제휴의 목적에 부합하는 경우에 한하여 상대의 상호를 마케팅에 사용 가능하나 사전에 협의된 내용을 변경할 수는 없다.

2 다음은 유인입국심사에 대한 설명이다. 옳지 않은 것은?

◆ 유인입국심사 안내
• 입국심사는 국경에서 허가받는 행위로 내외국인 분리심사를 원칙으로 하고 있습니다.
• 외국인(등록외국인 제외)은 입국신고서를 작성하여야 하며, 등록대상인 외국인은 입국일로부터 90일 이내 관할 출입국관리사무소에 외국인 등록을 하여야 합니다.
• 단체사증을 소지한 중국 단체여행객은 입국신고서를 작성하지 않으셔도 됩니다. (청소년 수학여행객은 제외)
• 대한민국 여권을 위·변조하여 입국을 시도하는 외국인이 급증하고 있으므로 다소 불편하시더라도 입국심사관의 얼굴 대조, 질문 등에 적극 협조하여 주시기 바랍니다.
• 외국인 사증(비자) 관련 사항은 법무부 출입국 관리국으로 문의하시기 바랍니다.

◆ 입국신고서 제출 생략
내국인과 90일 이상 장기체류 할 목적으로 출입국사무소에 외국인 등록을 마친 외국인의 경우 입국신고서를 작성하실 필요가 없습니다.

◆ 심사절차

STEP 01	기내에서 입국신고서를 작성하지 않은 외국인은 심사 전 입국신고서를 작성해 주세요.
STEP 02	내국인과 외국인 심사 대기공간이 분리되어 있으니, 줄을 설 때 주의해 주세요. ※ 내국인은 파란선, 외국인은 빨간선으로 입장
STEP 03	심사대 앞 차단문이 열리면 입장해 주세요.
STEP 04	내국인은 여권을, 외국인은 입국신고서와 여권을 심사관에게 제시하고, 심사가 끝나면 심사대를 통과해 주세요. ※ 17세 이상의 외국인은 지문 및 얼굴 정보를 제공해야 합니다.

① 등록대상인 외국인은 입국일로부터 90일 이내 관할 출입국관리사무소에 외국인 등록을 하여야 한다.

② 중국 청소년 수학여행객은 단체사증을 소지하였더라도 입국신고서를 작성해야 한다.

③ 모든 외국인은 지문 및 얼굴 정보를 제공해야 한다.

④ 입국심사를 하려는 내국인은 파란선으로 입장해야 한다.

⑤ 내국인은 입국신고서를 작성할 필요가 없다.

✔해설 ③ 지문 및 얼굴 정보 제공은 17세 이상의 외국인에 해당한다.

3 주식회사 한국에 다니고 있는 김○○ 대리는 거래처 VIP 명단을 바탕으로 연말에 있을 회사 송년회에 초청장을 작성하고 있다. 다음의 VIP 명단과 작성방법 따라 우편라벨을 작성한다고 할 때, 바르게 작성한 것을 고르면? (단, 초청장에 대한 회신은 요하지 않는다)

❑ 거래처 VIP 명단

번호	거래처	주소(지번주소)	우편번호	담당자명 (소속/직위)
1	㈜G.M.	파주시 산업단지길 139(문발동 472번지)	10878 (487-451)	김철수 (홍보팀/대리)
2	혜민상사	대전광역시 유성구 가정로 306-6(도룡동 391번지)	34130 (745-400)	이혜림 (영업부/부장)
3	마인+	서울특별시 마포구 양화로 106 S빌딩 3층(서교동 31-13번지)	04038 (125-144)	박소정 (대외협력팀/차장)
4	N디자인	광주광역시 북구 양일로 70(연제동 1007번지)	61091 (547-201)	이영은 (영업팀/팀장)
5	㈜장&김	인천광역시 남구 경인로 256(심곡동 73-20번지)	14750 (312-666)	장윤서 (관리과/과장)

❑ 우편라벨 작성방법
• 우편번호는 〈보내는 사람〉 가장 윗부분 첫머리에 5자리로 작성한다.
• 주소를 작성할 때에는 우편번호와 한 줄 정도의 간격을 두고 작성하며, 주소를 먼저 쓰고 그 아래에 회사명을 적는다. 주소는 지번주소 또는 도로명주소로 쓸 수 있다.
• 발신자 명은 회사명과 한 줄 정도의 간격을 두고 작성하며, 회사명이 끝나는 위치에서 시작하여 소속, 직위, 이름순으로 작성하고 뒤에 '보냄' 또는 '드림'을 붙인다.
• 우편라벨에 동봉한 우편물에 대한 메모를 적을 경우, 우편번호와 같은 줄에 앞뒤 간격을 두고 간단히 작성하며 생략 가능하다. 단, 회신이 필요한 경우에 한하여 반드시 '회신 요망'을 기재한다.
• 〈받는 사람〉 작성방법은 〈보내는 사람〉 작성 방법과 동일하며, 수신자 명 뒤에 '보냄', '드림' 대신 '님', '귀하'를 쓴다.

① 〈받는 사람〉	② 〈받는 사람〉

10878   회신 요망
 	
파주시 산업단지길 139
㈜G.M.
 	
      홍보팀 대리 김철수 귀하
	745-400
	
	대전광역시 유성구 도룡동 391번지
	혜민상사
	
	      영업부 부장 이혜림 님

③ 〈받는 사람〉	④ 〈받는 사람〉

04038   초청장 재중
 	
서울특별시 마포구 양화로 106 S빌
딩 3층
마인＋
    대회협력팀 차장 박소정 귀하
	61091
	
	광주광역시 북구 양일로 70
	N디자인
	
	      영업팀 팀장 이영은 님

⑤ 〈받는 사람〉
14750   초청장 재중 인천광역시 남구 심곡동 73-20번지 ㈜장&김   관리과 장윤서 과장 귀하

✔해설 ① 초청장은 회신을 요하지 않으므로 '회신 요망'을 기재하지 않는다.
② 우편번호는 5자리로 작성해야 한다.
③ 발신자 명은 회사명과 한 줄 정도의 간격을 두고 작성해야 한다.
⑤ 발신자 명은 소속, 직위, 이름순으로 작성해야 한다.

4 다음은 가족제도의 붕괴, 비혼, 저출산 등 사회적인 이슈에 대해 자유롭게 의견을 나누는 자리에서 직원들 간에 나눈 대화의 일부분이다. 이를 바탕으로 옳게 추론한 것을 모두 고르면?

> 남1 : 가족은 혼인제도에 의해 성립된 집단으로 두 명의 성인 남녀와 그들이 출산한 자녀 또는 입양한 자녀로 이루어져야만 해. 이러한 가족은 공동의 거주, 생식 및 경제적 협력이라는 특성을 갖고 있어.
>
> 여1 : 가족은 둘 이상의 사람들이 함께 거주하면서 지속적인 관계를 유지하는 집단을 말해. 이들은 친밀 감과 자원을 서로 나누고 공동의 의사결정을 하며 가치관을 공유하는 등의 특성이 있지.
>
> 남2 : 핵가족은 전통적인 성역할에 기초하여 아동양육, 사회화, 노동력 재생산 등의 기능을 가장 이상적 으로 수행할 수 있는 가족 구조야. 그런데 최근 우리사회에서 발생하는 출산율 저하, 이혼율 증 가, 여성의 경제활동 참여율 증가 등은 전통적인 가족 기능의 위기를 가져오는 아주 심각한 사회 문제야. 그래서 핵가족 구조와 기능을 유지할 수 있는 정책이 필요해.
>
> 여2 : 전통적인 가족 개념은 가부장적 위계질서를 가지고 있었어. 하지만 최근에는 민주적인 가족관계를 형성하고자 하는 의지가 가족 구조를 변화시키고 있지. 게다가 여성의 자아실현 욕구가 증대하고 사회 · 경제적 구조의 변화에 따라 남성 혼자서 가족을 부양하기 어려운 것이 현실이야. 그래서 한 가정 내에서 남성과 여성이 모두 경제활동에 참여할 수 있도록 지원하는 국가의 정책이 필요하다 고 생각해.

> ㉠ 남1에 의하면 민족과 국적이 서로 다른 두 남녀가 결혼하여 자녀를 입양한 가정은 가족으로 인정하 기 어렵다.
>
> ㉡ 여1과 남2는 동성(同性) 간의 결합을 가족으로 인정하고 지지할 것이다.
>
> ㉢ 남2는 아동보육시설의 확대정책보다는 아동을 돌보는 어머니에게 매월 일정액을 지급하는 아동수당 정책을 더 선호할 것이다.
>
> ㉣ 여2는 무급의 육아휴직 확대정책보다는 육아도우미의 가정파견을 전액 지원하는 국가정책을 더 선호 할 것이다.

① ㉠, ㉢

② ㉡, ㉣

③ ㉢, ㉣

④ ㉠, ㉡, ㉢

⑤ ㉡, ㉢, ㉣

✔ 해설 ㉠ 남1의 발언에는 두 명의 성인 남녀라는 조건만 있을 뿐 민족과 국적에 대한 언급은 없다. 따라서 민족과 국적이 서로 다른 두 성인 남녀가 결혼하여 자녀를 입양한 가정은 가족으로 인정할 수 있다.

㉡ 여1은 동성 간의 결합을 가족으로 인정하고 지지할 수 있지만, 남2는 핵가족 구조를 전통적인 성역할에 기초한다고 보기 때문에 동성 간의 결합을 가족으로 인정하고 지지하지 않을 것이다.

㉢ 남2는 여성의 경제활동 참여율 증가를 전통적인 가족 기능의 위기를 가져오는 심각한 사회문제로 보고 있다. 따라서 여성의 경제활동 참여를 지원하는 아동보육시설의 확대정책보다는 아동을 돌보는 어머니에게 매월 일정액을 지급하는 아동수당 정책을 더 선호할 것이다.

㉣ 여2는 남성 혼자서 가족을 부양하기 어려운 현실을 지적하며 남녀 모두 경제활동에 참여할 수 있도록 지원하는 국가의 정책이 필요하다고 보는 입장이다. 따라서 여성 직장인이 휴직을 해야 하는 육아휴직 확대정책보다는 여성의 경제활동이 유지될 수 있도록 육아도우미의 가정파견을 전액 지원하는 국가정책을 더 선호할 것이다.

Answer 4.③

5 다음 보도자료 작성 요령을 참고할 때, 적절한 보도자료 문구를 〈보기〉에서 모두 고른 것은 어느 것인가?

1. 인명과 호칭
〈우리나라 사람의 경우〉
• 우리나라 사람의 인명은 한글만 쓴다. 동명이인 등 부득이한 경우에만 괄호 안에 한자를 써준다.
• 직함은 소속기관과 함께 이름 뒤에 붙여 쓴다.
• 두 명 이상의 이름을 나열할 경우에는 맨 마지막 이름 뒤에 호칭을 붙인다.
〈외국인의 경우〉
• 중국 및 일본사람의 이름은 현지음을 한글로 외래어 표기법에 맞게 쓰고 괄호 안에 한자를 쓴다. 한자가 확인이 안 될 경우에는 현지음만 쓴다.
• 기타 외국인의 이름은 현지발음을 외래어 표기법에 맞게 한글로 적고 성과 이름 사이를 띄어 쓴다.

2. 지명
• 장소를 나타내는 국내 지명은 광역시 · 도→시 · 군 · 구→동 · 읍 · 면 · 리 순으로 표기한다.
• 시 · 도명은 줄여서 쓴다.
• 자치단체명은 '서울시', '대구시', '경기도', '전남도' 등으로 적는다.
• 중국과 일본 지명은 현지음을 한글로 외래어 표기법에 맞게 쓰고 괄호 안에 한자를 쓴다(확인이 안 될 경우엔 현지음과 한자 중 택일).
• 외국 지명의 번역명이 통용되는 경우 관용에 따른다.

3. 기관 · 단체명
• 기관이나 단체 이름은 처음 나올 때는 정식 명칭을 적고 약칭이 있으면 괄호 안에 넣어주되 행정부처 등 관행화된 것은 넣지 않는다. 두 번째 표기부터는 약칭을 적는다.
• 기관이나 단체명에 대표 이름을 써야할 필요가 있을 때는 괄호 안에 표기한다.
• 외국의 행정부처는 '부', 부처의 장은 '장관'으로 표기한다. 단 한자권 지역은 그 나라에서 쓰는 정식명칭을 따른다.
• 국제기구나 외국 단체의 경우 처음에는 한글 명칭과 괄호 안에 영문 약어 표기를 쓴 다음 두 번째부터는 영문 약어만 표기한다.
• 언론기관 명칭은 AP, UPI, CNN 등 잘 알려진 경우는 영문을 그대로 사용하되 잘 알려지지 않은 기관은 그 앞에 설명을 붙여 준다.
• 약어 영문 이니셜이 우리말로 굳어진 것은 우리말 발음대로 표기한다.

<보기>
㉠ 최한국 사장, 조대한 사장, 강민국 사장을 등 재계 주요 인사들은 모두 내일 개최되는 행사에 참석할 것으로 보인다.
㉡ 버락오바마 미국 대통령은 지난 2017년을 끝으로 대통령 임기를 마쳤다.
㉢ 절강성 온주에서 열리는 박람회에는 다양한 종류의 이벤트가 열릴 것으로 기대된다.
㉣ 국제노동기구(ILO) 창설 기념일과 때를 같이하여 ILO 회원국들은 국제 노동규범을 확립하는 일에 더욱 힘쓰기로 결의하였다.

① ㉡

② ㉣

③ ㉠, ㉡

④ ㉠, ㉢, ㉣

⑤ ㉡, ㉢, ㉣

✔ 해설 ㉠[×] 두 명 이상의 이름을 나열할 경우에는 맨 마지막 이름 뒤에 호칭을 붙인다는 원칙에 따라 '최한국, 조대한, 강민국 사장을 등 재계 주요 인사들은 모두~'로 수정해야 한다.

㉡[×] 외국인의 이름은 현지발음을 외래어 표기법에 맞게 한글로 적고 성과 이름 사이를 띄어 쓴다는 원칙에 따라 '버락∨오바마 미국 대통령의 임기는~'으로 수정해야 한다.

㉢[×] 중국 지명이므로 현지음을 한글로 외래어 표기법에 맞게 쓰고 괄호 안에 한자를 써야한다는 원칙에 따라, '절강성(浙江)성 온주(溫州)'로 수정해야 한다.

㉣[○] 국제기구나 외국 단체의 경우 처음에는 한글 명칭과 괄호 안에 영문 약어 표기를 쓴 다음 두 번째부터는 영문 약어만 표기한다는 원칙에 따른 올바른 표기이다.

6

대부분의 사람들은 '이슬람', '중동', 그리고 '아랍'이라는 지역 개념을 혼용한다. 그러나 엄밀히 말하면 세 지역 개념은 서로 다르다.

우선 이슬람지역은 이슬람교를 믿는 무슬림이 많이 분포된 지역을 지칭하는 것으로 종교적인 관점에서 구분한 지역 개념이다. 오늘날 무슬림은 전 세계 약 57개국에 많게는 약 16억, 적게는 약 13억이 분포된 것으로 추정되며, 그 수는 점점 더 증가하는 추세이다. 무슬림 인구는 이슬람교가 태동한 중동지역에 집중되어 있다. 또한 무슬림은 중국과 중앙아시아, 동남아시아, 북아프리카 지역에 걸쳐 넓게 분포해 있다.

중동이란 단어는 오늘날 학계와 언론계에서 자주 사용되고 있다. 그러나 이 단어의 역사는 그리 길지 않다. 유럽, 특히 영국은 19세기 이래 아시아지역에서 식민정책을 펼치기 위해 전략적으로 이 지역을 근동, 중동, 극동의 세 지역으로 구분했으며, 이후 이러한 구분은 런던 타임즈 에 기고된 글을 통해 정착되었다. 따라서 이 단어 뒤에는 중동을 타자화한 유럽 중심적인 사고관이 내재되어 있다.

중동지역의 지리적 정의는 학자에 따라, 그리고 국가의 정책에 따라 다르다. 북아프리카에 위치한 국가들과 소련 해체 이후 독립한 중앙아시아의 신생 독립국들을 이 지역에 포함시켜야 하는가에 대해서는 확고하게 정립된 입장은 아직 없지만, 일반적으로 합의된 중동지역에는 아랍연맹 22개국과 비아랍국가인 이란, 터키 등이 포함된다. 이 중 터키는 유럽연합 가입을 위해 계속적으로 노력하고 있으나 거부되고 있다.

이슬람지역이 가장 광의의 지역 개념이라면 아랍은 가장 협소한 지역 개념이다. 아랍인들은 셈족이라는 종족적 공통성과 더불어 아랍어와 이슬람 문화를 공유하고 있다. 아랍지역에 속하는 국가는 아랍연맹 회원국 22개국이다. 아랍연맹 회원국에는 아라비아 반도에 위치한 사우디아라비아, 바레인, 쿠웨이트, 이라크, 오만, 아랍에미리트 등과 북아프리카 지역의 알제리, 모로코, 리비아, 튀니지, 이집트, 수단 등이 포함된다.

㉠ 셈족의 혈통을 지닌 이라크의 많은 국민들은 아랍어를 사용한다.
㉡ 중동은 서구유럽의 식민정책이 반영된 단어로 그 지리적인 경계가 유동적이다.
㉢ 리비아는 이슬람지역에는 속하지만 일반적으로 합의된 중동지역에는 속하지 않는다.
㉣ 일반적으로 합의된 중동지역에 속하지만 아랍지역에 속하지 않는 국가로는 이란이 있다.
㉤ 이슬람지역이 종교적인 관점에서 구별된 지역 개념이라면 아랍지역은 언어·종족·문화적 관점에서 구별된 지역 개념이다.

① 1개   ② 2개

③ 3개   ④ 4개

⑤ 5개

✔ 해설 ⓒ 마지막 문단에 따르면 리비아는 아랍연맹 회원국이다. 합의된 중동지역에는 아랍연맹 22개국과 비아랍국
가인 이란, 터키 등이 포함되므로 리비아는 이슬람지역에 속하면서 합의된 중동지역에도 속한다.
ⓝ, ⓛ, ⓔ, ⓜ은 모두 지문의 내용과 부합한다.

7

　고생물의 골격, 이빨, 패각 등의 단단한 조직은 부패와 속성작용에 대한 내성을 가지고 있기 때문에 화석으로 남기 쉽다. 여기서 속성작용이란 퇴적물이 퇴적분지에 운반·퇴적된 후 단단한 암석으로 굳어지기까지의 물리·화학적 변화를 포함하는 일련의 과정을 일컫는다. 그러나 이들 딱딱한 조직도 지표와 해저 등에서 지하수와 박테리아의 분해작용을 받으면 화석이 되지 않는다. 따라서 딱딱한 조직을 가진 생물은 전혀 그렇지 않은 생물보다 화석이 될 가능성이 크지만, 그것은 어디까지나 이차적인 조건이다.

　화석이 되기 위해서는 우선 지질시대를 통해 고생물이 진화·발전하여 개체수가 충분히 많아야 한다. 다시 말하면, 화석이 되어 남는 고생물은 그 당시 매우 번성했던 생물인 것이다. 진화론에서 생물이 한 종에서 다른 종으로 진화할 때 중간 단계의 전이형태가 나타나지 않음은 오랫동안 문제시되어 왔다. 이러한 '잃어버린 고리'에 대한 합리적 해석으로 엘드리지와 굴드가 주장한 단속 평형설이 있다. 이에 따르면 새로운 종은 모집단에서 변이가 누적되어 서서히 나타나는 것이 아니라 모집단에서 이탈, 새로운 환경에 도전하는 소수의 개체 중에서 비교적 이른 시간에 급속하게 출현한다. 따라서 자연히 화석으로 남을 기회가 상대적으로 적다는 것이다.

　고생물의 사체가 화석으로 남기 위해서는 분해 작용을 받지 않아야 하고 이를 위해 가능한 한 급속히 퇴적물 속에 매몰될 필요가 있다. 대개의 경우 이러한 급속 매몰은 바람, 파도, 해류의 작용에 의한 마멸, 파괴 등의 기계적인 힘으로부터 고생물의 사체를 보호한다거나, 공기와 수중의 산소와 탄소에 의한 화학적인 분해 및 박테리아에 의한 분해, 포식동물에 의한 생물학적인 파괴를 막아 줄 가능성이 높기 때문이다. 퇴적물 속에 급속히 매몰되면 딱딱한 조직을 가지지 않은 해파리와 같은 생물도 화석으로 보존될 수 있으므로 급속 매몰이 중요한 의의를 가진다.

　㉠ 화석의 고생물이 생존했던 당시에는 대부분의 생물이 딱딱한 조직을 가지고 있었음을 알 수 있다.

　㉡ 딱딱한 조직이 없는 고생물은 퇴적물 속에 급속히 매몰되어도 분해작용을 받으면 화석으로 남기 어렵다.

　㉢ 단속 평형설은 연관된 화석의 발굴과 분석을 통하여 생물의 진화상 중간단계의 생물종을 설명하고 있다.

　㉣ 고생물의 사체가 땅 속에 급속 매몰되면 지하수에 의해 분해될 가능성이 높아져서 화석의 수가 급격하게 감소된다.

　㉤ 진화의 중간단계에 해당하는 고생물의 화석이 존재하지 않는 것은 이것들이 대부분 딱딱한 조직이 없는 생물이었기 때문이다.

① 1개   ② 2개

③ 3개   ④ 4개

⑤ 5개

✔ 해설 ⓒ만 제시된 글의 내용과 부합한다.

ⓙ 첫 문단 마지막 부분에 따르면 딱딱한 조직을 가진 생물은 화석이 될 가능성이 크지만 어디까지나 이차적인 조건이라고 언급하고 있다. 또한 마지막 문단에서 퇴적물 속에 급속히 매몰되면 딱딱한 조직을 가지지 않은 해파리와 같은 생물도 화석으로 보존될 수 있다고 말하고 있으므로, 대부분의 생물이 딱딱한 조직을 가지고 있었다고 할 수는 없다.

ⓒ 마지막 문단에서 해파리 화석의 예를 들어 딱딱한 조직이 없는 고생물도 급속히 매몰되면 화석으로 보존될 수 있다고 언급하고 있다.

ⓔ 마지막 문단에 따르면 수중의 산소와 탄소에 의한 화학적인 분해를 막아 줄 가능성이 높아져서 화석의 수가 증가될 가능성이 있다.

ⓜ 두 번째 문단에 따르면 화석이 되기 위해서는 고생물이 진화·발전하여 개체수가 충분히 많아야 한다. 그러나 진화의 중간단계에 해당하는 고생물은 모집단에서 변이가 누적되어 서서히 나타나는 것이 아니라 모집단에서 이탈, 새로운 환경에 도전하는 소수의 개체 중에서 비교적 이른 시간에 급속하게 출현한다. 따라서 자연히 화석으로 남을 기회가 상대적으로 적은 것이다.

Answer 7.①

8 다음 문서의 내용을 참고할 때, 문서의 제목으로 가장 적절한 것은 어느 것인가?

□ 워크숍 개요
- (일시/장소) 2020.3.9.(월), 17:00~19:00 / CS룸(1217호)
- (참석자) 인사기획실, 대변인실, 의정관실, 관리부서 과장 및 직원 약 25명
- (주요내용) 혁신 방안 및 자긍심 제고 방안 발표 및 토론

□ 주요 내용

〈발표 내용〉
- 인사혁신 방안(역량과 성과중심, 예측 가능한 열린 인사)
- 조직혁신 방안(일하는 방식 개선 및 조직구조 재설계)
- 내부 소통 활성화 방안(학습동아리, 설문조사, 사장님께 바란다 등)
- 활력 및 자긍심 제고 방안(상징물품 개선, 휴게실 확충 등)

〈토론 내용〉
- (의미) 신설된 부처라는 관점에서 새로운 업무방식에 대한 고민 필요
- (일하는 방식) 가족 사랑의 날 준수, 휴가비 공제제도 재검토, 불필요한 회의체 감축 등
- (내부소통) 임원들의 더 많은 관심 필요, 학습동아리 지원
- (조직문화) 혁신을 성공케 하는 밑거름으로서 조직문화 개선, 출근하고 싶은 조직 만들기, 직원 사기 진작 방안 모색
- (기타) 정책연구 용역 활성화, 태블릿 pc 제공 등

① 조직 혁신 워크숍 개최 계획서
② 임직원 간담회 일정 보고서
③ 정책 구상회의 개최 계획서
④ 가정의 날 행사 계획 보고서
⑤ 조직 혁신 워크숍 개최 결과보고서

✔해설 문서의 내용에는 워크숍 개최 및 발표, 토론 내용이 요약되어 포함되어 있다. 따라서 담긴 내용이 이미 진행된 후에 작성된 문서이므로 '~계획(보고)서'가 아닌 '결과보고서'가 되어야 할 것이다.
② 특정 행사의 일정만을 보고하는 문서가 아니며, 행사 전체의 내용을 모두 포함하고 있다.

9 다음 설명의 빈 칸 ㉠~㉣에 들어갈 문서의 종류를 알맞게 나열한 것은 어느 것인가?

㉠	• 외부로 전달하는 문서로 '누가, 언제, 어디서, 무엇을, 어떻게'가 정확하게 드러나도록 작성한다. • 이후 내용이 없을 때 반드시 '끝' 자로 마무리한다.
㉡	• 명령문보다 평서문으로 작성하며 소비자가 이해하기 쉽도록 전문용어는 삼가는 것이 좋다. • 복잡한 내용은 도표를 통해 시각화한다.
㉢	• 상대가 요구하는 것이 무엇인지 고려하여 작성한다. • 효과적인 내용 전달을 위해 목차를 체계적으로 구성하며 도표나 그래프를 활용한다. • 업무 진행과정은 구체적으로 제시하며, 핵심사항만 간결하게 작성하며 인용자료일 경우 출처를 밝힌다.
㉣	• 도출하고자 한 핵심 내용을 구체적이고도 간결하게 작성한다.

	㉠	㉡	㉢	㉣
①	설명서	공문서	기획서	보고서
②	공문서	설명서	기획서	보고서
③	공문서	설명서	보고서	기획서
④	보고서	설명서	기획서	공문서
⑤	설명서	기획서	보고서	공문서

✔해설 • 공문서 : 정부 행정기관에서 대내적, 혹은 대외적 공무를 집행하기 위해 작성하는 문서를 의미하며, 정부기관이 일반회사·단체로부터 접수하는 문서 및 일반회사에서 정부기관을 상대로 사업을 진행하려고 할 때 작성하는 문서도 포함된다. 엄격한 규격과 양식에 따라 정당한 권리를 가지는 사람이 작성해야 하며 최종 결재권자의 결재가 있어야 문서로서의 기능이 성립된다.
• 설명서 : 대개 상품의 특성이나 사물의 성질과 가치, 작동 방법이나 과정을 소비자에게 설명하는 것을 목적으로 작성한 문서이다. 상품소개서, 제품설명서 등이 이에 해당한다.
• 기획서 : 적극적으로 아이디어를 내고 기획해 하나의 프로젝트를 문서형태로 만들어, 상대방에게 기획의 내용을 전달하여 기획을 시행하도록 설득하는 문서이다.
• 보고서 : 특정한 일에 관한 현황이나 그 진행 상황 또는 연구검토 결과 등을 보고하고자 할 때 작성하는 문서이다. 영업보고서, 결산보고서, 업무보고서, 출장보고서, 회의보고서 등이 이에 해당된다.

10 다음의 글을 읽고 박 대리가 저지른 실수를 바르게 이해한 것은?

> 직장인 박 대리는 매주 열리는 기획회의에서 처음으로 발표를 할 기회를 얻었다. 박대리는 자신이 할 수 있는 문장실력을 총 동원하여 4페이지의 기획안을 작성하였다. 기획회의가 열리고 박 대리는 기획안을 당당하게 읽기 시작하였다. 2페이지를 막 읽으려던 때, 부장이 한 마디를 했다. "박 대리, 그걸 전부 읽을 셈인가? 결론이 무엇인지만 말하지."그러자 박 대리는 자신이 작성한 기획안을 전부 발표하지 못하고 중도에 대충 결론을 맺어 발표를 마무리하게 되었다.

① 박 대리의 기획안에는 첨부파일이 없었다.

② 박 대리의 발표는 너무 시간이 길었다.

③ 박 대리의 발표는 간결하지 못하고 시각적인 부분이 부족했다.

④ 박 대리의 기획안에는 참신한 아이디어가 없었다.

⑤ 박 대리의 기획안은 너무 화려하게 꾸며져 있었다.

✔해설 기획안의 작성도 중요하나 발표시 문서의 내용을 효과적으로 전달하는 것이 무엇보다 중요하다. 문서만 보면 내용을 이해하기 어렵고 의도한 내용을 바로 파악할 수 없기 때문에 간결하고 시각적인 문서작성이 중요하다.

|11~12| 다음은 승강기의 검사와 관련된 안내문이다. 이를 보고 물음에 답하시오.

❑ 근거법령

『승강기시설 안전관리법』 제13조 및 제13조의2에 따라 승강기 관리주체는 규정된 기간 내에 승강기의 검사 또는 정밀안전검사를 받아야 합니다.

❑ 검사의 종류

종류	처리기한	내용
완성검사	15일	승강기 설치를 끝낸 경우에 실시하는 검사
정기검사	20일	검사유효기간이 끝난 이후에 계속하여 사용하려는 경우에 추가적으로 실시하는 검사
수시검사	15일	승강기를 교체·변경한 경우나 승강기에 사고가 발생하여 수리한 경우 또는 승강기 관리 주체가 요청하는 경우에 실시하는 검사
정밀안전검사	20일	설치 후 15년이 도래하거나 결함 원인이 불명확한 경우, 중대한 사고가 발생하거나 또는 그 밖에 행정안전부장관이 정한 경우

❑ 검사의 주기

승강기 정기검사의 검사주기는 1년이며, 정밀안전검사는 완성검사를 받은 날부터 15년이 지난 경우 최초 실시하며, 그 이후에는 3년마다 정기적으로 실시합니다.

❑ 적용범위

"승강기"란 건축물이나 고정된 시설물에 설치되어 일정한 경로에 따라 사람이나 화물을 승강장으로 옮기는 데에 사용되는 시설로서 엘리베이터, 에스컬레이터, 휠체어리프트 등 행정안전부령으로 정하는 것을 말합니다.

• 엘리베이터

용도	종류	분류기준
승객용	승객용 엘리베이터	사람의 운송에 적합하게 제작된 엘리베이터
	침대용 엘리베이터	병원의 병상 운반에 적합하게 제작된 엘리베이터
	승객·화물용 엘리베이터	승객·화물겸용에 적합하게 제작된 엘리베이터
	비상용 엘리베이터	화재 시 소화 및 구조활동에 적합하게 제작된 엘리베이터
	피난용 엘리베이터	화재 등 재난 발생 시 피난활동에 적합하게 제작된 엘리베이터
	장애인용 엘리베이터	장애인이 이용하기에 적합하게 제작된 엘리베이터
	전망용 엘리베이터	엘리베이터 안에서 외부를 전망하기에 적합하게 제작된 엘리베이터
	소형 엘리베이터	단독주택의 거주자를 위한 승강행정이 12m 이하인 엘리베이터
화물용	화물용 엘리베이터	화물 운반 전용에 적합하게 제작된 엘리베이터
	덤웨이터	적재용량이 300kg 이하인 소형 화물 운반에 적합한 엘리베이터
	자동차용 엘리베이터	주차장의 자동차 운반에 적합하게 제작된 엘리베이터

Answer 10.③

• 에스컬레이터

용도	종류	분류기준
승객 및 화물용	에스컬레이터	계단형의디딤판을 동력으로 오르내리게 한 것
	무빙워크	평면의 디딤판을 동력으로 이동시키게 한 것

• 휠체어리프트

용도	종류	분류기준
승객용	장애인용 경사형 리프트	장애인이 이용하기에 적합하게 제작된 것으로서 경사진 승강로를 따라 동력으로 오르내리게 한 것
	장애인용 수직형 리프트	장애인이 이용하기에 적합하게 제작된 것으로서 수직인 승강로를 따라 동력으로 오르내리게 한 것

❑ 벌칙 및 과태료
• 벌칙 : 1년 이하의 징역 또는 1천만 원 이하의 벌금
• 과태료 : 500만 원 이하, 300만 원 이하

11 다음에 제시된 상황에서 받아야 하는 승강기 검사의 종류가 잘못 연결된 것은?

① 1년 전 정기검사를 받은 승객용 엘리베이터를 계속해서 사용하려는 경우→정기검사

② 2층 건물을 4층으로 증축하면서 처음 소형 엘리베이터 설치를 끝낸 경우→완성검사

③ 에스컬레이터에 쓰레기가 끼이는 단순한 사고가 발생하여 수리한 경우→정밀안전검사

④ 7년 전 설치한 장애인용 경사형 리프트를 신형으로 교체한 경우→수시검사

⑤ 비상용 엘리베이터를 설치하고 15년이 지난 경우→정밀안전검사

✔해설 ③ 정밀안점검사는 설치 후 15년이 도래하거나 결함 원인이 불명확한 경우, 중대한 사고가 발생하거나 또는 그 밖에 행정안전부장관이 정한 경우에 실시한다. 에스컬레이터에 쓰레기가 끼이는 단순한 사고가 발생하여 수리한 경우에는 수시검사를 시행하는 것이 적절하다.

12 ○○승강기 신입사원 甲는 승강기 검사와 관련하여 고객의 질문을 받아 응대해 주는 과정에서 상사로부터 고객에게 잘못된 정보를 제공하였다는 지적을 받았다. 甲이 응대한 내용 중 가장 옳지 않은 것은?

① 고객 : 승강기 검사유효기간이 끝나가서 정기검사를 받으려고 합니다. 오늘 신청하면 언제쯤 검사를 받을 수 있나요?

甲 : 정기검사의 처리기한은 20일입니다. 오늘 신청하시면 20일 안에 검사를 받으실 수 있습니다.

② 고객 : 비상용 엘리베이터와 피난용 엘리베이터의 차이는 뭔가요?

甲 : 비상용 엘리베이터는 화재 시 소화 및 구조활동에 적합하게 제작된 엘리베이터를 말합니다. 이에 비해 피난용 엘리베이터는 화재 등 재난 발생 시 피난활동에 적합하게 제작된 엘리베이터입니다.

③ 고객 : 판매 전 자동차를 대놓는 주차장에 자동차 운반을 위한 엘리베이터를 설치하려고 합니다. 덤웨이터를 설치해도 괜찮을까요?

甲 : 덤웨이터는 적재용량이 300kg 이하인 소형 화물 운반에 적합한 엘리베이터입니다. 자동차 운반을 위해서는 자동차용 엘리베이터를 설치하시는 것이 좋습니다.

④ 고객 : 지난 2016년 1월에 마지막 정밀안전검사를 받았습니다. 승강기에 별 문제가 없다면, 다음 정밀안전검사는 언제 받아야 하나요?

甲 : 정밀안전검사는 최초 실시 후 3년마다 정기적으로 실시합니다. 2016년 1월에 정밀안전검사를 받으셨다면, 2019년 1월에 다음 정밀안전검사를 받으셔야 합니다.

⑤ 고객 : 고객들이 쇼핑카트나 유모차, 자전거 등을 가지고 층간 이동을 쉽게 할 수 있도록 에스컬레이터나 무빙워크를 설치하려고 합니다. 뭐가 더 괜찮을까요?

甲 : 말씀하신 상황에서는 무빙워크보다는 에스컬레이터 설치가 더 적합합니다.

✔해설 ⑤ 쇼핑카트나 유모차, 자전거 등을 가지고 층간 이동을 쉽게 할 수 있도록 승강기를 설치하는 경우에는 계단형의 디딤판을 동력으로 오르내리게 한 에스컬레이터보다 평면의 디딤판을 동력으로 이동시키게 한 무빙워크가 더 적합하다.

13 다음 글의 제목으로 가장 적절한 것은?

> 현재 하천수 사용료는 국가 및 지방하천에서 생활·공업·농업·환경개선·발전 등의 목적으로 하천수를 취수할 때 허가를 받고 사용료를 납부하도록 하고 있다. 또한 사용료 징수주체를 과거에는 국가하천은 국가, 지방하천은 지자체에서 허가하던 것을 2008년부터 하천수 사용의 허가 체계를 국토교통부로 일원화하여 관리하고 있다.
>
> 이를 위하여 크게 두 가지, 즉 하천 점용료 및 사용료 징수의 강화 및 현실화와 친수구역개발에 따른 개발이익의 환수와 활용에 대하여 보다 구체적인 실현방안을 추진하여 안정적이고 합리적 물 관리 재원 조성 기반을 확보하여야 한다. 하천시설이나 점용 시설에 대한 국가 관리기능 강화와 이에 의거한 점·사용료 부과·징수 기능을 확대하여야 한다. 그리고 실질적인 편익을 기준으로 하는 점·사용료 부과 등을 추진하는 것이 주효할 것이다. 국가하천정비사업 등을 통하여 조성·정비된 각종 친수시설이나 공간 등에 대한 국가 관리 권한의 확대를 통해 하천 관리의 체계성·계획성을 제고하여 나가야 한다. 다음으로 친수 구역에 대한 개발이익을 환수하여 하천구역 및 친수관리구역의 통합적 관리·이용을 위한 재원으로의 활용을 추진할 필요가 있으며, 하천구역 정비·관리에 의한 편익을 향유하는 하천연접지역에서의 개발행위에 대해 수익자 부담원칙을 적용할 필요가 있다. 국민생활 밀착 공간, 환경오염 민감지역, 국토방재 공간이라는 다면적 특성을 지닌 하천연접지역의 체계적이고 계획적인 관리와 이를 위한 재원 마련이 하천관리의 핵심적인 이슈이기 때문이다.

① 하천수 사용자에 대한 이익 환수 강화
② 하천수 사용료 제도의 실효성 확보
③ 국가의 하천 관리 개선 방안 제시
④ 현실적인 하천수 요금체계로의 전환
⑤ 하천수 사용료 제도의 문제점

✔해설 단순히 하천수 사용료의 문제점을 제시한 것이 아니라, 그에 대한 구체적인 대안과 사용료 부과 및 징수를 위한 실효성을 확보해야 한다는 의견이 제시되어 있으므로 문제점 지적을 넘어 전향적인 의미를 지닌 제목이 가장 적절할 것이다.
또한, 제시글은 하천의 관리를 언급하는 것이 아닌, 하천수 사용료에 대한 개선방안을 다루고 있으며, 하천수 사용료의 현실화율이나 지역 간 불균형 등의 요금체계 자체에 대한 내용을 소개하고 있지는 않다.

14 다음 글의 제목으로 가장 적절한 것은?

> 프랑스는 1999년 고용상의 남녀평등을 강조한 암스테르담 조약을 인준하고 국내법에 도입하여 시행하였으며, 2006년에는 양성 간 임금 격차축소와 일·가정 양립을 주요한 목표로 삼는 '남녀 임금평등에 관한 법률'을 제정하였다. 동법에서는 기업별, 산별 교섭에서 남녀 임금격차 축소에 대한 내용을 포함하도록 의무화하고, 출산휴가 및 입양휴가 이후 임금 미상승분을 보충하도록 하고 있다. 스웨덴은 사회 전반에서 기회·권리 균등을 촉진하고 각종 차별을 방지하기 위한 '차별법'(The Discrimination Act) 시행을 통해 남녀의 차별을 시정하였다. 또한 신축적인 파트타임과 출퇴근시간 자유화, 출산 후 직장복귀 등을 법제화하였다. 나아가 공공보육시설 무상 이용(평균보육료부담 4%)을 실시하고 보편적 아동수당과 저소득층에 대한 주택보조금 지원 정책도 시행하고 있다. 노르웨이 역시 특정 정책보다는 남녀평등 분위기 조성과 일과 양육을 병행할 수 있는 사회적 환경 조성이 출산율을 제고하는 데 기여하였다. 한편 일본은 2005년 신신(新新)엔젤플랜을 발족하여 보육환경을 개선함으로써 여성의 경제활동을 늘리고, 남성의 육아휴직, 기업의 가족지원 등을 장려하여 저출산 문제의 극복을 위해 노력하고 있다.

① 각 국의 근로정책 소개

② 선진국의 남녀 평등문화

③ 남녀평등에 관한 국가별 법률 현황

④ 남녀가 평등한 문화 및 근로정책

⑤ 국가별 근로정책의 도입 시기

> ✔해설 몇 개 국가의 남녀평등 문화와 근로정책에 대하여 간략하게 기술하고 있으며, 노르웨이와 일본의 경우에는 법률을 구체적으로 언급하고 있지 않다. 또한 단순한 근로정책 소개가 아닌, 남녀평등에 관한 내용을 일관되게 소개하고 있으므로 전체를 포함하는 논지는 '남녀평등과 그에 따른 근로정책'에 관한 것이라고 볼 수 있다.

Answer 13.② 14.④

15 다음 글에 나타난 '플로티노스'의 견해와 일치하지 않는 것은?

> 여기에 대리석 두 개가 있다고 가정해 보자. 하나는 거칠게 깎아낸 그대로이며, 다른 하나는 조각술에 의해 석상으로 만들어져 있다. 플로티노스에 따르면 석상이 아름다운 이유는, 그것이 돌이기 때문이 아니라 조각술을 통해 거기에 부여된 '형상' 때문이다. 형상은 그 자체만으로는 질서가 없는 질료에 질서를 부여하고, 그것을 하나로 통합하는 원리이다.
>
> 형상은 돌이라는 질료가 원래 소유하고 있던 것이 아니며, 돌이 찾아오기 전부터 돌을 깎는 장인의 안에 존재하던 것이다. 장인 속에 있는 이 형상을 플로티노스는 '내적 형상'이라 부른다. 내적 형상은 장인에 의해 돌에 옮겨지고, 이로써 돌은 아름다운 석상이 된다. 그러나 내적 형상이 곧 물체에 옮겨진 형상과 동일한 것은 아니다. 플로티노스는 내적 형상이 '돌이 조각술에 굴복하는 정도'에 응해서 석상 속에 내재하게 된다고 보았다.
>
> 그렇다면 우리가 어떤 석상을 '아름답다'고 느낄 때는 어떠한 일이 일어날까? 플로티노스는 우리가 물체 속의 형상을 인지하고, 이로부터 질료와 같은 부수적 성질을 버린 후 내적 형상으로 다시 환원할 때, 이 물체를 '아름답다'고 간주한다고 보았다. 즉, 내적 형상은 장인에 의해 '물체 속의 형상'으로 구현되고, 감상자는 물체 속의 형상으로부터 내적 형상을 복원함으로써 아름다움을 느끼는 것이다.

① 장인의 조각술은 질료에 내재되어 있던 '형상'이 밖으로 표출되도록 도와주는 역할을 한다.

② 물체에 옮겨진 '형상'은 '내적 형상'과 동일할 수 없으므로 질료 자체의 질서와 아름다움에 주목해야 한다.

③ 동일한 '내적 형상'도 '돌이 조각술에 굴복하는 정도'에 따라 서로 다른 '형상'의 조각상으로 나타날 수 있다.

④ 자연 그대로의 돌덩어리라 할지라도 감상자가 돌덩어리의 '내적 형상'을 복원해 낸다면 '아름답다'고 느낄 수 있다.

⑤ 감상자는 작품에 부수적 성질을 통합하고 질서를 부여함에 따라 '물체 속의 형상'을 환원시킨다.

✔해설 두 번째 문단 후반부에서 내적 형상이 물체에 옮겨진 형상과 동일한 것은 아니라고 하면서, '돌이 조각술에 굴복하는 정도'에 응해서 내적 형상이 내재한다고 하였다.

① 두 번째 문단 첫 문장에서 '형상'이 질료 속에 있는 것이 아니라, 장인의 안에 존재하던 것임을 알 수 있다.

② 첫 번째 문단 마지막 문장에서 질료 자체에는 질서가 없다고 했으므로, 지문의 '질료 자체의 질서와 아름다움'이라는 표현이 잘못되었다.

④ 마지막 문장에 의하면, 장인에 의해 구현된 '내적 형상'을 감상자가 복원함으로써 아름다움을 느낄 있다고 하였다. 자연 그대로의 돌덩어리에서는 복원할 '내적 형상'이 있다고 할 수 없다.

⑤ 질서를 부여하고 통합하는 것은 장인이 '형상'을 질료에 옮기는 과정이다. 감상자는 부수적 성질을 '버리고' 내적 형상을 환원한다.

Answer 15.③

16 다음에 해당하는 언어의 기능은?

> 이 기능은 우리가 세계를 이해하는 정도에 비례하여 수행된다. 그러면 세계를 이해한다는 것은 무엇인가? 그것은 이 세상에 존재하는 사물에 대하여 이름을 부여함으로써 발생하는 것이다. 여기 한 그루의 나무가 있다고 하자. 그런데 그것을 나무라는 이름으로 부르지 않는 한 그것은 나무로서의 행세를 못한다. 인류의 지식이라는 것은 인류가 깨달아 알게 되는 모든 대상에 대하여 이름을 붙이는 작업에서 형성되는 것이라고 말해도 좋다. 어떤 사물이건 거기에 이름이 붙으면 그 사물의 개념이 형성된다. 다시 말하면, 그 사물의 의미가 확정된다. 그러므로 우리가 쓰고 있는 언어는 모두가 사물을 대상화하여 그것에 의미를 부여하는 이름이라고 할 수 있다.

① 정보적 기능 ② 친교적 기능
③ 명령적 기능 ④ 관어적 기능
⑤ 미적 기능

✔ **해설** 언어의 기능

　㉠ 표현적 기능 : 말하는 사람의 감정이나 태도를 나타내는 기능이다. 언어의 개념적 의미보다는 감정적인 의미가 중시된다. →[예 : 느낌, 놀람 등 감탄의 말이나 욕설, 희로애락의 감정표현, 폭언 등]
　㉡ 정보전달기능 : 말하는 사람이 알고 있는 사실이나 지식, 정보를 상대방에게 알려 주기 위해 사용하는 기능이다. →[예 : 설명, 신문기사, 광고 등]
　㉢ 사교적 기능(친교적 기능) : 상대방과 친교를 확보하거나 확인하여 서로 의사소통의 통로를 열어 놓아주는 기능이다. →[예 : 인사말, 취임사, 고별사 등]
　㉣ 미적 기능 : 언어예술작품에 사용되는 것으로 언어를 통해 미적인 가치를 추구하는 기능이다. 이 경우에는 감정적 의미만이 아니라 개념적 의미도 아주 중시된다. →[예 : 시에 사용되는 언어]
　㉤ 지령적 기능(감화적 기능) : 말하는 사람이 상대방에게 지시를 하여 특정 행위를 하게 하거나, 하지 않도록 함으로써 자신의 목적을 달성하려는 기능이다. →[예 : 법률, 각종 규칙, 단체협약, 명령, 요청, 광고문 등의 언어]

17 두 과학자 진영 A와 B의 진술 내용과 부합하지 않는 것은?

> 우리 은하와 비교적 멀리 떨어져 있는 은하들이 모두 우리 은하로부터 점점 더 멀어지고 있다는 사실이 확인되었다. 이 사실을 두고 우주의 기원과 구조에 대해 서로 다른 견해를 가진 두 진영이 다음과 같이 논쟁하였다.
>
> A진영 : 우주는 시간적으로 무한히 오래되었다. 우주가 팽창하는 것은 사실이다. 그렇다고 우리 견해가 틀렸다고 볼 필요는 없다. 우주는 팽창하지만 전체적으로 항상성을 유지한다. 은하와 은하가 멀어질 때 그 사이에서 물질이 연속적으로 생성되어 새로운 은하들이 계속 형성되기 때문이다. 비록 우주는 약간씩 변화가 있겠지만, 우주 전체의 평균 밀도는 일정하게 유지된다. 만일 은하 사이에서 새로 생성되는 은하를 관측한다면, 우리의 가설을 입증할 수 있다. 반면 우주가 자그마한 씨앗으로부터 대폭발에 의해 생겨났다는 주장은 터무니없다. 이처럼 방대한 우주의 물질과 구조가 어떻게 그토록 작은 점에 모여 있을 수 있겠는가?
>
> B진영 : A의 주장은 터무니없다. 은하 사이에서 새로운 은하가 생겨난다면 도대체 그 물질은 어디서 온 것이라는 말인가? 은하들이 우리 은하로부터 점점 더 멀어지고 있다는 사실은 오히려 우리 견해가 옳다는 것을 입증할 뿐이다. 팽창하는 우주를 거꾸로 돌린다면 우주가 시공간적으로 한 점에서 시작되었다는 결론을 얻을 수 있다. 만일 우주 안의 모든 물질과 구조가 한 점에 있었다면 초기 우주는 현재와 크게 달랐을 것이다. 대폭발 이후 우주의 물질들은 계속 멀어지고 있으며 우주의 밀도는 계속 낮아지고 있다. 대폭발 이후 방대한 전자기파가 방출되었는데, 만일 우리가 이를 관측한다면, 우리의 견해가 입증될 것이다.

① A에 따르면 물질의 총 질량이 보존되지 않는다.
② A에 따르면 우주는 시작이 없고, B에 따르면 우주는 시작이 있다.
③ A에 따르면 우주는 국소적인 변화는 있으나 전체적으로는 변화가 없다.
④ A와 B는 인접한 은하들 사이의 평균 거리가 커진다는 것을 받아들인다.
⑤ A와 B는 은하가 서로 멀어질 때 새로운 은하들이 형성된다고 보았다.

✔해설 ④ A는 은하와 은하가 멀어질 때 그 사이에서 물질이 연속적으로 생성되어 새로운 은하들이 계속 형성되기 때문에, 우주가 팽창하지만 전체적으로 항상성을 유지하며 평균 밀도가 일정하게 유지된다고 보고 있다.

18 A 무역회사에 다니는 乙 씨는 회의에서 발표할 '해외 시장 진출 육성 방안'에 대해 다음과 같이 개요를 작성하였다. 이를 검토하던 甲이 지시한 내용 중 잘못된 것은?

Ⅰ. 서론
• 해외 시장에 진출한 우리 회사 제품 수의 증가 …… ㉠
• 해외 시장 진출을 위한 장기적인 전략의 필요성

Ⅱ. 본론
1. 해외 시장 진출의 의의
• 다른 나라와의 경제적 연대 증진 …… ㉡
• 해외 시장 속 우리 회사의 위상 제고
2. 해외 시장 진출의 장애 요소
• 해외 시장 진출 관련 재정 지원 부족
• 우리 회사에 대한 현지인의 인지도 부족 …… ㉢
• 해외 시장 진출 전문 인력 부족
3. 해외 시장 진출 지원 및 육성 방안
• 재정의 투명한 관리 …… ㉣
• 인지도를 높이기 위한 현지 홍보 활동
• 해외 시장 진출 전문 인력 충원 …… ㉤

Ⅲ. 결론
• 해외 시장 진출의 전망

---

① ㉠ : 해외 시장에 진출한 우리 회사 제품 수를 통계 수치로 제시하면 더 좋겠군.

② ㉡ : 다른 나라에 진출한 타 기업 수 현황을 근거 자료로 제시하면 더 좋겠군.

③ ㉢ : 우리 회사에 대한 현지인의 인지도를 타 기업과 비교해 상대적으로 낮음을 보여주면 효과적이겠군.

④ ㉣ : Ⅱ-2를 고려할 때 '해외 시장 진출 관련 재정 확보 및 지원'으로 수정하는 것이 좋겠군.

⑤ ㉤ : 이번 공개채용을 통해 필요 인력을 보충해야겠군.

✔**해설** ② 다른 나라에 진출한 타 기업 수 현황 자료는 '다른 나라와의 경제적 연대 증진'이라는 해외 시장 진출의 의의를 뒷받침하는 근거 자료로 적합하지 않다.

19 다음 글의 밑줄 친 ㉠~㉤ 중 의미상 사용에 문제점이 없는 것은 어느 것인가?

> 저소득층을 비롯한 취약가구에 대한 에너지 지원사업은 크게 소득지원, 가격할인, 효율개선 등의 세 가지 ㉠범위로 구분할 수 있으며, 현재 다양한 사업들이 시행되고 있다. 에너지 지원사업의 규모도 지속적으로 확대되어 왔는데, 최근 에너지 바우처 도입으로 현재 총 지원규모는 연간 5천억 원을 넘는 것으로 ㉡추정된다. 이처럼 막대한 지원규모에도 불구하고 에너지 지원사업의 성과를 종합적으로 평가할 수 있는 지표는 부재한 실정이다. 그동안 에너지복지와 관련된 연구의 대부분은 기존 지원사업의 문제점을 검토하고 개선방안을 ㉢표출하거나, 필요한 새로운 사업을 개발하고 설계하는 데 중점을 두고 시행되어 왔다. 에너지 지원사업의 효과와 효율성을 ㉣재고하기 위해서는 에너지복지의 상태는 어떠한지 그리고 지원사업을 통해 어떤 성과가 있었는지를 체계적이고 합리적으로 평가할 수 있는 다양한 지표의 개발이 필요함에도 불구하고, 이러한 분야에 대한 연구는 상대적으로 ㉤미비하였던 것이 사실이다.

① ㉠

② ㉡

③ ㉢

④ ㉣

⑤ ㉤

✔**해설** '숫자 등이 얼마일 것으로 미루어 생각하여 판정하다'는 뜻을 가진 '추정'이 적절하게 쓰였다.
㉠ '어디부터 어디까지'의 의미인 '범위'가 아닌, '범주'가 적절한 어휘이다.
㉢ 불만이나 감정, 문제점 등을 드러내는 의미의 '표출'이 아닌, '제시'가 적절한 어휘이다.
㉣ '재고(再考)'는 '어떤 일이나 문제 따위에 대하여 다시 생각하다'의 뜻이다. 효과나 효율성을 '높이다'의 의미가 나타내기 위해서는 '제고(提高)-쳐들어 높임'가 알맞다.
㉤ 준비되지 못한 '미비'가 아닌, 부족하다는 의미의 '미흡'이 적절한 어휘이다.

20 문서작성의 원칙에 대한 내용으로 적절하지 못한 것은?

① 문장은 짧고 간결하게 작성하여야 한다.

② 문서의 주요한 내용은 마지막에 쓰도록 한다.

③ 중요하지 않은 경우 한자의 사용을 금해야 한다.

④ 상대방이 이해하기가 쉽도록 작성하여야 한다.

⑤ 문장은 긍정문의 형식을 사용한다.

✔**해설** ② 문서의 주요한 내용은 먼저 써야 한다. 결론을 먼저 쓰고 그에 따른 내용을 서술하는 것이 문서작성의 핵심이다.

Answer 18.② 19.② 20.②

21

(가) 사유재산권 제도를 채택한 사회에서 재산의 신규취득 유형은 누가 이미 소유하고 있는 것을 취득하거나 아직 누구의 소유도 아닌 것을 취득하거나 둘 중 하나다.

(나) 시장 경제에서 매 생산단계의 투입과 산출은 각각 누군가의 사적 소유물이며, 소유주가 있는 재산은 대가를 지불하고 구입하면 그 소유권을 이전 받는다.

(다) 사적 취득의 자유를 누구에게나 동등하게 허용하는 동등자유의 원칙은 사유재산권 제도에 대한 국민적 지지의 출발점으로서 신규 취득의 기회균등은 사유재산권 제도의 핵심이다.

(라) 누가 이미 소유하고 있는 재산의 취득을 인정받으려면 원 소유주가 해당 재산의 소유권 이전에 대해 동의해야 한다. 그리고 누구의 소유도 아닌 재산의 최초 취득은 사회가 정한 절차를 따라야 인정받는다.

① (가) - (다) - (라) - (나) ② (다) - (가) - (나) - (라)

③ (다) - (라) - (가) - (나) ④ (나) - (가) - (라) - (다)

⑤ (다) - (가) - (라) - (나)

✔해설 제시된 문장들의 내용을 종합하면 전체 글에서 주장하는 바는 '정당한 사적 소유의 생성'이라고 요약할 수 있다. 이를 위해 사적 소유의 정당성이 기회균등에서 출발한다는 점을 전제해야 하며 이것은 (다)가 가장 먼저 위치해야 함을 암시한다. 다음으로 (가)에서 재산의 신규취득 유형을 두 가지로 언급하고 있으며, 이 중 하나인 기소유물의 소유권에 대한 설명이 (라)에서 이어지며, (라)단락에 대한 추가 부연 설명이 (나)에서 이어진다고 보는 것이 가장 타당한 문맥의 흐름이 된다.

22

(가) 인물 그려내기라는 말은 인물의 생김새나 차림새 같은 겉모습을 그려내는 것만 가리키는 듯 보이기 쉽다.

(나) 여기서 눈에 보이는 것의 대부분을 뜻하는 공간에 대해 살필 필요가 있다. 공간은 이른바 공간적 배경을 포함한, 보다 넓은 개념이다.

(다) 하지만 인물이 이야기의 중심적 존재이고 그가 내면을 지닌 존재임을 고려하면, 인물의 특질을 제시하는 것의 범위는 매우 넓어진다. 영화, 연극 같은 공연 예술의 경우, 인물과 직접적·간접적으로 관련된 것들, 무대 위나 화면 속에 자리해 감상자의 눈에 보이는 것 거의 모두가 인물 그려내기에 이바지한다고까지 말할 수 있다.

(라) 그것은 인물과 사건이 존재하는 곳과 그곳을 구성하는 물체들을 모두 가리킨다. 공간이라는 말이 다소 추상적이므로, 경우에 따라 그곳을 구성하는 물체들, 곧 비나 눈 같은 기후 현상, 옷, 생김새, 장신구, 가구, 거리의 자동차 등을 '공간소'라고 부를 수 있다.

① (가) – (나) – (다) – (라)　　② (가) – (다) – (나) – (라)

③ (가) – (라) – (나) – (다)　　④ (라) – (나) – (가) – (다)

⑤ (라) – (다) – (가) – (나)

✔해설 (라)는 '그것은'으로 시작하는데 '그것'이 무엇인지에 대한 설명이 필요하기 때문에 (라)는 첫 번째 문장으로 올 수 없다. 따라서 첫 번째 문장은 (가)가 된다. '겉모습'을 인물 그려내기라고 인식하기 쉽다는 일반적인 통념을 언급하는 (가)의 다음 문장으로, '하지만'으로 연결하며 '내면'에 대해 말하는 (다)가 적절하다. 또 (다)후반부의 '눈에 보이는 것 거의 모두'를 (나)에서 이어 받고 있으며, (나)의 '공간'에 대한 개념을 (라)에서 보충 설명하고 있다.

23

> (가) 그러기에 절도는 동서고금을 막론하고 사회적 금기이다. 하지만 인간의 내부에는 절도에 대한 은밀한 욕망이 자리 잡고 있다. 절도는 적은 비용으로 많은 먹이를 획득하고자 하는 생명체의 생존욕구와 관련이 있을 것이다.
>
> (나) 절도는 범죄지만 인간은 한편으로 그 범죄를 합리화한다. 절도의 합리화는 부조리한 사회, 주로 재화의 분배에 있어 불공정한 사회를 전제로 한다. 그리고 한걸음 더 나아가 절도 행위자인 도둑을 찬미하기도 한다.
>
> (다) 따라서 사회적 금제 시스템이 무너졌을 때 절도를 향한 욕망은 거침없이 드러난다. 1992년 LA 폭동 때 우리는 그 야수적 욕망의 분출을 목도한 바 있다.
>
> (라) 혹 그 도둑이 약탈물을 달동네에 던져주기라도 하면 그는 의적으로 다시 태어나 급기야 전설이 되고 소설이 된다. 그렇게 해서 가난한 우리는 일지매에 빠져들고 장길산에 열광하게 되는 것이다.
>
> (마) 법은 절도를 금한다. 십계 중 일곱 번째 계명이 '도둑질하지 말라'이며, 고조선의 팔조금법에도 '도둑질을 하면 노비로 삼는다'는 내용이 포함되어 있다. 절도가 용인되면, 즉 개인의 재산을 보호하지 않으면 사회 자체가 붕괴된다.
>
> (바) 지위를 이용한 고위 공무원의 부정 축재와 부잣집 담장을 넘는 밤손님의 행위 사이에 어떤 차이가 있는가? 만약 그 도둑이 넘은 담장이 부정한 돈으로 쌓아올려진 것이라면 월장은 도리어 미화되고 찬양받는다.

① (마) – (가) – (다) – (나) – (바) – (라)　　② (마) – (나) – (바) – (가) – (다) – (라)

③ (마) – (바) – (라) – (다) – (나) – (가)　　④ (나) – (마) – (가) – (다) – (바) – (라)

⑤ (나) – (다) – (라) – (마) – (바) – (가)

✔해설 보기를 보면 (나), (마) 중 하나가 서두에 오는데, 더 포괄적인 내용을 담고 있는 (마)가 제일 먼저 오는 것이 적절하다. (마)에서 절도가 용인되면 사회가 붕괴된다고 했고, 그러기에 절도가 사회적 금기라고 설명하는 (가)가 그 다음 내용으로 알맞다. (가)후반부에서 절도의 이유로 '생존욕구'를 언급하고 있으므로 관련 사건을 보여주는 (다)가 이어지는 것이 어울린다. 또, 범죄를 합리화하고 찬미하게 되는 과정을 (나) – (바) – (라)의 순서로 보여주고 있다.

24 장기기증본부에 근무하는 A는 기증된 신장이 대기 순번에 따라 배분되는 신장이식의 배분원칙이 각 수요자의 개별적 특성을 고려하지 못한 비효율적인 방식이라고 느끼게 되었다. 그래서 상사에게 환자의 수술 성공 확률, 수술 성공 후 기대 수명, 병의 위중 정도 등을 고려하는 배분원칙을 적용하는 것이 어떠냐고 제안하였다. 다음 중 A가 제안한 방식과 같은 방식이 적용된 것을 모두 고르면?

> ㉠ 시립 유치원에 취학을 신청한 아동들은 그 시 주민들의 자녀이고 각자 취학의 권리를 가지고 있으므로 취학 연령 아동들은 모두 동등한 기회를 가져야 한다. 유치원에 다니는 기간을 한정해서라도 모든 아이들에게 같은 기간 동안 유치원에 다닐 수 있는 기회를 제공해야 한다는 것이다. 그러기 위해서는 추첨으로 선발하는 방법이 유용하다.
>
> ㉡ 국고는 국민들의 세금으로 충당되고 모든 국민은 동등한 주권을 가지며 모든 유권자는 동등한 선거권을 가지므로 선거자금 지원의 대상은 후보가 아니라 유권자다. 유권자는 이 자금을 사용해 자신의 이해관계를 대변할 대리인으로서 후보를 선택하는 것이다. 따라서 유권자 한 명당 동일한 지원액을 산정해 유권자 개인에게 분배하고 유권자들이 후보에게 이 지원금을 직접 기부하게 해야 한다. 그 결과 특정 후보들에게 더 많은 자금 지원이 이루어질 수는 있다.
>
> ㉢ 이해 당사자들이 한정되어 있고 그 이해관계의 연관성과 민감도가 이해 당사자마다 다른 사회문제에 있어서는 결정권을 달리 할 필요가 있다. 예를 들어 혐오시설 유치를 결정하는 투표에서 그 유치 지역 주민들이 각자 한 표씩 행사하는 것이 아니라, 혐오시설 유치 장소와 거주지의 거리 및 생업의 피해 정도를 기준으로 이해관계가 클수록 더 많은 표를 행사할 수 있어야 한다.

① ㉠

② ㉡

③ ㉢

④ ㉠, ㉡

⑤ ㉡, ㉢

✔해설 A가 제안한 배분원칙은 요점은 사안의 개별적인 특성을 고려하여 우선순위를 정하자는 것이다. 이러한 방식이 적용된 사례는 ㉢뿐이다.
㉠ 동등한 권리, 동등한 기회를 근거로 아동들의 특성과 상관없이 추첨으로 선발하는 방법을 적용하고 있다.
㉡ 동등한 주권, 동등한 선거권을 근거로 유권자 개인의 특성과 상관없이 동일한 지원액을 산정하며, 후보의 특성에 상관없이 유권자의 직접 기부라는 동일한 지원 방식을 적용하고 있다.

25 다음 글을 읽고 옳게 추론한 것을 모두 고르면?

> 기후변화란 자연적인 요인과 인위적인 요인에 의해 기후계가 점차 변화하는 것을 의미한다. IPCC(Intergovernmental Panel on Climate Change : 기후변화에 관한 정부간협의체)는 최근의 기후 변화가 인간 활동에 의한 지구온난화 때문에 발생했을 가능성이 90%이며, 그 주요 원인은 화석연료의 과도한 사용으로 인한 온실가스 농도의 증가라고 밝히고 있다. 지구온난화에 가장 큰 영향을 미치는 6대 온실가스로는 이산화탄소(CO_2), 메탄(CH_4), 아산화질소(N_2O), 과불화탄소(PFCS), 수불화탄소(HFCS), 육불화황(SF_6)이 있다. 이 중 이산화탄소의 평균 농도는 산업혁명 전에는 약 280ppm이었으나, 2005년에는 379ppm으로 약 35.4%가 증가하였다.
>
> 한편 인공위성 관측자료(1979~2005년)에 의하면, 남극해 및 남극대륙 일부를 제외하고 전 지표면에서 온난화가 나타나고 있으며, 지난 20년 동안 육지의 온난화가 해양보다 빠르게 진행되어 왔다. 특히 온난화의 진행 정도는 북반구가 남반구에 비하여 훨씬 심하며, 북극지방의 평균온도 증가율은 지구 평균온도 증가율의 약 2배에 이르고 있다. 지난 43년 간(1961~2003년) 해수면은 연평균 0.17 ± 0.05m, 해수온은 약 0.1° C 상승한 것으로 관측되었다. 해수면 상승의 주요 원인으로는 해수 열팽창과 빙하 해빙을 들 수 있다. 강수의 경우 눈보다는 비가 많으며 폭우가 전 지역에서 증가하였고, 가뭄과 홍수 발생지역도 증가하는 추세이다.

> ㉠ 현재와 같은 온난화 추세가 지속되는 한, 북반구의 평균 온도변화는 남반구의 평균온도변화보다 더 클 수 있다.
> ㉡ 기후변화로 인한 육지의 생태계 변화는 해양의 생태계 변화보다 심하지 않을 것이다.
> ㉢ 산업혁명 이후 6대 온실가스 중에서 이산화탄소 농도의 증가율이 가장 크다.
> ㉣ 남극해의 평균온도 증가율은 지구 평균온도 증가율의 약 2배에 이르고 있다.

① ㉠

② ㉠, ㉢

③ ㉡, ㉣

④ ㉢, ㉣

⑤ ㉠, ㉡, ㉣

> **해설** ㉡ 지난 20년 동안 육지의 온난화가 해양보다 빠르게 진행되어 왔다.
> ㉢ 산업혁명 이후 6대 온실가스의 농도 증가율 순위는 알 수 없다.
> ㉣ 북극지방의 평균온도 증가율이 지구 평균온도 증가율의 약 2배에 이르고 있다.

CHAPTER 02

수리능력

1 직장생활과 수리능력

(1) 기초직업능력으로서의 수리능력

① 개념 … 직장생활에서 요구되는 사칙연산과 기초적인 통계를 이해하고 도표의 의미를 파악하거나 도표를 이용해서 결과를 효과적으로 제시하는 능력을 말한다.

② 수리능력은 크게 기초연산능력, 기초통계능력, 도표분석능력, 도표작성능력으로 구성된다.
ㄱ 기초연산능력 : 직장생활에서 필요한 기초적인 사칙연산과 계산방법을 이해하고 활용할 수 있는 능력
ㄴ 기초통계능력 : 평균, 합계, 빈도 등 직장생활에서 자주 사용되는 기초적인 통계기법을 활용하여 자료의 특성과 경향성을 파악하는 능력
ㄷ 도표분석능력 : 그래프, 그림 등 도표의 의미를 파악하고 필요한 정보를 해석하는 능력
ㄹ 도표작성능력 : 도표를 이용하여 결과를 효과적으로 제시하는 능력

(2) 업무수행에서 수리능력이 활용되는 경우

① 업무상 계산을 수행하고 결과를 정리하는 경우

② 업무비용을 측정하는 경우

③ 고객과 소비자의 정보를 조사하고 결과를 종합하는 경우

④ 조직의 예산안을 작성하는 경우

⑤ 업무수행 경비를 제시해야 하는 경우

⑥ 다른 상품과 가격비교를 하는 경우

⑦ 연간 상품 판매실적을 제시하는 경우

⑧ 업무비용을 다른 조직과 비교해야 하는 경우

⑨ 상품판매를 위한 지역조사를 실시해야 하는 경우

⑩ 업무수행과정에서 도표로 주어진 자료를 해석하는 경우

⑪ 도표로 제시된 업무비용을 측정하는 경우

예제 1

다음 자료를 보고 주어진 상황에 대한 물음에 답하시오.

〈근로소득에 대한 간이 세액표〉

월 급여액(천 원) [비과세 및 학자금 제외]		공제대상 가족 수				
이상	미만	1	2	3	4	5
2,500	2,520	38,960	29,280	16,940	13,570	10,190
2,520	2,540	40,670	29,960	17,360	13,990	10,610
2,540	2,560	42,380	30,640	17,790	14,410	11,040
2,560	2,580	44,090	31,330	18,210	14,840	11,460
2,580	2,600	45,800	32,680	18,640	15,260	11,890
2,600	2,620	47,520	34,390	19,240	15,680	12,310
2,620	2,640	49,230	36,100	19,900	16,110	12,730
2,640	2,660	50,940	37,810	20,560	16,530	13,160
2,660	2,680	52,650	39,530	21,220	16,960	13,580
2,680	2,700	54,360	41,240	21,880	17,380	14,010
2,700	2,720	56,070	42,950	22,540	17,800	14,430
2,720	2,740	57,780	44,660	23,200	18,230	14,850
2,740	2,760	59,500	46,370	23,860	18,650	15,280

※ 갑근세는 제시되어 있는 간이 세액표에 따름
※ 주민세＝갑근세의 10%
※ 국민연금＝급여액의 4.50%
※ 고용보험＝국민연금의 10%
※ 건강보험＝급여액의 2.90%
※ 교육지원금＝분기별 100,000원(매 분기별 첫 달에 지급)

박○○ 사원의 5월 급여내역이 다음과 같고 전월과 동일하게 근무하였으나 특별수당은 없고 차량지원금으로 100,000원을 받게 된다면, 6월에 받게 되는 급여는 얼마인가? (단, 원 단위 절삭)

(주) 서원플랜테크 5월 급여내역			
성명	박○○	지급일	5월 12일
기본급여	2,240,000	갑근세	39,530
직무수당	400,000	주민세	3,950
명절 상여금		고용보험	11,970
특별수당	20,000	국민연금	119,700
차량지원금		건강보험	77,140
교육지원		기타	
급여계	2,660,000	공제합계	252,290
		지급총액	2,407,710

① 2,443,910
② 2,453,910
③ 2,463,910
④ 2,473,910

[출제의도]
업무상 계산을 수행하거나 결과를 정리하고 업무비용을 측정하는 능력을 평가하기 위한 문제로서, 주어진 자료에서 문제를 해결하는 데에 필요한 부분을 빠르고 정확하게 찾아내는 것이 중요하다.
[해설]

기본급여	2,240,000	갑근세	46,370
직무수당	400,000	주민세	4,630
명절상여금		고용보험	12,330
특별수당		국민연금	123,300
차량지원금	100,000	건강보험	79,460
교육지원		기타	
급여계	2,740,000	공제합계	266,090
		지급총액	2,473,910

답 ④

(3) 수리능력의 중요성

① 수학적 사고를 통한 문제해결

② 직업세계의 변화에의 적응

③ 실용적 가치의 구현

(4) 단위환산표

구분	단위환산
길이	1cm = 10mm, 1m = 100cm, 1km = 1,000m
넓이	1cm² = 100mm², 1m² = 10,000cm², 1km² = 1,000,000m²
부피	1cm³ = 1,000mm³, 1m³ = 1,000,000cm³, 1km³ = 1,000,000,000m³
들이	1mℓ = 1cm³, 1dℓ = 100cm³, 1L = 1,000cm³ = 10dℓ
무게	1kg = 1,000g, 1t = 1,000kg = 1,000,000g
시간	1분 = 60초, 1시간 = 60분 = 3,600초
할푼리	1푼 = 0.1할, 1리 = 0.01할, 1모 = 0.001할

▌예제 2

둘레의 길이가 4.4km인 정사각형 모양의 공원이 있다. 이 공원의 넓이는 몇 a인가?

① 12,100a
② 1,210a
③ 121a
④ 12.1a

[출제의도]
길이, 넓이, 부피, 들이, 무게, 시간, 속도 등 단위에 대한 기본적인 환산 능력을 평가하는 문제로서, 소수점 계산이 필요하며, 자릿수를 읽고 구분할 줄 알아야 한다.

[해설]
공원의 한 변의 길이는
$4.4 \div 4 = 1.1(km)$이고
$1km^2 = 10000a$이므로
공원의 넓이는
$1.1km \times 1.1km = 1.21km^2$
$= 12100a$

답 ①

2 수리능력을 구성하는 하위능력

(1) 기초연산능력

① 사칙연산 … 수에 관한 덧셈, 뺄셈, 곱셈, 나눗셈의 네 종류의 계산법으로 업무를 원활하게 수행하기 위해서는 기본적인 사칙연산뿐만 아니라 다단계의 복잡한 사칙연산까지도 수행할 수 있어야 한다.

② 검산 … 연산의 결과를 확인하는 과정으로 대표적인 검산방법으로 역연산과 구거법이 있다.
　　㉠ 역연산 : 덧셈은 뺄셈으로, 뺄셈은 덧셈으로, 곱셈은 나눗셈으로, 나눗셈은 곱셈으로 확인하는 방법이다.
　　㉡ 구거법 : 원래의 수와 각 자리 수의 합이 9로 나눈 나머지가 같다는 원리를 이용한 것으로 9를 버리고 남은 수로 계산하는 것이다.

예제 3

다음 식을 바르게 계산한 것은?

$$1 + \frac{2}{3} + \frac{1}{2} - \frac{3}{4}$$

① $\frac{13}{12}$　　　　　　　　② $\frac{15}{12}$

③ $\frac{17}{12}$　　　　　　　　④ $\frac{19}{12}$

[출제의도]
직장생활에서 필요한 기초적인 사칙연산과 계산방법을 이해하고 활용할 수 있는 능력을 평가하는 문제로서, 분수의 계산과 통분에 대한 기본적인 이해가 필요하다.

[해설]
$$\frac{12}{12} + \frac{8}{12} + \frac{6}{12} - \frac{9}{12} = \frac{17}{12}$$

답 ③

---

(2) 기초통계능력

① 업무수행과 통계
　　㉠ 통계의 의미 : 통계란 집단현상에 대한 구체적인 양적 기술을 반영하는 숫자이다.
　　㉡ 업무수행에 통계를 활용함으로써 얻을 수 있는 이점
　　　• 많은 수량적 자료를 처리가능하고 쉽게 이해할 수 있는 형태로 축소
　　　• 표본을 통해 연구대상 집단의 특성을 유추
　　　• 의사결정의 보조수단
　　　• 관찰 가능한 자료를 통해 논리적으로 결론을 추출·검증

© 기본적인 통계치

- 빈도와 빈도분포 : 빈도란 어떤 사건이 일어나거나 증상이 나타나는 정도를 의미하며, 빈도분포란 빈도를 표나 그래프로 종합적으로 표시하는 것이다.
- 평균 : 모든 사례의 수치를 합한 후 총 사례 수로 나눈 값이다.
- 백분율 : 전체의 수량을 100으로 하여 생각하는 수량이 그중 몇이 되는가를 퍼센트로 나타낸 것이다.

② 통계기법

㉠ 범위와 평균

- 범위 : 분포의 흩어진 정도를 가장 간단히 알아보는 방법으로 최곳값에서 최젓값을 뺀 값을 의미한다.
- 평균 : 집단의 특성을 요약하기 위해 가장 자주 활용하는 값으로 모든 사례의 수치를 합한 후 총 사례 수로 나눈 값이다.
- 관찰값이 1, 3, 5, 7, 9일 경우 범위는 $9 - 1 = 8$이 되고, 평균은 $\dfrac{1+3+5+7+9}{5} = 5$가 된다.

㉡ 분산과 표준편차

- 분산 : 관찰값의 흩어진 정도로, 각 관찰값과 평균값의 차의 제곱의 평균이다.
- 표준편차 : 평균으로부터 얼마나 떨어져 있는가를 나타내는 개념으로 분산값의 제곱근 값이다.
- 관찰값이 1, 2, 3이고 평균이 2인 집단의 분산은 $\dfrac{(1-2)^2 + (2-2)^2 + (3-2)^2}{3} = \dfrac{2}{3}$이고 표준편차는 분산값의 제곱근 값인 $\sqrt{\dfrac{2}{3}}$이다.

③ 통계자료의 해석

㉠ 다섯숫자요약

- 최솟값 : 원자료 중 값의 크기가 가장 작은 값
- 최댓값 : 원자료 중 값의 크기가 가장 큰 값
- 중앙값 : 최솟값부터 최댓값까지 크기에 의하여 배열했을 때 중앙에 위치하는 사례의 값
- 하위 25%값 · 상위 25%값 : 원자료를 크기 순으로 배열하여 4등분한 값

㉡ 평균값과 중앙값 : 평균값과 중앙값은 그 개념이 다르기 때문에 명확하게 제시해야 한다.

예제 4

인터넷 쇼핑몰에서 회원가입을 하고 디지털캠코더를 구매하려고 한다. 다음은 구입하고자 하는 모델에 대하여 인터넷 쇼핑몰 세 곳의 가격과 조건을 제시한 표이다. 표에 있는 모든 혜택을 적용하였을 때 디지털캠코더의 배송비를 포함한 실제 구매가격을 바르게 비교한 것은?

구분	A 쇼핑몰	B 쇼핑몰	C 쇼핑몰
정상가격	129,000원	131,000원	130,000원
회원혜택	7,000원 할인	3,500원 할인	7% 할인
할인쿠폰	5% 쿠폰	3% 쿠폰	5,000원
중복할인여부	불가	가능	불가
배송비	2,000원	무료	2,500원

① A<B<C
② B<C<A
③ C<A<B
④ C<B<A

[출제의도]
직장생활에서 자주 사용되는 기초적인 통계기법을 활용하여 자료의 특성과 경향성을 파악하는 능력이 요구되는 문제이다.

[해설]
㉠ A 쇼핑몰
• 회원혜택을 선택한 경우 : 129,000 − 7,000 + 2,000 = 124,000(원)
• 5% 할인쿠폰을 선택한 경우 : 129,000 × 0.95 + 2,000 = 124,550
㉡ B 쇼핑몰 : 131,000 × 0.97 − 3,500 = 123,570
㉢ C 쇼핑몰
• 회원혜택을 선택한 경우 : 130,000 × 0.93 + 2,500 = 123,400
• 5,000원 할인쿠폰을 선택한 경우 : 130,000 − 5,000 + 2,500 = 127,500
∴ C<B<A

답 ④

---

(3) 도표분석능력

① 도표의 종류

㉠ **목적별** : 관리(계획 및 통제), 해설(분석), 보고

㉡ **용도별** : 경과 그래프, 내역 그래프, 비교 그래프, 분포 그래프, 상관 그래프, 계산 그래프

㉢ **형상별** : 선 그래프, 막대 그래프, 원 그래프, 점 그래프, 층별 그래프, 레이더 차트

② 도표의 활용

　㉠ 선 그래프

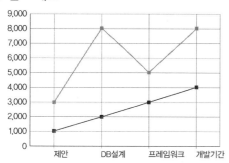

• 주로 시간의 경과에 따라 수량에 의한 변화 상황 (시계열 변화)을 절선의 기울기로 나타내는 그래프 이다.
• 경과, 비교, 분포를 비롯하여 상관관계 등을 나타 낼 때 쓰인다.

　㉡ 막대 그래프

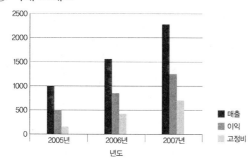

• 비교하고자 하는 수량을 막대 길이로 표시하고 그 길이를 통해 수량 간의 대소관계를 나타내는 그래프이다.
• 내역, 비교, 경과, 도수 등을 표시하는 용도로 쓰인다.

　㉢ 원 그래프

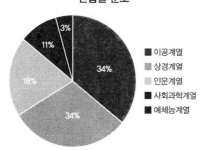

• 내역이나 내용의 구성비를 원을 분할하여 나타 낸 그래프이다.
• 전체에 대해 부분이 차지하는 비율을 표시하는 용도로 쓰인다.

ⓔ 점 그래프

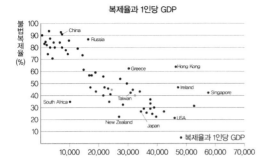

- 종축과 횡축에 2요소를 두고 보고자 하는 것이 어떤 위치에 있는가를 나타내는 그래프이다.
- 지역분포를 비롯하여 도시, 지방, 기업, 상품 등의 평가나 위치·성격을 표시하는데 쓰인다.

ⓜ 층별 그래프

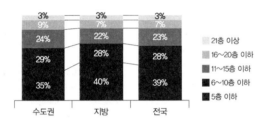

- 선 그래프의 변형으로 연속내역 봉 그래프라고 할 수 있다. 선과 선 사이의 크기로 데이터 변화를 나타낸다.
- 합계와 부분의 크기를 백분율로 나타내고 시간적 변화를 보고자 할 때나 합계와 각 부분의 크기를 실수로 나타내고 시간적 변화를 보고자 할 때 쓰인다.

ⓗ 레이더 차트(거미줄 그래프)

- 원 그래프의 일종으로 비교하는 수량을 직경, 또는 반경으로 나누어 원의 중심에서의 거리에 따라 각 수량의 관계를 나타내는 그래프이다.
- 비교하거나 경과를 나타내는 용도로 쓰인다.

③ 도표 해석상의 유의사항

　㉠ 요구되는 지식의 수준을 넓힌다.

　㉡ 도표에 제시된 자료의 의미를 정확히 숙지한다.

　㉢ 도표로부터 알 수 있는 것과 없는 것을 구별한다.

　㉣ 총량의 증가와 비율의 증가를 구분한다.

　㉤ 백분위수와 사분위수를 정확히 이해하고 있어야 한다.

예제 5

다음 표는 2009 ~ 2010년 지역별 직장인들의 자기개발에 관해 조사한 내용을 정리한 것이다. 이에 대한 분석으로 옳은 것은?

(단위 : %)

연도\구분\지역	2009				2010			
	자기개발 하고 있음	자기개발 비용 부담 주체			자기개발 하고 있음	자기개발 비용 부담 주체		
		직장 100%	본인 100%	직장50%+본인50%		직장 100%	본인 100%	직장50%+본인50%
충청도	36.8	8.5	88.5	3.1	45.9	9.0	65.5	24.5
제주도	57.4	8.3	89.1	2.9	68.5	7.9	68.3	23.8
경기도	58.2	12	86.3	2.6	71.0	7.5	74.0	18.5
서울시	60.6	13.4	84.2	2.4	72.7	11.0	73.7	15.3
경상도	40.5	10.7	86.1	3.2	51.0	13.6	74.9	11.6

① 2009년과 2010년 모두 자기개발 비용을 본인이 100% 부담하는 사람의 수는 응답자의 절반 이상이다.

② 자기개발을 하고 있다고 응답한 사람의 수는 2009년과 2010년 모두 서울시가 가장 많다.

③ 자기개발 비용을 직장과 본인이 각각 절반씩 부담하는 사람의 비율은 2009년과 2010년 모두 서울시가 가장 높다.

④ 2009년과 2010년 모두 자기개발을 하고 있다고 응답한 비율이 가장 높은 지역에서 자기개발비용을 직장이 100% 부담한다고 응답한 사람의 비율이 가장 높다.

[출제의도]

그래프, 그림, 도표 등 주어진 자료를 이해하고 의미를 파악하여 필요한 정보를 해석하는 능력을 평가하는 문제이다.

[해설]

② 지역별 인원수가 제시되어 있지 않으므로, 각 지역별 응답자 수는 알 수 없다.

③ 2009년에는 경상도에서, 2010년에는 충청도에서 가장 높은 비율을 보인다.

④ 2009년과 2010년 모두 '자기 개발을 하고 있다'고 응답한 비율이 가장 높은 지역은 서울시이며, 2010년의 경우 자기개발 비용을 직장이 100% 부담한다고 응답한 사람의 비율이 가장 높은 지역은 경상도이다.

답 ①

(4) 도표작성능력

① 도표작성 절차
    ㉠ 어떠한 도표로 작성할 것인지를 결정
    ㉡ 가로축과 세로축에 나타낼 것을 결정
    ㉢ 한 눈금의 크기를 결정
    ㉣ 자료의 내용을 가로축과 세로축이 만나는 곳에 표현
    ㉤ 표현한 점들을 선분으로 연결
    ㉥ 도표의 제목을 표기

② 도표작성 시 유의사항
    ㉠ 선 그래프 작성 시 유의점
- 세로축에 수량, 가로축에 명칭구분을 제시한다.
- 선의 높이에 따라 수치를 파악하는 경우가 많으므로 세로축의 눈금을 가로축보다 크게 하는 것이 효과적이다.
- 선이 두 종류 이상일 경우 반드시 그 명칭을 기입한다.

    ㉡ 막대 그래프 작성 시 유의점
- 막대 수가 많을 경우에는 눈금선을 기입하는 것이 알아보기 쉽다.
- 막대의 폭은 모두 같게 하여야 한다.

    ㉢ 원 그래프 작성 시 유의점
- 정각 12시의 선을 기점으로 오른쪽으로 그리는 것이 보통이다.
- 분할선은 구성비율이 큰 순서로 그린다.

    ㉣ 층별 그래프 작성 시 유의점
- 눈금은 선 그래프나 막대 그래프보다 적게 하고 눈금선은 넣지 않는다.
- 층별로 색이나 모양이 완전히 다른 것이어야 한다.
- 같은 항목은 옆에 있는 층과 선으로 연결하여 보기 쉽도록 한다.

출제예상문제

┃1~5┃ 다음 숫자들의 배열 규칙을 찾아 "?"에 들어갈 알맞은 숫자를 고르시오.

1

12	23	16	26	?

① 16　　　　　　　　　　　　② 18

③ 20　　　　　　　　　　　　④ 22

⑤ 24

> ✔해설　• 홀수 칸은 +4씩 증가하고 있다. (12 16 20)
> 　　　　• 짝수 칸은 +3씩 증가하고 있다. (23 26)

2

15	18	12	21	?

① 1　　　　　　　　　　　　② 3

③ 6　　　　　　　　　　　　④ 9

⑤ 12

> ✔해설　+3 −6 +9로 변화하므로 −12가 적용되면, 21−12=9

3

| 25 | 36 | 49 | 64 | ? |

① 81

② 92

③ 108

④ 113

⑤ 127

✔해설 5^2 6^2 7^2 8^2 순으로 증가하고 있으므로 $9^2 = 81$

4

78 86 92 94 98 106 (   )

① 110

② 112

③ 114

④ 116

⑤ 118

✔해설 일의 자리에 온 숫자를 그 항에 더한 값이 그 다음 항의 값이 된다.
$78 + 8 = 86$, $86 + 6 = 92$, $92 + 2 = 94$, $94 + 4 = 98$, $98 + 8 = 106$, $106 + 6 = 112$

5

| 25 | 40 | → | 37 | 52 |
| 10 | 55 | | (   ) | 7 |

① 12

② 15

③ 17

④ 22

⑤ 27

✔해설 모든 숫자는 시계의 '분'을 의미한다. 왼쪽 사각형의 네 개의 숫자 중 왼쪽 위의 숫자로부터 시작해 시계 방향으로 15분씩을 더하면 다음 칸의 '분'이 된다. 따라서 오른쪽 사각형에는 37분+15분 = 52분, 52분+15분 = 7분, 7분+15분 = 22분이 된다.

Answer 1.③ 2.④ 3.① 4.② 5.④

6 입구부터 출구까지의 총 길이가 840m인 터널을 열차가 초속 50m의 속도로 달려 열차가 완전히 통과할 때까지 걸린 시간이 25초라고 할 때, 이보다 긴 1,400m의 터널을 동일한 열차가 동일한 속도로 완전히 통과하는 데 걸리는 시간은 얼마인가?

① 34.5초　　　　　　　　　　　② 35.4초

③ 36.2초　　　　　　　　　　　④ 36.8초

⑤ 37.2초

✔해설　터널을 완전히 통과한다는 것은 터널의 길이에 열차의 길이를 더한 것을 의미한다. 따라서 열차의 길이를 x라 하면, '거리 = 시간 × 속력'을 이용하여 다음과 같은 공식이 성립한다.
$(840 + x) \div 50 = 25$, $x = 410$m가 된다. 이 열차가 1,400m의 터널을 통과하게 되면 $(1,400 + 410) \div 50 = 36.2$초가 걸리게 된다.

7 피자 1판의 가격이 치킨 1마리의 가격의 2배인 가게가 있다. 피자 3판과 치킨 2마리의 가격의 합이 80,000원일 때, 피자 1판의 가격은?

① 10,000원　　　　　　　　　　② 12,000원

③ 15,000원　　　　　　　　　　④ 18,000원

⑤ 20,000원

✔해설　피자 1판의 가격을 x, 치킨 1마리의 가격을 y라고 할 때, 피자 1판의 가격이 치킨 1마리의 가격의 2배이므로 $x = 2y$가 성립한다.
피자 3판과 치킨 2마리의 가격의 합이 80,000원이므로, $3x + 2y = 80,000$이고
여기에 $x = 2y$를 대입하면 $8y = 80,000$이므로 $y = 10,000$, $x = 20,000$이다.

8 현재 어머니의 나이는 아버지 나이의 $\frac{4}{5}$이다. 2년 후면 아들의 나이는 아버지의 나이의 $\frac{1}{3}$이 되며, 아들과 어머니의 나이를 합하면 65세가 된다. 현재 3명의 나이를 모두 합하면 얼마인가?

① 112세

② 116세

③ 120세

④ 124세

⑤ 128세

✔해설 현재 아버지의 나이를 x라 하면, 어머니의 나이는

$\frac{4}{5}x$

2년 후 아들과 어머니의 나이의 조건을 살펴보면

$\left(\frac{4}{5}x+2\right)+\left\{\frac{1}{3}(x+2)\right\}=65$

$x=55$

아버지의 나이는 55세, 어머니는 44세, 아들은 17세이므로

$55+44+17=116$

9 소금물 300g에서 물 110g을 증발시킨 후 소금 10g을 더 녹였더니 농도가 처음 농도의 2배가 되었다. 처음 소금물의 농도는 얼마인가?

① 8%

② 9%

③ 10%

④ 11%

⑤ 12%

✔해설 처음 소금의 양을 x라 하면

농도$=\dfrac{\text{소금의 양}}{\text{소금물의 양}}\times100$이므로

소금물 300g에서 물 110g을 증발시킨 후 소금 10g을 더 넣은 농도 = 처음 농도의 2배

$\dfrac{x+10}{300-110+10}\times100=2\times\dfrac{x}{300}\times100$

$x=30$

처음 소금의 양이 30g이므로 처음 소금물의 농도는 $\dfrac{30}{300}\times100=10\%$

10 지난 주 S사의 신입사원 채용이 완료되었다. 신입사원 120명이 새롭게 채용되었고, 지원자의 남녀 성비는 5:4, 합격자의 남녀 성비는 7:5, 불합격자의 남녀 성비는 1:1이었다. 신입사원 채용 지원자의 총 수는 몇 명인가?

① 175명 ② 180명

③ 185명 ④ 190명

⑤ 195명

✔ 해설 합격자 120명 중, 남녀 비율이 $7:5$이므로 남자는 $120 \times \dfrac{7}{12}$ 명이 되고, 여자는 $120 \times \dfrac{5}{12}$ 가 된다. 따라서 남자 합격자는 70명, 여자 합격자는 50명이 된다. 지원자의 남녀 성비가 $5:4$이므로 남자를 $5x$, 여자를 $4x$로 치환할 수 있다. 이 경우, 지원자에서 합격자를 빼면 불합격자가 되므로 $5x-70$과 $4x-50$이 $1:1$이 된다. 따라서 $5x-70=4x-50$이 되어, $x=20$이 된다. 그러므로 총 지원자의 수는 남자 100명($=5\times20$)과 여자 80명($=4\times20$)의 합인 180명이 된다.

11 2진법의 수 10001과 5진법의 수 1220의 실제 수의 합은?

① 185 ② 197

③ 202 ④ 215

⑤ 229

✔ 해설 ㉠ $1\times2^4+0\times2^3+0\times2^2+0\times2^1+1\times2^0=17$
㉡ $1\times5^3+2\times5^2+2\times5^1+0\times5^0=185$
∴ $17+185=202$

12 서원이는 집에서 중학교까지 19km를 통학한다. 집으로부터 자전거로 30분 동안 달린 후 20분 동안 걸어서 중학교에 도착했다면 걷는 속도는 분당 몇 km인가? (단, 자전거는 분속 0.5km로 간다고 가정한다.)

① 0.2km ② 0.4km

③ 0.6km ④ 0.8km

⑤ 1km

✔ 해설 걷는 속도를 분당 x라 하면
$30\times0.5+20\times x=19$
∴ $x=0.2km$

13 정수는 6명의 친구들과 저녁 식사를 했다. 평균 한 사람당 12,000원씩 낸 것과 같다면 친구들은 얼마씩 낸 것인가? (단, 정수가 음료수 값도 함께 계산하기로 하여 24,000원을 먼저 내고, 나머지 친구들은 동일한 금액으로 나누어 냈다.)

① 8,500원　　　　　　　　　　　② 9,000원

③ 9,500원　　　　　　　　　　　④ 10,000원

⑤ 10,500원

　　✔ 해설　㉠ 평균 한 사람당 12,000원이므로 총 금액은 $12000 \times 7 = 84,000$원
　　　　　　㉡ 진표가 음료수 값까지 더 냈으므로 이 값을 제외한 금액은 $84000 - 24000 = 60,000$원
　　　　　　㉢ 친구 6명이서 나누어내므로, $60000 \div 6 = 10,000$원

14 갑, 을, 병, 정, 무, 기 6명의 채용 시험 결과를 참고로 평균 점수를 구하여 편차를 계산하였더니 결과가 다음과 같다. 이에 대한 분산과 표준편차를 합한 값은 얼마인가?

직원	갑	을	병	정	무	기
편차	3	−1	(　)	2	0	−3

① 3　　　　　　　　　　　　　　② 4

③ 5　　　　　　　　　　　　　　④ 6

⑤ 7

　　✔ 해설　편차는 변량에서 평균을 뺀 값이므로 편차의 총합은 항상 0이 된다는 사실을 이용하여 계산할 수 있다. 따라서 편차를 모두 더하면 3−1+(　)+2+0−3=0이 되므로 '병'의 편차는 −1임을 알 수 있다.
　　　　　　분산은 편차를 제곱한 값들의 합을 변량의 개수로 나눈 값이므로 (9+1+1+4+0+9)÷6=4가 되어 분산은 4이다. 분산의 양의 제곱근이 표준편차가 되므로 표준편차는 2가 되는 것을 알 수 있다. 따라서 분산과 표준편차를 합한 값은 6이 된다.

15 한국사능력검정시험 고급에 남자가 75명, 여자가 25명이 응시하고, 시험 평균은 여자가 76점이다. 남녀 전체 평균 점수가 73점일 때 남자의 평균 점수는?

① 72점　　　　　　　　　　　　② 73점

③ 74점　　　　　　　　　　　　④ 75점

⑤ 76점

　　✔ 해설　남자의 평균 점수를 x라 하면, $\dfrac{75x + 25 \times 76}{100} = 73$　　∴ $x = 72$점

16 S공단의 기업유형별 직업교육 인원에 대한 지원비용 기준이 다음과 같다. 대규모기업 집단에 속하는 A사의 양성훈련 필요 예산이 총 1억 3,000만 원일 경우, S공단으로부터 지원받을 수 있는 비용은 얼마인가?

기업구분	훈련구분	지원비율
우선지원대상기업	향상, 양성훈련 등	100%
대규모기업	향상, 양성훈련	60%
	비정규직대상훈련/전직훈련	70%
상시근로자 1,000인 이상 대규모 기업	향상, 양성훈련	50%
	비정규직대상훈련/전직훈련	70%

① 5,600만 원   ② 6,200만 원
③ 7,800만 원   ④ 8,200만 원
⑤ 8,600만 원

✔해설 A사는 대규모기업에 속하므로 양성훈련의 경우 총 필요 예산인 1억 3,000만 원의 60%를 지원받을 수 있다. 따라서 1억 3,000만 원 × 0.6 = 7,800만 원이 된다.

17 대학생 1,500명을 대상으로 한 취업 희망기업 설문조사 결과가 다음과 같았다. 남성과 여성이 가장 큰 차이를 보이는 취업 형태는 어느 것인가?

(단위 : %)

구분	대기업	공공기관	외국계기업	일반중소기업	전문중소기업	창업
	35.8	40.9	6.5	8.0	4.9	3.9
남성	37.3	40.0	4.1	10.0	5.1	3.5
여성	32.6	43.0	11.8	3.4	4.5	4.8

① 대기업   ② 전문중소기업
③ 일반중소기업   ④ 외국계기업
⑤ 공공기관

✔해설 외국계기업은 11.8%와 4.1%를 보이고 있어 7.7%p의 가장 큰 차이를 나타내고 있음을 알 수 있다.

18 다음 자료에 대한 설명으로 올바른 것은 어느 것인가?

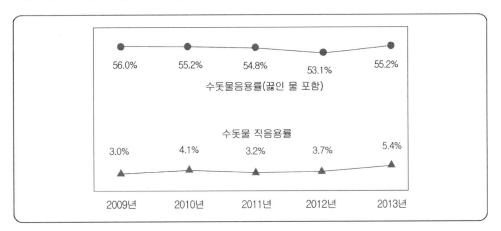

① 수돗물음용률과 수돗물 직음용률은 비교연도에 모두 동일한 증감 추세를 보이고 있다.
② 수돗물음용률은 수돗물 직음용률보다 항상 50%p 이상 많다.
③ 2011년 이후 수돗물을 끓여 마시는 사람들의 비중이 급격이 증가하였다.
④ 두 개 지표의 비중 차이가 가장 작은 해는 2013년이다.
⑤ 수돗물을 직접 마시는 사람들은 2011년 이후 증가 추세에 있다.

> ✔해설 2011년까지는 증가 후 감소하였으나 이후 3.2% → 3.7% → 5.4%로 줄곧 증가하고 있음을 알 수 있다.
> ① 2010년, 2012년에는 전년대비 증감 추세가 다르게 나타나고 있다.
> ② 2012년, 2013년에는 50%p보다 적은 차이를 보인다.
> ③ 줄곧 증가한 것은 아니며, 급격하게 변화하지도 않았다.
> ④ 2009년부터 두 개 지표의 차이를 보면, 53.0%p, 51.1%p, 51.6%p, 49.4%p, 49.8%p로 나타난다. 따라서 비중 차이가 가장 작은 해는 2012년이다.

19 다음 중 연도별 댐 저수율 변화의 연도별 증감 추이가 동일한 패턴을 보이는 수계로 짝지어진 것은 어느 것인가?

〈4대강 수계 댐 저수율 변화 추이〉

(단위 : %)

수계	2011	2012	2013	2014	2015
평균	59.4	60.6	57.3	48.7	43.6
한강수계	66.5	65.1	58.9	51.6	37.5
낙동강수계	48.1	51.2	43.4	41.5	40.4
금강수계	61.1	61.2	64.6	48.8	44.6
영·섬강수계	61.8	65.0	62.3	52.7	51.7

① 낙동강수계, 영·섬강수계

② 한강수계, 금강수계

③ 낙동강수계, 금강수계

④ 영·섬강수계

⑤ 한강수계, 낙동강수계

✔해설 수계별로 연도별 증감 추이는 다음과 같다.
  • 한강수계 : 감소 – 감소 – 감소 – 감소
  • 낙동강수계 : 증가 – 감소 – 감소 – 감소
  • 금강수계 : 증가 – 증가 – 감소 – 감소
  • 영·섬강수계 : 증가 – 감소 – 감소 – 감소
  따라서 낙동강수계와 영·섬강수계의 증감 추이가 동일함을 알 수 있다.

20 다음 자료에 대한 올바른 해석이 아닌 것은 어느 것인가?

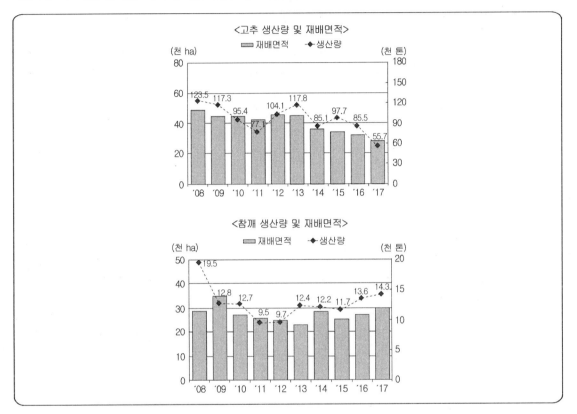

① 전년대비 2017년의 재배면적은 고추와 참깨가 모두 증가하였다.

② 2015~2017년의 재배면적과 생산량의 증감 추이는 고추와 참깨가 상반된다.

③ 2008년 대비 2017년에는 고추와 참깨의 생산이 모두 감소하였다.

④ 재배면적의 감소세는 고추가 참깨보다 더 뚜렷하다.

⑤ 재배면적이 감소하였다고 반드시 생산량도 함께 감소한 것은 아니다.

> **✔해설** ① 재배면적은 고추가 2016년 대비 2017년에 감소하였고, 참깨는 증가하였음을 확인할 수 있다.
> ② 고추는 두 가지 모두 지속 감소, 참깨는 두 가지 모두 지속 증가하였다.
> ③ 고추는 123.5천 톤에서 55.7천 톤으로, 참깨는 19.5천 톤에서 14.3천 톤으로 감소하였다.
> ④ 고추는 대체적으로 감소세라고 볼 수 있으나, 참깨는 증감을 반복하고 있는 추세이므로 적절한 설명이라고 볼 수 있다.
> ⑤ 예를 들어 2015년 고추의 경우 재배면적은 감소하였으나, 생산량은 오히려 증가한 것을 확인할 수 있다.

21 다음 〈표〉는 학생 '갑 ~ 정'의 시험 성적에 관한 자료이다. 〈표〉와 〈순위산정방식〉을 이용하여 순위를 산정할 때, 〈보기〉의 설명 중 옳은 것만을 모두 고르면?

(단위 : 점)

학생＼과목	국어	영어	수학	과학
갑	75	85	90	97
을	82	83	79	81
병	95	75	75	85
정	89	70	91	90

〈순위산정방식〉
- A방식 : 4개 과목의 총점이 높은 학생부터 순서대로 1, 2, 3, 4위로 하되, 4개 과목의 총점이 동일한 학생의 경우 국어 성적이 높은 학생을 높은 순위로 함.
- B방식 : 과목별 등수의 합이 작은 학생부터 순서대로 1, 2, 3, 4위로 하되, 과목별 등수의 합이 동일한 학생의 경우 A방식에 따라 산정한 순위가 높은 학생을 높은 순위로 함.
- C방식 : 80점 이상인 과목의 수가 많은 학생부터 순서대로 1, 2, 3, 4위로 하되, 80점 이상인 과목의 수가 동일한 학생의 경우 A방식에 따라 산정한 순위가 높은 학생을 높은 순위로 함.

〈보기〉
㉠ A방식과 B방식으로 산정한 '병'의 순위는 동일하다.
㉡ C방식으로 산정한 '정'의 순위는 2위이다.
㉢ '정'의 과학점수만 95점으로 변경된다면, B방식으로 산정한 '갑'의 순위는 2위가 된다.

① ㉠

② ㉡

③ ㉢

④ ㉠, ㉡

⑤ ㉡, ㉢

 해설

순위＼방식	A 방식(총점)	B 방식 (과목별 등수 합)	C 방식 (80이상 과목 수, 총점)
1	갑(347)	갑(8)	갑(3, 347)
2	정(340)	정(9)	정(3, 340)
3	병(330)	병(11)	을(3, 325)
4	을(325)	을(12)	병(2, 330)

㉢ '정'의 과학점수가 95점으로 변경된다 하더라도 과목별 등수에는 변화가 없으므로 B방식에서 '갑'이 그대로 1위를 하게 된다.

22 다음은 연도별 우리나라의 칠레산 농축산물 수입액 추이에 관한 자료이다. 2012년에 우리나라 총 수입에서 칠레산 상품이 차지하는 비율이 두 번째로 낮은 상품의 2003년 대비 2013년의 수입액 증가율을 구하면?

(단위 : 천 달러, %)

구분	2003년	2008년	2012년	2013년
농산물	21,825(0.4)	109,052(0.8)	222,161(1.2)	268,655(1.4)
포도	13,656(35.1)	64,185(58.2)	117,935(60.3)	167,016(71.1)
키위	1,758(7.8)	3,964(6.9)	12,391(18.5)	11,998(27.6)
축산물	30,530(1.4)	92,492(2.8)	135,707(2.9)	114,442(2.4)
돼지고기	30,237(15.4)	89,508(10.2)	125,860(10.4)	102,477(11.2)
임산물	16,909(0.9)	37,518(1.3)	355,332(5.9)	398,595(6.1)

※ 괄호 안의 숫자는 우리나라 총 수입에서 칠레산이 차지하는 비율이다.

① 246.8% ② 251.6%

③ 268.4% ④ 274.9%

⑤ 284.5%

✔**해설** • 2012년에 우리나라 총 수입에서 칠레산 상품이 차지하는 비율이 두 번째로 낮은 상품 : 축산물

• 2003년 대비 2013년 축산물의 수입액 증가율 : $\frac{114,442-30,530}{30,530} \times 100 ≒ 274.9\%$

23 다음은 K재단의 각 지점별 남녀 직원의 비율을 나타낸 자료이다. 자료를 참고할 때, 다음 중 올바른 설명이 아닌 것은 어느 것인가?

구분	A 지점	B 지점	C 지점	D 지점
남직원(%)	48	45	54	40
여직원(%)	52	55	46	60

① 여직원 대비 남직원의 비율은 C 지점이 가장 높고 D 지점이 가장 낮다.

② C 지점의 남직원은 D 지점의 여직원보다 그 수가 더 적다.

③ B 지점과 D 지점의 남직원 수의 합은 여직원 수의 합보다 적다.

④ A 지점과 D 지점의 전체 인원수가 같다면 A, B 지점 전체에서 남직원이 차지하는 비율은 44%이다.

⑤ 남직원 1인당 여직원의 수는 D 지점이 가장 많다.

✔해설 각 지점 전체의 인원수를 알 수 없으므로 비율이 아닌 지점 간의 인원수를 직접 비교할 수는 없다.

　① 여직원 대비 남직원의 비율은 남직원 수÷여직원 수로 계산되므로 C지점이 가장 높고 D지점이 가장 낮다.

　③ B지점, C지점 모두 남직원의 비율이 여직원의 비율보다 낮으므로 두 곳을 더해도 남녀 직원 수의 많고 적음은 비율의 크고 작음과 동일하다.

　④ 두 지점의 인원수가 같다면 비율의 평균을 구해서 확인할 수도 있고, 계산이 편리한 인원수를 대입하여 계산해 볼 수도 있다. 각각 총 인원이 100명이라면 남직원은 200명 중 88명인 것이므로 44%가 된다.

　⑤ 남직원 1인당 여직원의 수는 '여직원 수÷남직원 수로 계산되므로 D지점이 60 ÷ 40 = 1.5로 가장 많음을 알 수 있다.

24 다음은 건축물별 면적에 관한 자료이고, 기록하는 과정에서 오류가 발견되어 자료를 다시 수정해야 한다. 해당 자료를 수정했을 때, 7개 건축물 면적의 평균은?

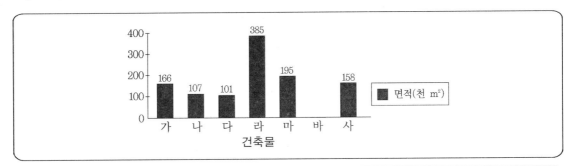

〈오류〉

㉠ '나'의 면적은 '다'와 동일하다.

㉡ '라'의 면적은 실제보다 '나'의 면적의 2배 값이 더해졌다.

㉢ '바'의 면적은 '가', '나', '다'의 면적 합보다 22(천 ㎡)이 크다.

① 143.1(천 ㎡)　　　　　　② 157.8(천 ㎡)

③ 168.2(천 ㎡)　　　　　　④ 175.6(천 ㎡)

⑤ 184.9(천 ㎡)

 ㉠ 오류를 바로 잡으면,

• '나'의 면적은 '다'와 동일하다.

∴ '나'의 면적=101(천 ㎡)

• '라'의 면적은 실제보다 '나'의 면적의 2배 값이 더해졌다.

∴ '라'의 면적=385−2×101=183(천 ㎡)

• '바'의 면적은 '가', '나', '다'의 면적 합보다 22(천 ㎡)이 크다.

∴ '바'의 면적=166+101+101+22=390(천 ㎡)

㉡ 따라서 7개 건축물 면적의 평균은 $\dfrac{166+101+101+183+195+390+158}{7}$ ≒ 184.9(천 ㎡)

※ 수정된 자료

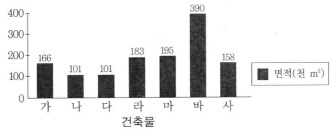

25 다음은 학생별 독서량에 관한 자료이다. 다음 중 갑의 독서량과 해당 독서량이 전체에서 차지하는 비율로 묶여진 것은? (단, 여섯 학생의 평균 독서량은 을의 독서량보다 3배 많다.)

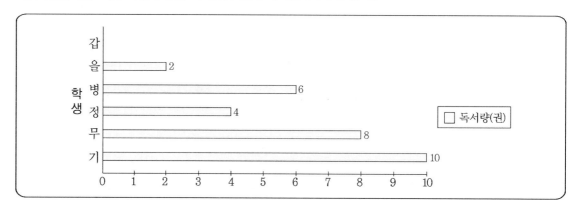

	갑의 독서량	갑의 독서량이 전체에서 차지하는 비율
①	4권	14.5%
②	5권	15.9%
③	6권	16.7%
④	7권	17.2%
⑤	8권	18.3%

✔해설 • 총 학생의 평균 독서량은 을의 독서량의 3배이므로, $2 \times 3 = 6$권이 된다.

• 갑의 독서량을 x라 하면, $\dfrac{x+2+6+4+8+10}{6} = 6$, $\therefore x = 6$(권)

• 갑의 독서량이 전체에서 차지하는 비율 : $\dfrac{6}{6+2+6+4+8+10} \times 100 ≒ 16.7\%$

26 다음은 서울 시민의 '이웃에 대한 신뢰도'를 나타낸 자료이다. 다음 자료를 올바르게 분석하지 못한 것은 어느 것인가?

(단위 : %, 10점 만점)

구분		신뢰하지 않음(%)	보통(%)	신뢰함(%)	평점
전체		18.9	41.1	40.0	5.54
성	남성	18.5	42.2	39.3	5.54
	여성	19.2	40.1	40.7	5.54
연령	10대	22.6	38.9	38.5	5.41
	20대	21.8	41.6	36.5	5.35
	30대	18.9	42.8	38.2	5.48
	40대	18.8	42.4	38.8	5.51
	50대	17.0	42.0	41.1	5.65
	60세 이상	17.2	38.2	44.6	5.70

① 서울 시민 10명 중 4명은 이웃을 신뢰한다.

② 이웃을 신뢰하는 사람의 비중과 평점의 연령별 증감 추이는 동일하지 않다.

③ 20대 이후 연령층에서는 고령자일수록 이웃을 신뢰하는 사람의 비중이 더 높다.

④ 남성과 여성은 같은 평점을 주었으나, 이웃을 신뢰하는 사람의 비중은 남성이 1%p 이상 낮다.

⑤ 이웃을 신뢰하지 않는 사람의 비중은 10대에서 가장 높게 나타나고 있다.

✔해설 이웃을 신뢰하는 사람의 비중은 20대(36.5%)가 10대(38.5%)보다 낮으며, 20대 이후에는 연령이 높아질수록 각 연령대별로 신뢰하는 사람의 비중이 커졌다. 이러한 추이는 연령별 평점의 증감 추이와도 일치하고 있음을 알 수 있다.

27 다음은 임진왜란 전기·후기 전투 횟수에 관한 자료이다. 이에 대한 설명으로 옳은 것을 〈보기〉에서 모두 고른 것은?

(단위 : 회)

구분 \ 시기		전기		후기		합계
		1592년	1593년	1597년	1598년	
전체 전투		70	17	10	8	105
공격주체	조선측 공격	43	15	2	8	68
	일본측 공격	27	2	8	0	37
전투결과	조선측 승리	40	14	5	6	65
	일본측 승리	30	3	5	2	40
조선의 전투인력 구성	관군 단독전	19	8	5	6	38
	의병 단독전	9	1	0	0	10
	관군·의병 연합전	42	8	5	2	57

〈보기〉
㉠ 전체 전투 대비 일본측 공격 비율은 임진왜란 전기에 비해 임진왜란 후기가 낮다.
㉡ 조선측 공격이 일본측 공격보다 많았던 해에는 항상 조선측 승리가 일본측 승리보다 많았다.
㉢ 전체 전투 대비 관군 단독전 비율은 1598년이 1592년의 2배 이상이다.
㉣ 1598년에는 관군 단독전 중 조선측 승리인 경우가 있다.

① ㉠, ㉡

② ㉡, ㉢

③ ㉢, ㉣

④ ㉠, ㉢, ㉣

⑤ ㉡, ㉢, ㉣

✔ **해설** ㉠ [×] 일본측 공격 비율 : 전기($\frac{27+2}{70+17} ≒ 0.33$) < 후기($\frac{8+0}{10+8} ≒ 0.44$)

㉡ [○] 조선측 공격이 더 많은 1592년, 1593년, 1598년 모두 조선측 승리가 더 많다.

㉢ [○] 관군 단독전 비율 : 1598년에는 0.75, 1592년에는 0.27이므로 1598년이 두 배 이상이다.

㉣ [○] 1598년 전투 중 2번의 관군·의병 연합전에서 조선측이 모두 승리했다고 하더라도 나머지 4번은 관군 단독전에서 승리하였다.

28 다음 표는 인공지능(AI)의 동물식별 능력을 조사한 결과이다. 이에 대한 〈보기〉의 설명으로 옳은 것만을 모두 고르면?

(단위 : 마리)

실제 \ AI 식별 결과	개	여우	돼지	염소	양	고양이	합계
개	457	10	32	1	0	2	502
여우	12	600	17	3	1	2	635
돼지	22	22	350	2	0	3	399
염소	4	3	3	35	1	2	48
양	0	0	1	1	76	0	78
고양이	3	6	5	2	1	87	104
전체	498	641	408	44	79	96	1,766

〈보기〉
ㄱ AI가 돼지로 식별한 동물 중 실제 돼지가 아닌 비율은 10 % 이상이다.
ㄴ 실제 여우 중 AI가 여우로 식별한 비율은 실제 돼지 중 AI가 돼지로 식별한 비율보다 낮다.
ㄷ 전체 동물 중 AI가 실제와 동일하게 식별한 비율은 85% 이상이다.
ㄹ 실제 염소를 AI가 고양이로 식별한 수보다 양으로 식별한 수가 많다.

① ㄱ, ㄴ

② ㄱ, ㄷ

③ ㄴ, ㄷ

④ ㄱ, ㄷ, ㄹ

⑤ ㄴ, ㄷ, ㄹ

✔ 해설 ㄱ[○] $\dfrac{408-350}{408}\times100 ≒ 14\%$

ㄴ[×] 실제 여우 중 AI가 여우로 식별($\dfrac{600}{635}$) > 실제 돼지 중 AI가 돼지로 식별($\dfrac{350}{399}$)

ㄷ[○] $\dfrac{457+600+350+35+76+87}{1,766}\times100 ≒ 90.88\%$

ㄹ[×] 실제 염소를 AI가 '고양이로 식별한 수(2) 〉 양으로 식별한 수(1)'

29 A씨는 30 % 할인 행사 중인 백화점에 갔다. 매장에 도착하니 당일 구매물품의 정가 총액에 따라 아래의 〈혜택〉 중 하나를 택할 수 있다고 한다. 정가 10만원짜리 상의와 15만원짜리 하의를 구입하고자 한다. 옷을 하나 이상 구입하여 일정 혜택을 받고 교통비를 포함해 총비용을 계산할 때, 〈보기〉의 설명 중 옳은 것을 모두 고르면? (단, 1회 왕복교통비는 5천원이고, 소요시간 등 기타사항은 금액으로 환산하지 않는다)

〈혜택〉

• 추가할인 : 정가 총액이 20만 원 이상이면, 할인된 가격의 5%를 추가로 할인
• 할인쿠폰 : 정가 총액이 10만 원 이상이면, 세일기간이 아닌 기간에 사용할 수 있는 40% 할인권 제공

〈보기〉

㉠ 오늘 상·하의를 모두 구입하는 것이 가장 싸게 구입하는 방법이다.
㉡ 상·하의를 가장 싸게 구입하면 17만원 미만의 비용이 소요된다.
㉢ 상·하의를 가장 싸게 구입하는 경우와 가장 비싸게 구입하는 경우의 비용 차이는 1회 왕복 교통비 이상이다.
㉣ 오늘 하의를 구입하고, 세일기간이 아닌 기간에 상의를 구입하면 17만 5천원이 든다.

---

① ㉠㉡
② ㉠㉢
③ ㉡㉢
④ ㉢㉣
⑤ ㉡㉢㉣

✔해설 갑씨가 선택할 수 있는 방법은 총 세 가지이다.
• 오늘 상·하의를 모두 구입하는 방법(추가할인적용)
 $(250,000 \times 0.7) \times 0.95 + 5,000 = 171,250$(원)
• 오늘 상의를 구입하고, 세일기간이 아닌 기간에 하의를 구입하는 방법(할인쿠폰사용)
 $(100,000 \times 0.7) + (150,000 \times 0.6) + 10,000 = 170,000$(원)
• 오늘 하의를 구입하고, 세일기간이 아닌 기간에 상의를 구입하는 방법(할인쿠폰사용)
 $(150,000 \times 0.7) + (100,000 \times 0.6) + 10,000 = 175,000$(원)
∴ ㉠ 가장 싸게 구입하는 방법은 오늘 상의를 구입하고, 세일기간이 아닌 기간에 하의를 구입하는 것이다.
 ㉡ 상·하의를 가장 싸게 구입하면 17만원의 비용이 소요된다.

30 지헌이는 생활이 어려워 수집했던 고가의 피규어를 인터넷 경매를 통해 판매하려고 한다. 경매 방식과 규칙, 예상 응찰 현황이 다음과 같을 때, 경매 결과를 바르게 예측한 것은?

- 경매 방식 : 각 상품은 따로 경매하거나 묶어서 경매
- 경매 규칙
- ─낙찰자 : 최고가로 입찰한 자
- ─낙찰가 : 두 번째로 높은 입찰가
- ─두 상품을 묶어서 경매할 경우 낙찰가의 5%를 할인해 준다.
- ─입찰자는 낙찰가의 총액이 100,000원을 초과할 경우 구매를 포기한다.
- 예상 응찰 현황

입찰자	A 입찰가	B 입찰가	합계
甲	20,000	50,000	70,000
乙	30,000	40,000	70,000
丙	40,000	70,000	110,000
丁	50,000	30,000	80,000
戊	90,000	10,000	100,000
己	40,000	80,000	120,000
庚	10,000	20,000	30,000
辛	30,000	10,000	40,000

---

① 두 상품을 묶어서 경매한다면 낙찰자는 己이다.

② 경매 방식에 상관없이 지헌이의 예상 수입은 동일하다.

③ 두 상품을 따로 경매한다면 얻는 수입은 120,000원이다.

④ 두 상품을 따로 경매한다면 A의 낙찰자는 丁이다.

⑤ 낙찰가의 총액이 100,000원이 넘을 경우 낙찰받기 유리하다.

✔해설 ③ 두 상품을 따로 경매한다면 A는 戊에게 50,000원에, B는 己에게 70,000원에 낙찰되므로 얻는 수입은 120,000원이다.

① 두 상품을 묶어서 경매한다면 최고가 입찰자는 己이다. 己가 낙찰 받는 금액은 110,000원으로 5% 할인을 해주어도 그 금액이 100,000원이 넘는다. 입찰자는 낙찰가의 총액이 100,000원을 초과할 경우 구매를 포기한다는 조건에 의해 己는 구매를 포기하게 되므로 낙찰자는 丙이 된다.

② 지헌이가 얻을 수 있는 예상 수입은 두 상품을 따로 경매할 경우 120,000원, 두 상품을 묶어서 경매할 경우 95,000원으로 동일하지 않다.

④ 두 상품을 따로 경매한다면 A의 낙찰자는 戊이다.

⑤ 입찰자는 낙찰가의 총액이 100,000원을 초과할 경우 구매를 포기한다.

CHAPTER

03 문제해결능력

1 문제와 문제해결

(1) 문제의 정의와 분류

① 정의 … 문제란 업무를 수행함에 있어서 답을 요구하는 질문이나 의논하여 해결해야 되는 사항이다.

② 문제의 분류

구분	창의적 문제	분석적 문제
문제제시 방법	현재 문제가 없더라도 보다 나은 방법을 찾기 위한 문제 탐구→문제 자체가 명확하지 않음	현재의 문제점이나 미래의 문제로 예견될 것에 대한 문제 탐구→문제 자체가 명확함
해결방법	창의력에 의한 많은 아이디어의 작성을 통해 해결	분석, 논리, 귀납과 같은 논리적 방법을 통해 해결
해답 수	해답의 수가 많으며, 많은 답 가운데 보다 나은 것을 선택	답의 수가 적으며 한정되어 있음
주요특징	주관적, 직관적, 감각적, 정성적, 개별적, 특수성	객관적, 논리적, 정량적, 이성적, 일반적, 공통성

(2) 업무수행과정에서 발생하는 문제 유형

① 발생형 문제(보이는 문제) … 현재 직면하여 해결하기 위해 고민하는 문제이다. 원인이 내재되어 있기 때문에 원인지향적인 문제라고도 한다.
   ㉠ 일탈문제 : 어떤 기준을 일탈함으로써 생기는 문제
   ㉡ 미달문제 : 어떤 기준에 미달하여 생기는 문제

② 탐색형 문제(찾는 문제) … 현재의 상황을 개선하거나 효율을 높이기 위한 문제이다. 방치할 경우 큰 손실이 따르거나 해결할 수 없는 문제로 나타나게 된다.
   ㉠ 잠재문제 : 문제가 잠재되어 있어 인식하지 못하다가 확대되어 해결이 어려운 문제
   ㉡ 예측문제 : 현재로는 문제가 없으나 현 상태의 진행 상황을 예측하여 찾아야 앞으로 일어날 수 있는 문제가 보이는 문제

ⓒ 발견문제 : 현재로서는 담당 업무에 문제가 없으나 선진기업의 업무 방법 등 보다 좋은 제도나 기법을 발견하여 개선시킬 수 있는 문제

③ **설정형 문제(미래 문제)** … 장래의 경영전략을 생각하는 것으로 앞으로 어떻게 할 것인가 하는 문제이다. 문제해결에 창조적인 노력이 요구되어 창조적 문제라고도 한다.

■ 예제 1

D회사 신입사원으로 입사한 귀하는 신입사원 교육에서 업무수행과정에서 발생하는 문제 유형 중 설정형 문제를 하나씩 찾아오라는 지시를 받았다. 이에 대해 귀하는 교육받은 내용을 다시 복습하려고 한다. 설정형 문제에 해당하는 것은?

① 현재 직면하여 해결하기 위해 고민하는 문제
② 현재의 상황을 개선하거나 효율을 높이기 위한 문제
③ 앞으로 어떻게 할 것인가 하는 문제
④ 원인이 내재되어 있는 원인지향적인 문제

[출제의도]
업무수행 중 문제가 발생하였을 때 문제 유형을 구분하는 능력을 측정하는 문항이다.
[해설]
업무수행과정에서 발생하는 문제 유형으로는 발생형 문제, 탐색형 문제, 설정형 문제가 있으며 ①④는 발생형 문제이며 ②는 탐색형 문제, ③이 설정형 문제이다.

답 ③

---

(3) 문제해결

① **정의** … 목표와 현상을 분석하고 이 결과를 토대로 과제를 도출하여 최적의 해결책을 찾아 실행·평가해가는 활동이다.

② **문제해결에 필요한 기본적 사고**
　ⓐ **전략적 사고** : 문제와 해결방안이 상위 시스템과 어떻게 연결되어 있는지를 생각한다.
　ⓑ **분석적 사고** : 전체를 각각의 요소로 나누어 그 의미를 도출하고 우선순위를 부여하여 구체적인 문제해결방법을 실행한다.
　ⓒ **발상의 전환** : 인식의 틀을 전환하여 새로운 관점으로 바라보는 사고를 지향한다.
　ⓓ **내·외부자원의 활용** : 기술, 재료, 사람 등 필요한 자원을 효과적으로 활용한다.

③ **문제해결의 장애요소**
　ⓐ 문제를 철저하게 분석하지 않는 경우
　ⓑ 고정관념에 얽매이는 경우
　ⓒ 쉽게 떠오르는 단순한 정보에 의지하는 경우
　ⓓ 너무 많은 자료를 수집하려고 노력하는 경우

④ 문제해결방법
   ㉠ 소프트 어프로치 : 문제해결을 위해서 직접적인 표현보다는 무언가를 시사하거나 암시를 통하여 의사를
     전달하여 문제해결을 도모하고자 한다.
   ㉡ 하드 어프로치 : 상이한 문화적 토양을 가지고 있는 구성원을 가정하고, 서로의 생각을 직설적으로 주장
     하고 논쟁이나 협상을 통해 서로의 의견을 조정해 가는 방법이다.
   ㉢ 퍼실리테이션(facilitation) : 촉진을 의미하며 어떤 그룹이나 집단이 의사결정을 잘 하도록 도와주는
     일을 의미한다.

2 문제해결능력을 구성하는 하위능력

(1) 사고력

① 창의적 사고 … 개인이 가지고 있는 경험과 지식을 통해 새로운 가치 있는 아이디어를 산출하는 사고능
  력이다.
   ㉠ 창의적 사고의 특징
     • 정보와 정보의 조합
     • 사회나 개인에게 새로운 가치 창출
     • 창조적인 가능성

예제 2

M사 홍보팀에서 근무하고 있는 귀하는 입사 5년차로 창의적인 기획안을 제출하기로
유명하다. S부장은 이번 신입사원 교육 때 귀하에게 창의적인 사고란 무엇인지 교육
을 맡아달라고 부탁하였다. 창의적인 사고에 대한 귀하의 설명으로 옳지 않은 것은?

① 창의적인 사고는 새롭고 유용한 아이디어를 생산해 내는 정신적인 과정이다.
② 창의적인 사고는 특별한 사람들만이 할 수 있는 대단한 능력이다.
③ 창의적인 사고는 기존의 정보들을 특정한 요구조건에 맞거나 유용하도록 새롭게 조합시
  킨 것이다.
④ 창의적인 사고는 통상적인 것이 아니라 기발하거나, 신기하며 독창적인 것이다.

[출제의도]
창의적 사고에 대한 개념을 정확히 파악
하고 있는지를 묻는 문항이다.
[해설]
흔히 사람들은 창의적인 사고에 대해 특
별한 사람들만이 할 수 있는 대단한 능력
이라고 생각하지만 그리 대단한 능력이
아니며 이미 알고 있는 경험과 지식을 해
체하여 다시 새로운 정보로 결합하여 가
치 있는 아이디어를 산출하는 사고라고
할 수 있다.

답 ②

ⓛ 발산적 사고 : 창의적 사고를 위해 필요한 것으로 자유연상법, 강제연상법, 비교발상법 등을 통해 개발할 수 있다.

구분	내용
자유연상법	생각나는 대로 자유롭게 발상 ex) 브레인스토밍
강제연상법	각종 힌트에 강제적으로 연결 지어 발상 ex) 체크리스트
비교발상법	주제의 본질과 닮은 것을 힌트로 발상 ex) NM법, Synectics

Point 》 브레인스토밍
　㉠ 진행방법
　　• 주제를 구체적이고 명확하게 정한다.
　　• 구성원의 얼굴을 볼 수 있는 좌석 배치와 큰 용지를 준비한다.
　　• 구성원들의 다양한 의견을 도출할 수 있는 사람을 리더로 선출한다.
　　• 구성원은 다양한 분야의 사람들로 5~8명 정도로 구성한다.
　　• 발언은 누구나 자유롭게 할 수 있도록 하며, 모든 발언 내용을 기록한다.
　　• 아이디어에 대한 평가는 비판해서는 안 된다.
　㉡ 4대 원칙
　　• 비판엄금(Support) : 평가 단계 이전에 결코 비판이나 판단을 해서는 안 되며 평가는 나중까지 유보한다.
　　• 자유분방(Silly) : 무엇이든 자유롭게 말하고 이런 바보 같은 소리를 해서는 안 된다는 등의 생각은 하지 않아야 한다.
　　• 질보다 양(Speed) : 질에는 관계없이 가능한 많은 아이디어들을 생성해내도록 격려한다.
　　• 결합과 개선(Synergy) : 다른 사람의 아이디어에 자극되어 보다 좋은 생각이 떠오르고, 서로 조합하면 재미있는 아이디어가 될 것 같은 생각이 들면 즉시 조합시킨다.

② 논리적 사고 … 사고의 전개에 있어 전후의 관계가 일치하고 있는가를 살피고 아이디어를 평가하는 사고 능력이다.
　㉠ 논리적 사고를 위한 5가지 요소 : 생각하는 습관, 상대 논리의 구조화, 구체적인 생각, 타인에 대한 이해, 설득
　㉡ 논리적 사고 개발 방법
　　• 피라미드 구조 : 하위의 사실이나 현상부터 사고하여 상위의 주장을 만들어가는 방법
　　• so what기법 : '그래서 무엇이지?'하고 자문자답하여 주어진 정보로부터 가치 있는 정보를 이끌어 내는 사고 기법

③ 비판적 사고 … 어떤 주제나 주장에 대해서 적극적으로 분석하고 종합하며 평가하는 능동적인 사고이다.
　㉠ 비판적 사고 개발 태도 : 비판적 사고를 개발하기 위해서는 지적 호기심, 객관성, 개방성, 융통성, 지적 회의성, 지적 정직성, 체계성, 지속성, 결단성, 다른 관점에 대한 존중과 같은 태도가 요구된다.

ⓛ 비판적 사고를 위한 태도
- 문제의식 : 비판적인 사고를 위해서 가장 먼저 필요한 것은 바로 문제의식이다. 자신이 지니고 있는 문제와 목적을 확실하고 정확하게 파악하는 것이 비판적인 사고의 시작이다.
- 고정관념 타파 : 지각의 폭을 넓히는 일은 정보에 대한 개방성을 가지고 편견을 갖지 않는 것으로 고정관념을 타파하는 일이 중요하다.

(2) 문제처리능력과 문제해결절차

① 문제처리능력 ⋯ 목표와 현상을 분석하고 이를 토대로 문제를 도출하여 최적의 해결책을 찾아 실행·평가하는 능력이다.

② 문제해결절차 ⋯ 문제 인식 → 문제 도출 → 원인 분석 → 해결안 개발 → 실행 및 평가
   ㉠ 문제 인식 : 문제해결과정 중 'waht'을 결정하는 단계로 환경 분석 → 주요 과제 도출 → 과제 선정의 절차를 통해 수행된다.
   - 3C 분석 : 환경 분석 방법의 하나로 사업환경을 구성하고 있는 요소인 자사(Company), 경쟁사(Competitor), 고객(Customer)을 분석하는 것이다.

▌예제 3

L사에서 주력 상품으로 밀고 있는 TV의 판매 이익이 감소하고 있는 상황에서 귀하는 B부장으로부터 3C분석을 통해 해결방안을 강구해 오라는 지시를 받았다. 다음 중 3C에 해당하지 않는 것은?

① Customer
② Company
③ Competitor
④ Content

[출제의도]
3C의 개념과 구성요소를 정확히 숙지하고 있는지를 측정하는 문항이다.
[해설]
3C 분석에서 사업 환경을 구성하고 있는 요소인 자사(Company), 경쟁사(Competitor), 고객을 3C (Customer)라고 한다. 3C 분석에서 고객 분석에서는 '고객은 자사의 상품·서비스에 만족하고 있는지'를, 자사 분석에서는 '자사가 세운 달성목표와 현상 간에 차이가 없는지'를 경쟁사 분석에서는 '경쟁기업의 우수한 점과 자사의 현상과 차이가 없는지'에 대한 질문을 통해서 환경을 분석하게 된다.

답 ④

- SWOT 분석 : 기업내부의 강점과 약점, 외부환경의 기회와 위협요인을 분석·평가하여 문제해결 방안을 개발하는 방법이다.

		내부환경요인	
		강점(Strengths)	약점(Weaknesses)
외부환경요인	기회 (Opportunities)	SO 내부강점과 외부기회 요인을 극대화	WO 외부기회를 이용하여 내부약점을 강점으로 전환
	위협 (Threat)	ST 외부위협을 최소화하기 위해 내부강점을 극대화	WT 내부약점과 외부위협을 최소화

ⓛ 문제 도출 : 선정된 문제를 분석하여 해결해야 할 것이 무엇인지를 명확히 하는 단계로, 문제 구조 파악→핵심 문제 선정 단계를 거쳐 수행된다.

- Logic Tree : 문제의 원인을 파고들거나 해결책을 구체화할 때 제한된 시간 안에서 넓이와 깊이를 추구하는데 도움이 되는 기술로 주요 과제를 나무모양으로 분해·정리하는 기술이다.

ⓒ 원인 분석 : 문제 도출 후 파악된 핵심 문제에 대한 분석을 통해 근본 원인을 찾는 단계로 Issue 분석→Data 분석→원인 파악의 절차로 진행된다.

ⓔ 해결안 개발 : 원인이 밝혀지면 이를 효과적으로 해결할 수 있는 다양한 해결안을 개발하고 최선의 해결안을 선택하는 것이 필요하다.

ⓜ 실행 및 평가 : 해결안 개발을 통해 만들어진 실행계획을 실제 상황에 적용하는 활동으로 실행계획 수립→실행→Follow-up의 절차로 진행된다.

예제 4

C사는 최근 국내 매출이 지속적으로 하락하고 있어 사내 분위기가 심상치 않다. 이에 대해 Y부장은 이 문제를 극복하고자 문제처리 팀을 구성하여 해결방안을 모색하도록 지시하였다. 문제처리 팀의 문제해결 절차를 올바른 순서로 나열한 것은?

① 문제 인식→원인 분석→해결안 개발→문제 도출→실행 및 평가
② 문제 도출→문제 인식→해결안 개발→원인 분석→실행 및 평가
③ 문제 인식→원인 분석→문제 도출→해결안 개발→실행 및 평가
④ 문제 인식→문제 도출→원인 분석→해결안 개발→실행 및 평가

[출제의도]
실제 업무 상황에서 문제가 일어났을 때 해결 절차를 알고 있는지를 측정하는 문항이다.
[해설]
일반적인 문제해결절차는 '문제 인식→문제 도출→원인 분석→해결안 개발→실행 및 평가'로 이루어진다.

답 ④

출제예상문제

1 다음에서 설명하고 있는 문제해결방법은 무엇인가?

> 상이한 문화적 배경을 가지고 있는 구성원을 가정하고, 서로의 생각을 직설적으로 주장하고 논쟁이나 협상을 통해 서로의 의견을 조정해 나가는 방법

① 소프트 어프로치　　　　　　　② 하드 어프로치
③ 퍼실리테이션　　　　　　　　　④ 3C 분석
⑤ 브레인스토밍

> ✔해설 • 소프트 어프로치(soft approach) : 문제해결을 위해서 직접적인 표현보다는 무언가를 시사하거나 암시를 통하여 의사를 전달하여 문제해결을 도모하고자 한다.
> • 퍼실리테이션(facilitation) : 어떤 그룹이나 집단이 의사결정을 잘 하도록 도와주는 일을 의미한다.
> • 3C 분석 : 사업 환경을 구성하고 있는 요소인 Company(자사), Competitor(경쟁사), Customer(고객)를 분석하는 것이다.
> • 브레인스토밍 : 구성원의 자유발언을 통해 최대한 많은 아이디어를 얻는 방법이다.

2 아이디어를 얻기 위해 의도적으로 시험할 수 있는 7가지 규칙인 SCAMPER 기법에 대한 설명으로 옳지 않은 것은?

① S : 기존의 것을 다른 것으로 대체해 보라.
② C : 비교해 보라.
③ A : 다른 데 적용해 보라.
④ M : 변경하거나 축소·확대해 보라.
⑤ R : 거꾸로 생각해보거나 혹은 재배치해 보라.

> ✔해설 S : Substitute – 기존의 것을 다른 것으로 대체해 보라.
> C : Combine – A와 B를 합쳐 보라.
> A : Adapt – 다른 데 적용해 보라.
> M : Modify, Minify, Magnify – 변경하거나 축소•확대해 보라.
> P : Put to other uses – 다른 용도로 사용해 보라.
> E : Eliminate – 제거해 보라.
> R : Reverse, Rearrange – 거꾸로 생각해보거나 혹은 재배치해 보라.

3 김 대리는 살고 있던 전셋집 계약이 만료되어 이사를 계획하고 있다. 이사도 하는 김에 새로운 집에서 열심히 살아보자는 의지로 출근 전에는 수영을, 퇴근 후에는 영어학원을 등록하였다. 회사와 수영장, 영어학원의 위치가 다음과 같을 때, 김 대리가 이사할 곳으로 가장 적당한 곳은? (단, 이동거리 외에 다른 조건은 고려하지 않는다)

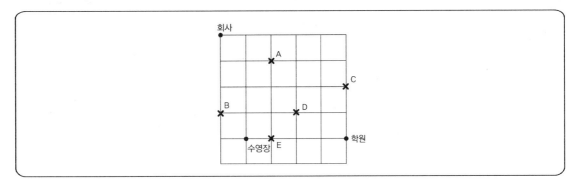

① A

② B

③ C

④ D

⑤ E

✔해설 A~E에서 '집 → 수영장 → 회사 → 학원 → 집'의 경로에 대한 거리를 구하면 다음과 같다.
- A : 4 + 5 + 9 + 6 = 24
- B : 2 + 5 + 9 + 6 = 22
- C : 6 + 5 + 9 + 2 = 22
- D : 3 + 5 + 9 + 3 = 20
- E : 1 + 5 + 9 + 3 = 18

'수영장 → 회사 → 학원'을 거치는 경로는 A~E 모두에서 동일하므로 '집 → 수영장', '학원 → 집'의 거리만 계산하여 빠르게 구할 수도 있다.

|4~6| 다음은 A~D회사의 헤어에센스에 대한 일반인 설문조사를 정리한 표이다. 제시된 표를 바탕으로 다음 물음에 답하시오.

	가격	브랜드가치	향	윤기	마무리감
A	★★☆☆☆	★★★★★	★★☆☆☆	★★★☆☆	★★★☆☆
B	★★☆☆☆	★★☆☆☆	★★☆☆☆	★★☆☆☆	★★★☆☆
C	★★★★☆	★☆☆☆☆	★★★☆☆	★★★☆☆	★★★★☆
D	★★★★★	★★★★☆	★★★★☆	★★★★☆	★★☆☆☆
E	★☆☆☆☆	★★★★★	★★★★☆	★★★☆☆	★★★★☆
★★★★★ : 매우 좋음, ★★★★☆ : 좋음, ★★★☆☆ : 보통, ★★☆☆☆ : 나쁨, ★☆☆☆☆ : 매우 나쁨					

4 향과 윤기가 좋은 에센스를 선호하는 소비자들은 어느 회사의 에센스를 구매하겠는가?

① A   ② B

③ C   ④ D

⑤ E

✔**해설** 제품 중 향이 가장 좋은 제품은 D, E이며, 윤기가 더 좋은 제품은 D이다.

5 효진이는 헤어에센스를 구매할 때 향과 윤기를 가장 중시한다. 효진이가 E회사의 에센스를 구매했다면, 어떤 헤어에센스를 선택했을 때보다 나쁜 결정을 내린 것인가?

① A   ② B

③ C   ④ D

⑤ C, D

✔**해설** 향과 윤기로만 평가했을 때 에센스순위는 D > E > C > A > B이다. 따라서 효진이가 E회사 제품을 구매했다면 D회사 제품을 구매한 것보다 나쁜 결정을 내린 것이다.

6 다음 중 본인의 취향에 맞게 최상의 선택을 하여 에센스를 구매한 소비자를 모두 고른 것은?

> 수진 : 나는 향, 윤기, 마무리감을 모두 보고 에센스를 선택해. 같은 효능의 제품이라면 가격이 저렴한
> 게 아무래도 좋겠지? 난 E회사 제품을 사용하고 있어.
> 지민 : 아무래도 이름 있는 브랜드 제품이 더 좋은 성분을 사용했을 거라 생각해. 그 와중에 향이 좋다
> 면 금상첨화겠지. 그래서 난 A회사 제품을 구매했어.
> 민정 : 난 다섯 가지 평가 영역이 전반적으로 좋은 제품을 골랐어. 별점 합계가 가장 높은 제품인 E제품
> 을 구매했지.
> 소희 : 요새 건조해서 그런지 머리가 많이 푸석해. 가격에 상관없이 모발에 윤기가 생기게 하고 싶어서
> D회사 제품을 구매했어.

① 수진, 지민

② 수진, 소희

③ 지민, 민정

④ 민정, 소희

⑤ 지민, 소희

> ✔ 해설　수진 : 향, 윤기, 마무리감 세 가지 영역 별점의 합이 가장 높은 제품은 E회사 제품이다.
> 　지민 : 브랜드가치가 높은 제품을 선택하므로 A 또는 E회사의 제품을 우선적으로 고르고, 그 중 향이 좋은
> 　　　　E회사 제품을 구매해야 최상의 선택이 된다.
> 　민정 : 별점 합계가 가장 높은 제품은 19점을 받은 D회사 제품이다.
> 　소희 : 윤기 영역에 가장 높은 별점을 받은 제품은 D회사 제품이다.

7 문제해결을 위한 대표적인 툴(tool)인 3C 기법의 분석 요소에 대한 설명으로 올바르지 않은 것은 어느 것인가?

① 우리 회사의 제품이 고객에게 만족스러운 기능을 제공하였는가를 확인해 본다.

② 회사에서 목표한 매출이 제대로 달성되었는지를 확인해 본다.

③ 자사의 제품과 경쟁사의 제품과의 장단점은 무엇이고 어떠한 차이점이 있는지를 확인해 본다.

④ 국제 경제에 중대한 변화를 가져 올 요소가 무엇인지를 확인해 본다.

⑤ 우리 회사 직원들이 제공한 서비스 내용이 고객에게 감동을 주었는지를 확인해 본다.

✔ 해설   국제 경제에 중대한 변화를 가져 올 요소는 전반적인 업계의 환경이 변하는 것으로, 이것은 3C 즉 자사(Company), 고객(Customer), 경쟁사(Competitor)에 해당하는 사항이 아니며, SWOT 환경 분석기법상의 외부 요인으로 구분할 수 있다. 따라서 ④와 같은 내용은 3C 분석에서 고려할 만한 요소라고 볼 수는 없다.
①, ⑤ 고객의 만족을 확인하고자 하는 것으로 '고객' 요인에 대한 분석이다.
② 자사의 목표 달성을 확인하고자 것으로 '자사' 요인에 대한 분석이다.
③ 경쟁사와의 비교, 경쟁사에 대한 정보 분석 등은 '경쟁사' 요인에 대한 분석이다.

8 다음 ㉠~㉢에서 설명하고 있는 창의적 사고 개발 방법의 유형을 순서대로 알맞게 짝지은 것은 어느 것인가?

> ㉠ "신차 출시"라는 주제에 대해서 "홍보를 통해 판매량을 늘린다.", "회사 내 직원들의 반응을 살핀다.", "경쟁사의 자동차와 비교한다." 등의 자유로운 아이디어를 창출할 수 있도록 유도하는 것.
>
> ㉡ "신차 출시"라는 같은 주제에 대해서 판매방법, 판매대상 등의 힌트를 통해 사고 방향을 미리 정해서 발상을 하는 방법이다. 이 때 판매방법이라는 힌트에 대해서는 "신규 해외 수출 지역을 물색한다."라는 아이디어를 떠 올릴 수 있도록 유도한다.
>
> ㉢ "신차 출시"라는 같은 주제에 대해서 생각해 보면 신차는 회사에서 새롭게 생산해 낸 제품을 의미한다. 따라서 새롭게 생산해 낸 제품이 무엇인지에 대한 힌트를 먼저 찾고, 만약 지난달에 히트를 친 비누라는 신상품이 있었다고 한다면, "지난달 신상품인 비누의 판매 전략을 토대로 신차의 판매 전략을 어떻게 수립할 수 있을까"하는 아이디어를 도출할 수 있다.

	㉠	㉡	㉢
①	강제 연상법	비교 발상법	자유 연상법
②	자유 연상법	강제 연상법	비교 발상법
③	비교 발상법	강제 연상법	자유 연상법
④	강제 연상법	자유 연상법	비교 발상법
⑤	자유 연상법	비교 발상법	강제 연상법

✔해설 창의적 사고를 개발하기 위한 세 가지 방법은 각각 다음과 같은 것들이 있다.
- 자유 연상법 : 어떤 생각에서 다른 생각을 계속해서 떠올리는 작용을 통해 어떤 주제에서 생각나는 것을 계속해서 열거해 나가는 발산적 사고 방법.
- 강제 연상법 : 각종 힌트에서 강제적으로 연결 지어 발상하는 방법.
- 비교 발상법 : 주제와 본질적으로 닮은 것을 힌트로 하여 새로운 아이디어를 얻는 방법이다. 이 때 본질적으로 닮은 것은 단순히 겉만 닮은 것이 아니고 힌트와 주제가 본질적으로 닮았다는 의미이다.

9 다음 중 문제 해결을 위한 기본적인 사고방식으로 적절하지 않은 것은 어느 것인가?

① 어려운 해결책을 찾으려 하지 말고 우리가 알고 있는 단순한 정보라도 이용해서 실마리를 풀어가야 한다.

② 문제 전체에 매달리기보다 문제를 각각의 요소로 나누어 그 요소의 의미를 도출하고 우선순위를 부여하는 방법이 바람직하다.

③ 고정관념을 버리고 새로운 시각에서 문제를 바라볼 수 있어야 한다.

④ 나에게 필요한 자원을 확보할 계획을 짜서 그것들을 효과적으로 활용할 수 있어야 한다.

⑤ 문제 자체보다 그 문제가 다른 문제나 연관 시스템과 어떻게 연결되어 있는지를 파악하는 것이 중요하다.

> ✔ **해설** 문제에 봉착했을 경우, 차분하고 계획적인 접근이 필요하다. 자칫 우리가 흔히 알고 있는 단순한 정보들에 의존하게 되면 문제를 해결하지 못하거나 오류를 범할 수 있다.
> 문제 해결을 위해 필요한 4가지 기본적 사고는 다음과 같다.
> • 분석적 사고를 해야 한다(보기 ②)
> • 발상의 전환을 하라(보기 ③)
> • 내·외부 자원을 효과적으로 활용하라(보기 ④)
> • 전략적 사고를 해야 한다(보기 ⑤)

10 다음 항목들 중 비판적 사고를 개발하기 위한 태도로 적절한 것들로 짝지어진 것은 어느 것인가?

> - 브레인스토밍
> - 타인에 대한 이해
> - 생각하는 습관
> - 지적 호기심
> - 비교 발상법
> - 결단성
> - 다른 관점에 대한 존중

① 결단성, 지적 호기심, 다른 관점에 대한 존중

② 생각하는 습관, 타인에 대한 이해, 다른 관점에 대한 존중

③ 비교 발상법, 지적 호기심, 생각하는 습관

④ 브레인스토밍, 지적 호기심, 타인에 대한 이해

⑤ 브레인스토밍, 다른 관점에 대한 존중

✔해설 제시된 항목들은 다음과 같은 특징을 갖는다.

창의적 사고	브레인스토밍	집단의 효과를 살려서 아이디어의 연쇄반응을 일으켜 자유분방한 아이디어를 내고자 하는 것으로, 창의적인 사고를 위한 발산 방법 중 가장 흔히 사용되는 방법이다.
	비교 발상법	주제와 본질적으로 닮은 것을 힌트로 하여 새로운 아이디어를 얻는 방법이다.
논리적 사고	생각하는 습관	논리적 사고에 있어서 가장 기본이 되는 것은 왜 그런지에 대해서 늘 생각하는 습관을 들이는 것이다.
	타인에 대한 이해	반론을 하든지 찬성을 하든지 논의를 함으로써 이해가 깊어지거나 논점이 명확해질 수 있다.
비판적 사고	결단성	모든 필요한 정보가 획득될 때까지 불필요한 논증, 속단을 피하고 모든 결정을 유보하지만, 증거가 타당할 땐 결론을 맺는다.
	지적 호기심	여러 가지 다양한 질문이나 문제에 대한 해답을 탐색하고 사건의 원인과 설명을 구하기 위하여 질문을 제기한다.
	다른 관점에 대한 존중	타인의 관점을 경청하고 들은 것에 대하여 정확하게 반응한다.

Answer 9.① 10.①

| 11~12 | 다음은 우체국택배 이용에 대한 안내문이다. 물음에 답하시오.

☐ 우체국택배(방문접수)

고객이 원하는 장소로 우체국직원이 방문하여 접수하는 서비스

구분/중량 (크기)	2kg까지 (60cm까지)	5kg까지 (80cm까지)	10kg까지 (120cm까지)	20kg까지 (140cm까지)	30kg까지 (160cm까지)
익일배달	5,000원	6,000원	7,500원	9,500원	12,000원
제주(익일배달)	6,500원	8,500원	10,000원	12,000원	14,500원
제주(D+2일)	5,000원	6,000원	7,500원	9,500원	12,000원

☐ 소포우편(창구접수)

고객이 우체국으로 방문하여 창구에서 접수하는 서비스

구분/중량 (크기)		1kg까지 (50cm까지)	3kg까지 (80cm까지)	5kg까지 (100cm까지)	7kg까지 (100cm까지)
등기소포 (익일배달)	익일배달	3,500원	4,000원	4,500원	5,000원
	제주(익일배달)	5,000원	6,500원	7,000원	7,500원
	제주(D+2일)	3,500원	4,000원	4,500원	5,000원
일반소포 (D+3일)	D+3일배달	2,200원	2,700원	3,200원	3,700원

구분/중량 (크기)		10kg까지 (100cm까지)	15kg까지 (120cm까지)	20kg까지 (120cm까지)	30kg까지 (160cm까지)
등기소포 (익일배달)	익일배달	6,000원	7,000원	8,000원	11,000원
	제주(익일배달)	8,500원	8,500원	10,500원	13,500원
	제주(D+2일)	6,000원	7,000원	8,000원	11,000원
일반소포 (D+3일)	D+3일배달	4,700원	5,700원	6,700원	9,700원

☐ 이용 시 유의사항

• 중량은 최대 30kg 이하이며, 크기(가로, 세로, 높이의 합)는 최대 160㎝ 이하입니다. 다만, 한 변의 최대 길이는 100㎝ 이내에 한하여 취급합니다.

• 당일특급 우편물의 경우 중량은 20kg 이하이며, 크기는 140cm 이내에 한하여 취급합니다.

• 일반소포는 등기소포와 달리 기록취급이 되지 않으므로 분실 시 손해배상이 되지 않습니다.

• 중량/크기 중 큰 값을 기준으로 다음 단계의 요금을 적용합니다.

• 도서지역 등 특정지역의 배달 소요기간은 위 내용과 다를 수 있습니다.

• 제주지역(익일배달)은 항공기 운송 여건에 따라 지역마다 마감시간이 상이합니다.

11 다음 중 당일특급 우편물 이용이 가능한 가장 큰 물건은? (단, 중량은 10kg으로 모두 동일하다)

①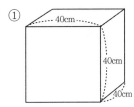

②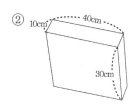

③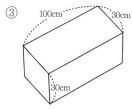

④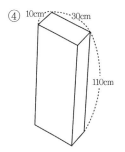

⑤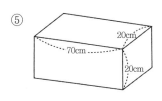

✔해설 이용 시 유의사항에 따르면 크기는 가로, 세로, 높이의 합이며, 한 변의 최대 길이는 100cm이내에 한하여 취급한다. 또한 당일특급 우편물의 경우 크기 140cm 이내에 한하여 취급하므로, 당일특급 우편물 이용이 가능한 가장 큰 물건은 ①이다.

12 다음은 광화문 우체국에서 접수한 서비스 내역의 일부이다. 다음 중 이용요금을 가장 많이 지불한 사람은?

① 우체국택배를 이용하여 크기 80cm, 무게 5kg인 물건을 제주(익일배달)로 보낸 甲

② 등기소포를 이용하여 크기 110cm, 무게 7kg인 물건을 부산으로 보낸 乙

③ 우체국택배를 이용하여 크기 60cm, 무게 10kg인 물건을 대구로 보낸 丙

④ 일반소포를 이용하여 크기 50cm, 무게 7kg인 물건을 대전으로 보낸 丁

⑤ 등기소포를 이용하여 크기 120cm, 무게 20kg인 물건을 제주(D+2일)로 보낸 戊

✔해설 이용 시 유의사항에 따르면 중량/크기 중 큰 값을 기준으로 다음 단계의 요금을 적용한다. 이에 따라 각각의 이용요금을 계산하면 甲 8,500원, 乙 7,000원, 丙 7,500원, 丁 3,700원, 戊 8,000원이다.

Answer 11.① 12.①

|13~17| 다음의 조건이 모두 참일 때, 반드시 참인 것을 고르시오.

13

> • 민수는 병식이보다 나이가 많다.
> • 나이가 많은 사람이 용돈을 더 많이 받는다.
> • 기완이는 병식이보다 더 많은 용돈을 받는다.

① 기완이의 나이가 가장 많다.

② 민수의 나이가 가장 많다.

③ 병식이가 가장 어리다.

④ 민수는 기완이보다 나이가 많다.

⑤ 기완이는 민수보다 나이가 많다.

> ✔해설 세 사람의 나이는 '민수〉병식, 기완〉병식'이고, 기완이와 민수 중 나이가 누가 더 많은지는 알 수 없다. 주어진 정보로 알 수 있는 사실은 병식이가 가장 어리다는 것이다.

14

> • 책 읽는 것을 좋아하는 사람은 집중력이 높다.
> • 성적이 좋지 않은 사람은 집중력이 높지 않다.
> • 미경이는 1학년 5반이다.
> • 1학년 5반의 어떤 학생은 책 읽는 것을 좋아한다.

① 미경이는 책 읽는 것을 좋아한다.

② 미경이는 집중력이 높지 않다.

③ 1학년 5반의 모든 학생은 성적이 좋다.

④ 1학년 5반의 어떤 학생은 집중력이 높다.

⑤ 1학년 5반은 성적이 좋지 않다.

> ✔해설 1학년 5반의 어떤 학생은 책 읽는 것을 좋아하고, 책 읽는 것을 좋아하는 사람은 집중력이 높으므로 1학년 5반의 어떤 학생은 집중력이 높다는 결론은 반드시 참이 된다.

15

- 1호선과 2호선의 매출 순위 차이는 3호선과 4호선의 매출 순위 차이와 같다.
- 1호선은 가장 매출이 많다.
- 5호선은 4호선보다 매출 순위가 더 높다.
- 매출 순위가 같은 사업은 없다.

① 1호선과 5호선은 매출 순위가 연이어 있다.
② 5호선의 매출 순위 4위보다 높다.
③ 2호선과 3호선은 매출 순위가 연이어 있다.
④ 5호선과 4호선은 매출 순위가 연이어 있다.
⑤ 2호선은 매출 순위가 가장 높다.

✔ 해설 두 번째 명제에 의해 1호선이 1순위인 것이 확정된다. 또, 세 번째 명제에 따르면 5호선은 4호선보다 매출 순위가 높다고 했고, 네 번째 명제에서 매출 순위가 같은 사업은 없다고 했으므로, 나올 수 있는 매출 순위의 모든 경우를 나열해 보면 다음과 같다.

	1위	2위	3위	4위	5위
1	1호선	5호선	4호선		
2	1호선	5호선		4호선	
3	1호선	5호선			4호선
4	1호선		5호선	4호선	
5	1호선		5호선		4호선
6	1호선			5호선	4호선

여기에서 첫 번째 명제에서 1호선과 2호선, 3호선과 4호선의 순위 차이가 같다고 했으므로 표의 4번과 5번이 가능한 경우에 해당한다. 1순위 차이로 동일한 경우는 다음의 ㉠, ㉡ 경우가 있고, 3순위 차이로 동일한 경우는 ㉢의 경우이다.
㉠1호선-2호선-5호선-4호선-3호선
㉡1호선-2호선-5호선-3호선-4호선
㉢1호선-3호선-5호선-2호선-4호선
따라서 제시된 선택지의 내용 중 항상 참이 되는 것은 '5호선의 매출 순위는 4위보다 높다.'가 된다.

16

- A, B, C, D, E 5명은 각기 빨간색, 파란색, 검은색, 흰색 옷을 입고 있으며 같은 색 옷을 입은 사람은 2명이다.
- C와 D는 파란색과 검은색 옷을 입지 않았다.
- B와 E는 흰색과 빨간색 옷을 입지 않았다.
- A, B, C, D는 모두 다른 색 옷을 입고 있다.
- B, C, D, E는 모두 다른 색 옷을 입고 있다.

① C와 D는 같은 색 옷을 입고 있다.

② D가 흰색 옷을 입고 있다면 C는 E와 같은 색 옷을 입고 있다.

③ E가 파란색 옷을 입고 있다면 A는 검은색 옷을 입고 있다.

④ C가 빨간색 옷을 입고 있다면 A는 흰색 옷을 입고 있다.

⑤ B가 검은색 옷을 입고 있다면 파란색 옷을 입은 사람이 2명이다.

✔ 해설 주어진 조건을 표로 정리하면 다음과 같다.

	A	B	C	D	E
빨간색		×	C/ D		×
파란색		B/ E	×	×	B/ E
검은색		B/ E	×	×	B/ E
흰색		×	C/ D		×

위와 같은 정보를 통하여 흰색과 빨간색은 C와 D가, 검은색과 파란색은 B와 E가 각각 입고 있다. 네 번째와 다섯 번째 조건에 의해서 같은 색 옷을 입고 있는 사람은 A와 E가 되는 것을 알 수 있다. 따라서 선택지 ⑤에서 언급한 바와 같이 B가 검은색 옷을 입고 있다면 E는 파란색 옷을 입고 있는 것이 되므로, A도 파란색 옷을 입고 있는 것이 되어 파란색 옷을 입고 있는 사람은 2명이 된다.

17

• 동호회 정모에 찬수가 참석하면 민희도 반드시 참석한다.
• 지민이와 태수 중 적어도 한 명은 반드시 참석한다.
• 저번 주 동호회 정모에서 지민이는 민희를 만났다.
• 이번 주 동호회 정모에 지민이와 민희 둘 다 나오지 않았다.

① 찬수는 이번 주 동호회 모임에 나왔다.
② 태수는 저번 주 동호회 모임에 나왔다.
③ 찬수는 저번 주 동호회 모임에 나왔다.
④ 태수는 이번 주 동호회 모임에 나왔다.
⑤ 지민이는 이번 주 동호회 모임에 나왔다.

> **✔해설**

	저번 주	이번 주
찬수	?	불참
민희	참석	불참
지민	참석	불참
태수	?	참석

18 서울 출신 두 명과 강원도 출신 두 명, 충청도, 전라도, 경상도 출신 각 1명이 다음의 조건대로 줄을 선다. 앞에서 네 번째에 서는 사람의 출신지역은 어디인가?

• 충청도 사람은 맨 앞 또는 맨 뒤에 선다.
• 서울 사람은 서로 붙어 서있어야 한다.
• 강원도 사람 사이에는 다른 지역 사람 1명이 서있다.
• 경상도 사람은 앞에서 세 번째에 선다.

① 서울   ② 강원도
③ 충청도   ④ 전라도
⑤ 경상도

> **✔해설** 경상도 사람은 앞에서 세 번째에 서고 강원도 사람 사이에는 다른 지역 사람이 서있어야 하므로 강원도사람
> 은 경상도 사람의 뒤쪽으로 서게 된다. 서울 사람은 서로 붙어있어야 하므로 첫 번째, 두 번째에 선다. 충
> 청도 사람은 맨 앞 또는 맨 뒤에 서야하므로 맨 뒤에 서게 된다. 강원도 사람 사이에는 자리가 정해지지 않
> 은 전라도 사람이 서게 된다.
> ∴ 서울−서울−경상도−강원도−전라도−강원도−충청도

19 다음 중 업무상 일어나는 문제를 해결할 때 필요한 '분석적 사고'에 대한 설명으로 올바른 것은 어느 것인가?

① 사실 지향의 문제는 기대하는 결과를 명시하고 효과적으로 달성하는 방법을 사전에 구상하고 실행에 옮겨야 한다.

② 가설 지향의 문제는 일상 업무에서 일어나는 상식, 편견을 타파하여 객관적 사실로부터 사고와 행동이 출발한다.

③ 전체를 각각의 요소로 나누어 그 요소의 의미를 도출한 다음 우선순위를 부여하고 구체적인 문제 해결방법을 실행하는 것이다.

④ 성과 지향의 문제는 현상 및 원인분석 전에 지식과 경험을 바탕으로 일의 과정이나 결과, 결론을 가정한 다음 검증 후 사실일 경우 다음 단계의 일을 수행한다.

⑤ 당면하고 있는 문제와 그 해결방법에만 집착하지 말고, 그 문제와 해결방안이 상위 시스템 또는 다른 문제와 어떻게 연결되어 있는지를 생각하는 것이 필요하다.

> ✔ **해설** 분석적 사고에 대한 올바른 설명에 해당하는 것은 보기 ③이며, 분석적 사고는 성과 지향, 가설 지향, 사실 지향의 세 가지 경우의 문제에 따라 요구되는 사고의 특징을 달리한다.
> ① 성과 지향의 문제에 요구되는 사고의 특징이다.
> ② 사실 지향의 문제에 요구되는 사고의 특징이다.
> ④ 가설 지향의 문제에 요구되는 사고의 특징이다.
> ⑤ 전략적 사고의 특징이다.

20 다음은 SWOT에 대한 설명이다. 다음 중 시장의 위협을 회피하기 위해 강점을 사용하는 전략의 예로 적절한 것은?

〈SWOT 분석〉

SWOT분석이란 기업의 환경 분석을 통해 마케팅 전략을 수립하는 기법이다. 조직 내부 환경으로는 조직이 우위를 점할 수 있는 강점(Strength), 조직의 효과적인 성과를 방해하는 자원·기술·능력면에서의 약점(Weakness), 조직 외부 환경으로는 조직 활동에 이점을 주는 기회(Opportunity), 조직 활동에 불이익을 미치는 위협(Threat)으로 구분된다.

		내부환경요인	
		강점 (Strength)	약점 (Weakness)
외부환경요인	기회 (Opportunity)	SO	WO
	위협 (Threat)	ST	WT

① 세계적인 유통라인을 내세워 개발도상국으로 사업을 확장한다.

② 저가 정책으로 마진이 적지만 인구 밀도에 비해 대형마트가 부족한 도시에 진출한다.

③ 부품의 10년 보증 정책을 통해 대기업의 시장 독점을 이겨낸다.

④ 고가의 연구비를 타사와 제휴를 통해 부족한 정부 지원을 극복한다.

⑤ 친환경적 장점을 내세워 관련 법령에 해당하는 정부 지원을 받는다.

> **✔해설** 시장의 위협을 회피하기 위해 강점을 사용하는 전략은 ST전략에 해당한다.
> ③ 부품의 10년 보증 정책은 강점, 통해 대기업의 시장 독점은 위협에 해당한다. (ST전략)
> ① 세계적인 유통라인은 강점, 개발도상국은 기회에 해당한다. (SO전략)
> ② 마진이 적은 것은 약점, 인구 밀도에 비해 대형마트가 부족한 도시는 기회에 해당한다. (WO전략)
> ④ 고가의 연구비는 약점, 부족한 정부 지원은 위협에 해당한다. (WT전략)
> ⑤ 친환경적 장점은 강점, 정부 지원을 받는 것은 기회에 해당한다. (SO전략)

|21~22| 다음 〈표〉와 〈선정절차〉는 정부가 추진하는 신규 사업에 지원한 A~E 기업의 현황과 사업 선정절차에 대한 자료이다. 물음에 답하시오.

〈표〉 A~E 기업 현황

기업	직원수 (명)	임원수 (명)		임원평균 근속기간 (년)	시설현황					통근차량 대수 (대)
		이사	감사		사무실		휴게실 면적 (㎡)	기업 총면적 (㎡)		
					수 (개)	총면적 (㎡)				
A	132	10	3	2.1	5	450	2,400	3,800		3
B	160	5	1	4.5	7	420	200	1,300		2
C	120	4	3	3.1	5	420	440	1,000		1
D	170	2	12	4.0	7	550	300	1,500		2
E	135	4	6	2.9	6	550	1,000	2,500		2

※ 여유면적 = 기업 총면적 – 사무실 총면적 – 휴게실 면적

〈선정절차〉

• 1단계 : 아래 4개 조건을 모두 충족하는 기업을 예비 선정한다.
– 사무실조건 : 사무실 1개당 직원수가 25명 이하여야 한다.
– 임원조건 : 임원 1인당 직원수가 15명 이하여야 한다.
– 차량조건 : 통근 차량 1대당 직원수가 100명 이하여야 한다.
– 여유면적조건 : 여유면적이 650㎡ 이상이어야 한다.
• 2단계 : 예비 선정된 기업 중 임원평균근속기간이 가장 긴 기업을 최종 선정한다.

21 1단계 조건을 충족하여 예비 선정되는 기업을 모두 고르면?

① A, B ② B, C

③ C, D ④ D, E

⑤ E, A

✔해설 각 기업의 1단계 조건 충족 여부는 다음과 같다.

기업	사무실조건 (25명/개 이하)	임원조건 (15명/명 이하)	차량조건 (100명/대 이하)	여유면적조건 (650㎡ 이상)
A	26.4명/개 ×	10.2명/명 ○	44명/대 ○	950㎡ ○
B	22.9명/개 ○	26.7명/명 ×	80명/대 ○	680㎡ ○
C	24명/개 ○	17.1명/명 ×	120명/대 ×	140㎡ ×
D	24.3명/개 ○	8.6명/명 ○	85명/대 ○	650㎡ ○
E	22.5명/개 ○	13.5명/명 ○	67.5명/대 ○	950㎡ ○

22 정부가 추진하는 신규 사업에 최종 선정되는 기업은?

① A   ② B

③ C   ④ D

⑤ E

✔해설 예비 선정된 기업인 D, E 중 임원평균근속기간이 더 긴 D 기업이 최종 선정된다.

23 다음에서 설명하는 바가 가리키는 것은 무엇인가?

> 문제의 원인을 파고들거나 해결책을 구체화할 때 제한된 시간 안에서 넓이와 깊이를 추구하는 데 도움이 되는 기술을 말한다. 주요 과제를 나무 모양으로 분해·정리한다.

① Logic Tree

② Pro Tree

③ Tree Solution

④ Pedigree

⑤ Genogram

✔해설 제시문은 문제 도출 단계에서 활용할 수 있는 'Logic Tree'를 가리킨다.

24 다음 제시된 조건을 보고, 만일 영호와 옥숙을 같은 날 보낼 수 없다면, 목요일에 보내야 하는 남녀사원은 누구인가?

> 영업부의 박 부장은 월요일부터 목요일까지 매일 남녀 각 한 명씩 두 사람을 회사 홍보 행사 담당자로 보내야 한다. 영업부에는 현재 남자 사원 4명(길호, 철호, 영호, 치호)과 여자 사원 4명(영숙, 옥숙, 지숙, 미숙)이 근무하고 있으며, 다음과 같은 제약 사항이 있다.
>
> ㉠ 매일 다른 사람을 보내야 한다.
> ㉡ 치호는 철호 이전에 보내야 한다.
> ㉢ 옥숙은 수요일에 보낼 수 없다.
> ㉣ 철호와 영숙은 같이 보낼 수 없다.
> ㉤ 영숙은 지숙과 미숙 이후에 보내야 한다.
> ㉥ 치호는 영호보다 앞서 보내야 한다.
> ㉦ 옥숙은 지숙 이후에 보내야 한다.
> ㉧ 길호는 철호를 보낸 바로 다음 날 보내야 한다.

① 길호와 영숙
② 영호와 영숙
③ 치호와 옥숙
④ 길호와 옥숙
⑤ 영호와 미숙

✔ 해설 남자사원의 경우 ㉡, ㉥, ㉧에 의해 다음과 같은 두 가지 경우가 가능하다.

	월요일	화요일	수요일	목요일
경우 1	치호	영호	철호	길호
경우 2	치호	철호	길호	영호

[경우 1]
옥숙은 수요일에 보낼 수 없고, 철호와 영숙은 같이 보낼 수 없으므로 옥숙과 영숙은 수요일에 보낼 수 없다. 또한 영숙은 지숙과 미숙 이후에 보내야 하고, 옥숙은 지숙 이후에 보내야 하므로 조건에 따르면 다음과 같다.

	월요일	화요일	수요일	목요일
남	치호	영호	철호	길호
여	지숙	옥숙	미숙	영숙

[경우 2]

		월요일	화요일	수요일	목요일
	남	치호	철호	길호	영호
경우 2-1	여	미숙	지숙	영숙	옥숙
경우 2-2	여	지숙	미숙	영숙	옥숙
경우 2-3	여	지숙	옥숙	미숙	영숙

문제에서 영호와 옥숙을 같이 보낼 수 없다고 했으므로, [경우 1], [경우 2-1], [경우 2-2]는 해당하지 않는다. 따라서 [경우 2-3]에 의해 목요일에 보내야 하는 남녀사원은 영호와 영숙이다.

25 자동차검사 설비 수리를 하기 위해 본사에서 파견된 8명의 기술자들이 출장지에서 하룻밤을 묵게 되었다. 1개 층에 4개의 객실(101~104호, 201~204호, 301~304호, 401~404호)이 있는 3층으로 된 조그만 여인숙에 1인당 객실 1개씩을 잡고 투숙하였고 다음과 같은 조건을 만족할 경우, 12개의 객실 중 8명이 묵고 있지 않은 객실 4개를 모두 알기 위하여 필요한 사실이 될 수 있는 것은 다음 보기 중 어느 것인가? (출장자 일행 외의 다른 투숙객은 없는 것으로 가정한다)

- 출장자들은 1, 2, 3층에 각각 객실 2개, 3개, 3개에 투숙하였다.
- 출장자들은 1, 2, 3, 4호 라인에 각각 2개, 2개, 1개, 3개 객실에 투숙하였다.
---

① 302호에 출장자가 투숙하고 있다.

② 203호에 출장자가 투숙하고 있지 않다.

③ 102호에 출장자가 투숙하고 있다.

④ 202호에 출장자가 투숙하고 있지 않다.

⑤ 103호에 출장자가 투숙하고 있다.

✔ 해설 객실의 층과 라인의 배열을 그림으로 표현하면 다음과 같다.

301호	302호	303호	304호
201호	202호	203호	204호
101호	102호	103호	104호

두 번째 조건에서 4호 라인에는 3개의 객실에 투숙하였다고 했으므로 104호, 204호, 304호에는 출장자가 있게 된다. 또한 3호 라인에는 1개의 객실에만 출장자가 투숙하였다고 했는데, 만일 203호나 303호에 투숙하였을 경우, 2층과 3층의 나머지 객실이 정해질 수 없다. 그러나 103호에 투숙하였을 경우, 1층의 2개 객실이 정해지게 되며 2층과 3층은 3호 라인을 제외한 1호와 2호 라인 모두에 출장자가 투숙하여야 한다. 따라서 보기 ⑤의 사실이 확인된다면 8명의 출장자가 투숙한 8개의 객실과 투숙하지 않는 4개의 객실 모두를 다음과 같이 알아낼 수 있다.

301호	302호	303호	304호
201호	202호	203호	204호
101호	102호	103호	104호

CHAPTER 04 자원관리능력

1 자원과 자원관리

(1) 자원

① 자원의 종류 … 시간, 돈, 물적자원, 인적자원

② 자원의 낭비요인 … 비계획적 행동, 편리성 추구, 자원에 대한 인식 부재, 노하우 부족

(2) 자원관리 기본 과정

① 필요한 자원의 종류와 양 확인

② 이용 가능한 자원 수집하기

③ 자원 활용 계획 세우기

④ 계획대로 수행하기

▌예제 1

당신은 A출판사 교육훈련 담당자이다. 조직의 효율성을 높이기 위해 전사적인 시간관리에 대한 교육을 실시하기로 하였지만 바쁜 일정 상 직원들을 집합교육에 동원할 수 있는 시간은 제한적이다. 다음 중 귀하가 최우선의 교육 대상으로 삼아야 하는 것은 어느 부분인가?

구분	긴급한 일	긴급하지 않은 일
중요한 일	제1사분면	제2사분면
중요하지 않은 일	제3사분면	제4사분면

[출제의도]
주어진 일들을 중요도와 긴급도에 따른 시간관리 매트릭스에서 우선순위를 구분할 수 있는가를 측정하는 문항이다.
[해설]
교육훈련에서 최우선 교육대상으로 삼아야 하는 것은 긴급하지 않지만 중요한 일이다. 이를 긴급하지 않다고 해서 뒤로 미루다보면 급박하게 처리해야하는 업무가 증가하여 효율적인 시간관리가 어려워진다.

① 중요하고 긴급한 일로 위기사항이나 급박한 문제, 기간이 정해진 프로젝트 등이 해당되는 제1사분면
② 긴급하지는 않지만 중요한 일로 인간관계구축이나 새로운 기회의 발굴, 중장기 계획 등이 포함되는 제2사분면
③ 긴급하지만 중요하지 않은 일로 잠깐의 급한 질문, 일부 보고서, 눈 앞의 급박한 사항이 해당되는 제3사분면
④ 중요하지 않고 긴급하지 않은 일로 하찮은 일이나 시간낭비거리, 즐거운 활동 등이 포함되는 제4사분면

구분	긴급한 일	긴급하지 않은 일
중요한 일	위기사항, 급박한 문제, 기간이 정해진 프로젝트	인간관계구축, 새로운 기회의 발굴, 중장기계획
중요하지 않은 일	잠깐의 급한 질문, 일부 보고서, 눈앞의 급박한 사항	하찮은 일, 우편물, 전화, 시간낭비거리, 즐거운 활동

답 ②

2 자원관리능력을 구성하는 하위능력

(1) 시간관리능력

① 시간의 특성
　⊙ 시간은 매일 주어지는 기적이다.
　⊙ 시간은 똑같은 속도로 흐른다.
　⊙ 시간의 흐름은 멈추게 할 수 없다.
　⊙ 시간은 꾸거나 저축할 수 없다.
　⊙ 시간은 사용하기에 따라 가치가 달라진다.

② 시간관리의 효과
　⊙ 생산성 향상
　⊙ 가격 인상
　⊙ 위험 감소
　⊙ 시장 점유율 증가

③ 시간계획

    ㉠ 개념 : 시간 자원을 최대한 활용하기 위하여 가장 많이 반복되는 일에 가장 많은 시간을 분배하고, 최단시간에 최선의 목표를 달성하는 것을 의미한다.

    ㉡ 60 : 40의 Rule

계획된 행동 (60%)	계획 외의 행동 (20%)	자발적 행동 (20%)
총 시간		

예제 2

유아용품 홍보팀의 사원 은이씨는 일산 킨텍스에서 열리는 유아용품박람회에 참여하고자 한다. 당일 회의 후 출발해야 하며 회의 종료 시간은 오후 3시이다.

장소	일시
일산 킨텍스 제2전시장	2016. 1. 20(금) PM 15:00~19:00 * 입장가능시간은 종료 2시간 전까지

오시는 길
지하철 : 4호선 대화역(도보 30분 거리)
버스 : 8109번, 8407번(도보 5분 거리)

• 회사에서 버스정류장 및 지하철역까지 소요시간

출발지	도착지	소요시간	
회사	×× 정류장	도보	15분
		택시	5분
	지하철역	도보	30분
		택시	10분

• 일산 킨텍스 가는 길

교통편	출발지	도착지	소요시간
지하철	강남역	대화역	1시간 25분
버스	×× 정류장	일산 킨텍스 정류장	1시간 45분

위의 제시 상황을 보고 은이씨가 선택할 교통편으로 가장 적절한 것은?

① 도보 – 지하철   ② 도보 – 버스
③ 택시 – 지하철   ④ 택시 – 버스

[출제의도]
주어진 여러 시간정보를 수집하여 실제 업무 상황에서 시간자원을 어떻게 활용할 것인지 계획하고 할당하는 능력을 측정하는 문항이다.
[해설]
④ 택시로 버스정류장까지 이동해서 버스를 타고 가게 되면 택시(5분), 버스(1시간 45분), 도보(5분)으로 1시간 55분이 걸린다.
① 도보–지하철 : 도보(30분), 지하철(1시간 25분), 도보(30분)이므로 총 2시간 25분이 걸린다.
② 도보–버스 : 도보(15분), 버스(1시간 45분), 도보(5분)이므로 총 2시간 5분이 걸린다.
③ 택시–지하철 : 택시(10분), 지하철(1시간 25분), 도보(30분)이므로 총 2시간 5분이 걸린다.

답 ④

(2) 예산관리능력

① 예산과 예산관리

　㉠ 예산 : 필요한 비용을 미리 헤아려 계산하는 것이나 그 비용

　㉡ 예산관리 : 활동이나 사업에 소요되는 비용을 산정하고, 예산을 편성하는 것뿐만 아니라 예산을 통제하는 것 모두를 포함한다.

② 예산의 구성요소

비용	직접비용	재료비, 원료와 장비, 시설비, 여행(출장) 및 잡비, 인건비 등
	간접비용	보험료, 건물관리비, 광고비, 통신비, 사무비품비, 각종 공과금 등

③ 예산수립 과정 : 필요한 과업 및 활동 구명 → 우선순위 결정 → 예산 배정

예제 3

당신은 가을 체육대회에서 총무를 맡으라는 지시를 받았다. 다음과 같은 계획에 따라 예산을 진행하였으나 확보된 예산이 생각보다 적게 되어 불가피하게 비용항목을 줄여야 한다. 다음 중 귀하가 비용 항목을 없애기에 가장 적절한 것은 무엇인가?

〈○○산업공단 춘계 1차 워크숍〉

1. 해당부서 : 인사관리팀, 영업팀, 재무팀
2. 일　　정 : 2016년 4월 21일~23일(2박 3일)
3. 장　　소 : 강원도 속초 ○○연수원
4. 행사내용 : 바다열차탑승, 체육대회, 친교의 밤 행사, 기타

① 숙박비　　　　　　　　　② 식비
③ 교통비　　　　　　　　　④ 기념품비

[출제의도]
업무에 소요되는 예산 중 꼭 필요한 것과 예산을 감축해야할 때 삭제 또는 감축이 가능한 것을 구분해내는 능력을 묻는 문항이다.

[해설]
한정된 예산을 가지고 과업을 수행할 때에는 중요도를 기준으로 예산을 사용한다. 위와 같이 불가피하게 비용 항목을 줄여야 한다면 기본적인 항목인 숙박비, 식비, 교통비는 유지되어야 하기에 항목을 없애기 가장 적절한 정답은 ④번이 된다.

답 ④

(3) 물적관리능력

① 물적자원의 종류
  ㉠ **자연자원** : 자연상태 그대로의 자원 ex) 석탄, 석유 등
  ㉡ **인공자원** : 인위적으로 가공한 자원 ex) 시설, 장비 등

② **물적자원관리** … 물적자원을 효과적으로 관리할 경우 경쟁력 향상이 향상되어 과제 및 사업의 성공으로 이어지며, 관리가 부족할 경우 경제적 손실로 인해 과제 및 사업의 실패 가능성이 커진다.

③ 물적자원 활용의 방해요인
  ㉠ 보관 장소의 파악 문제
  ㉡ 훼손
  ㉢ 분실

④ 물적자원관리 과정

과정	내용
사용 물품과 보관 물품의 구분	• 반복 작업 방지 • 물품활용의 편리성
동일 및 유사 물품으로의 분류	• 동일성의 원칙 • 유사성의 원칙
물품 특성에 맞는 보관 장소 선정	• 물품의 형상 • 물품의 소재

예제 4

S호텔의 외식사업부 소속인 K씨는 예약일정 관리를 담당하고 있다. 아래의 예약일정과 정보를 보고 K씨의 판단으로 옳지 않은 것은?

〈S호텔 일식 뷔페 1월 ROOM 예약 일정〉

* 예약 : ROOM 이름(시작시간)

SUN	MON	TUE	WED	THU	FRI	SAT
					1	2
					백합(16)	장미(11) 백합(15)
3	4	5	6	7	8	9
라일락(15)		백향목(10) 백합(15)	장미(10) 백향목(17)	백합(11) 라일락(18)	백향목(15)	장미(10) 라일락(15)

ROOM 구분	수용가능인원	최소투입인력	연회장 이용시간
백합	20	3	2시간
장미	30	5	3시간
라일락	25	4	2시간
백향목	40	8	3시간

– 오후 9시에 모든 업무를 종료함
– 한 타임 끝난 후 1시간씩 세팅 및 정리
– 동 시간 대 서빙 투입인력은 총 10명을 넘을 수 없음

안녕하세요, 1월 첫째 주 또는 둘째 주에 신년회 행사를 위해 ROOM을 예약하려고 하는데요. 저희 동호회의 총 인원은 27명이고 오후 8시쯤 마무리하려고 합니다. 신정과 주말, 월요일은 피하고 싶습니다. 예약이 가능할까요?

① 인원을 고려했을 때 장미ROOM과 백향목ROOM이 적합하겠군.
② 만약 2명이 안 온다면 예약 가능한 ROOM이 늘어나겠구나.
③ 조건을 고려했을 때 예약 가능한 ROOM은 5일 장미ROOM뿐이겠구나.
④ 오후 5시부터 8시까지 가능한 ROOM을 찾아야해.

[출제의도]
주어진 정보와 일정표를 토대로 이용 가능한 물적자원을 확보하여 이를 정확하게 안내할 수 있는 능력을 측정하는 문항이다. 고객이 제공한 정보를 정확하게 파악하고 그 조건 안에서 가능한 자원을 제공할 수 있어야 한다.

[해설]
③ 조건을 고려했을 때 5일 장미ROOM과 7일 장미ROOM이 예약 가능하다.
① 참석 인원이 27명이므로 30명 수용 가능한 장미ROOM과 40명 수용 가능한 백향목ROOM 두 곳이 적합하다.
② 만약 2명이 안 온다면 총 참석인원 25명이므로 라일락ROOM, 장미ROOM, 백향목ROOM이 예약 가능하다.
④ 오후 8시에 마무리하려고 계획하고 있으므로 적절하다.

답 ③

(4) 인적자원관리능력

① **인맥** … 가족, 친구, 직장동료 등 자신과 직접적인 관계에 있는 사람들인 핵심인맥과 핵심인맥들로부터 알게 된 파생인맥이 존재한다.

② **인적자원의 특성** … 능동성, 개발가능성, 전략적 자원

③ **인력배치의 원칙**

    ㉠ **적재적소주의** : 팀의 효율성을 높이기 위해 팀원의 능력이나 성격 등과 가장 적합한 위치에 배치하여 팀원 개개인의 능력을 최대로 발휘해 줄 것을 기대하는 것

    ㉡ **능력주의** : 개인에게 능력을 발휘할 수 있는 기회와 장소를 부여하고 그 성과를 바르게 평가하며 평가된 능력과 실적에 대해 그에 상응하는 보상을 주는 원칙

    ㉢ **균형주의** : 모든 팀원에 대한 적재적소를 고려

④ **인력배치의 유형**

    ㉠ **양적 배치** : 부문의 작업량과 조업도, 여유 또는 부족 인원을 감안하여 소요인원을 결정하여 배치하는 것

    ㉡ **질적 배치** : 적재적소의 배치

    ㉢ **적성 배치** : 팀원의 적성 및 흥미에 따라 배치하는 것

▌ 예제 5

최근 조직개편 및 연봉협상 과정에서 직원들의 불만이 높아지고 있다. 온갖 루머가 난무한 가운데 인사팀원인 당신에게 사내 게시판의 직원 불만사항에 대한 진위여부를 파악하고 대안을 세우라는 팀장의 지시를 받았다. 다음 중 당신이 조치를 취해야 하는 직원은 누구인가?

① 사원 A는 팀장으로부터 업무 성과가 탁월하다는 평가를 받았는데도 조직개편으로 인한 부서 통합으로 인해 승진을 못한 것이 불만이다.

② 사원 B는 회사가 예년에 비해 높은 영업 이익을 얻었는데도 불구하고 연봉 인상에 인색한 것이 불만이다.

③ 사원 C는 회사가 급여 정책을 변경해서 고정급 비율을 낮추고 기본급과 인센티브를 지급하는 제도로 바꾼 것이 불만이다.

④ 사원 D는 입사 동기인 동료가 자신보다 업무 실적이 좋지 않고 불성실한 근무태도를 가지고 있는데, 팀장과의 친분으로 인해 자신보다 높은 평가를 받은 것이 불만이다.

[출제의도]
주어진 직원들의 정보를 통해 시급하게 진위여부를 가리고 조치하여 인력배치를 해야 하는 사항을 확인하는 문제이다.
[해설]
사원 A, B, C는 각각 조직 정책에 대한 불만이기에 논의를 통해 조직적으로 대처하는 것이 옳지만, 사원 D는 팀장의 독단적인 전횡에 대한 불만이기 때문에 조사하여 시급히 조치할 필요가 있다. 따라서 가장 적절한 답은 ④번이 된다.

답 ④

출제예상문제

1 다음 중 신입사원 인성씨가 해야 할 일을 시간관리 매트릭스 4단계로 구분한 것으로 잘못 된 것은?

〈인성씨가 해야 할 일〉

㉠ 어제 못 본 드라마보기
㉡ 마감이 정해진 프로젝트
㉢ 인간관계 구축하기
㉣ 업무 보고서 작성하기
㉤ 회의하기
㉥ 자기개발하기
㉦ 상사에게 급한 질문하기

〈시간관리 매트릭스〉

	긴급함	긴급하지 않음
중요함	제1사분면	제2사분면
중요하지 않음	제3사분면	제4사분면

① 제1사분면 : ㉢
② 제2사분면 : ㉥
③ 제3사분면 : ㉣
④ 제3사분면 : ㉤
⑤ 제4사분면 : ㉠

✔ 해설

〈시간관리 매트릭스〉

	긴급함	긴급하지 않음
중요함	㉡	㉢㉥
중요하지 않음	㉣㉤㉦	㉠

2 다음 사례에 알맞은 분석은 무엇인가?

> 수민이는 최근 악세서리를 만드는 아르바이트를 하고 있다. 수입은 시간당 7천원이고 재료비는 따로 들어간다. 시간당 들어가는 비용은 다음과 같다.
>
> (단위 : 원)
>
> | 시간 | 3 | 4 | 5 | 6 | 7 |
> |------|------|------|------|------|------|
> | 비용 | 11,000 | 15,000 | 22,000 | 28,000 | 36,000 |

① 수민이가 1시간 더 일할 때마다 추가로 발생하는 비용은 일정하다.

② 수민이는 하루에 6시간 일하는 것이 가장 합리적이다.

③ 수민이가 아르바이트로 하루에 최대로 얻을 수 있는 순이익은 15,000원이다.

④ 수민이가 1시간 더 일할 때마다 추가로 발생하는 수입은 계속 증가한다.

⑤ 수민이가 하루에 4시간 일을 하면 순이익은 28,000원이다.

✔ 해설

(단위 : 원)

시간	3	4	5	6	7
수입	21,000	28,000	35,000	42,000	49,000
비용	11,000	15,000	22,000	28,000	36,000

① 수민이가 1시간 더 일할 때마다 추가로 발생하는 비용은 일정하지 않다.

③ 수민이가 아르바이트로 하루에 최대로 얻을 수 있는 순이익은 14,000원이다.

④ 수민이가 1시간 더 일할 때마다 추가로 발생하는 수입은 7,000원으로 일정하다.

⑤ 수민이가 하루에 4시간 일을 하면 순이익은 13,000원이다.

3 '갑'시에 위치한 B공사 권 대리는 다음과 같은 일정으로 출장을 계획하고 있다. 출장비 지급 내역에 따라 권 대리가 받을 수 있는 출장비의 총액은 얼마인가?

〈지역별 출장비 지급 내역〉

출장 지역	일비	식비
'갑'시	15,000원	15,000원
'갑'시 외 지역	23,000원	17,000원

* 거래처 차량으로 이동할 경우, 일비 5,000원 차감
* 오후 일정 시작일 경우, 식비 7,000원 차감

〈출장 일정〉

출장 일자	지역	출장 시간	이동계획
화요일	'갑'시	09:00~18:00	거래처 배차
수요일	'갑'시 외 지역	10:30~16:00	대중교통
금요일	'갑'시	14:00~19:00	거래처 배차

① 75,000원

② 78,000원

③ 83,000원

④ 85,000원

⑤ 88,000원

해설 일자별 출장비 지급액을 살펴보면 다음과 같다. 화요일 일정에는 거래처 차량이 지원되므로 5,000원이 차감되며, 금요일 일정에는 거래처 차량 지원과 오후 일정으로 인해 5,000+7,000=12,000원이 차감된다.

출장 일자	지역	출장 시간	이동계획	출장비
화요일	'갑'시	09:00~18:00	거래처 배차	30,000−5,000＝25,000원
수요일	'갑'시 외 지역	10:30~16:00	대중교통	40,000원
금요일	'갑'시	14:00~19:00	거래처 배차	30,000−5,000−7,000＝18,000원

따라서 출장비 총액은 25,000+40,000+18,000=83,000원이 된다.

4 한국산업은 네트워크상의 여러 서버에 분산되어 있는 모든 문서 자원을 발생부터 소멸까지 통합관리해주는 문서관리시스템을 도입하였다. 이 문서관리시스템의 장점으로 가장 거리가 먼 것은?

① 결재과정의 불필요한 시간, 인력, 비용의 낭비를 줄인다.

② 문서의 검색이 신속하고 정확해진다.

③ 결재문서를 불러서 재가공할 수 있어 기안작성의 효율을 도모한다.

④ 지역적으로 떨어져 있는 경우 컴퓨터를 이용해서 원격 전자 회의를 가능하게 한다.

⑤ 문서들의 정보를 찾기에 용이하다.

> ✔해설 그룹웨어(groupware) ⋯ 기업 등의 구성원들이 컴퓨터로 연결된 작업장에서, 서로 협력하여 업무를 수행하는 그룹 작업을 지원하기 위한 소프트웨어나 소프트웨어를 포함하는 구조를 말한다.

5 아래 내용을 읽고 상공무역의 홍보부 사원이 이러한 회사의 철학과 사업내용을 좀 더 많이 알릴 수 있도록 수행하는 홍보업무에 대한 설명으로 가장 적절치 않은 것은?

> 상공무역 주식회사는 다양한 원자재를 수입 · 유통하는 회사이다. 상공무역은 공정무역을 통한 거래를 좀 더 확대하여 정당한 임금구조를 통해 제3국가의 근로자들의 삶을 개선시키는 데 기여하고자 노력하고 있다.

① 홈페이지나 기업 블로그의 내용을 접견실이나 대기실에 부착함으로써 회사의 철학과 사업내용에 대해 좀 더 적극적으로 알린다.

② 회사를 방문하는 내방객을 위해 준비하는 차와 음료를 회사에서 거래하는 공정무역커피나 차로 준비하여 소개한다.

③ 회사를 홍보하는 팸플릿이나 소개책자를 접견실에 비치하여 손님응대에 활용한다.

④ 거래를 좀 더 확대시킬 수 있도록 필요한 정보를 탐색 · 수집하여 거래처 사람을 확보한다.

⑤ 취업관련 홈페이지에 회사를 홍보할 수 있는 글을 올려 많은 이들에게 회사를 알린다.

> ✔해설 거래처 확보는 홍보부 사원에게 주어진 권한 내의 업무가 아니므로 관련 부서에 맡긴다.

6 다음 중, 자연자원과 인공자원으로 구분되는 물적 자원 관리의 중요성을 제대로 인식한 것으로 볼 수 없는 설명은 어느 것인가?

① 자재 관리의 허술함으로 인한 분실 및 훼손 방지를 위해 창고 점검에 대하여 자재팀에 특별 지시를 내린다.

② 긴급 상황을 고려하여 기본 장비는 항상 여분의 것이 있도록 관리하여 대형 사고를 미연에 방지한다.

③ 특별한 사유가 있는 자원이 아닌 경우, 일부 재고를 부담하여 고객의 수요에 반응할 수 있도록 한다.

④ 재난 상황 발생 시 복구 작업용으로 일부 핵심 장비에 대해서는 특별 관리를 실시한다.

⑤ 희소가치가 있는 시설 및 장비의 경우 사용 순위를 뒤로 미루어 자원의 가치를 높이려 노력한다.

> ✔ **해설** ⑤ 긴급 상황이나 재난 상황에서 물적 자원의 관리 소홀이나 부족 등은 더욱 큰 손실을 야기할 수 있으며, 꼭 필요한 상황에서 확보를 위한 많은 시간을 낭비하여 필요한 활동을 하지 못하는 상황이 벌어질 수 있다. 따라서 개인 및 조직에 필요한 물적 자원을 확보하고 적절히 관리하는 것은 매우 중요하다고 할 수 있다. 물적 자원의 희소가치를 높이는 것은 효율적인 사용을 위한 관리 차원에서의 바람직한 설명과는 거리가 멀다.

Answer 4.④ 5.④ 6.⑤

▌7~8 ▌ 甲과 乙은 산양우유를 생산하여 판매하는 ○○목장에서 일한다. 다음을 바탕으로 물음에 답하시오.

- ○○목장은 A~D의 4개 구역으로 이루어져 있으며 산양들은 자유롭게 다른 구역을 넘나들 수 있지만 목장을 벗어나지 않는다.
- 甲과 乙은 산양을 잘 관리하기 위해 구역별 산양의 수를 파악하고 있어야 하는데, 산양들이 계속 구역을 넘나들기 때문에 산양의 수를 정확히 헤아리는 데 어려움을 겪고 있다.
- 고민 끝에 甲과 乙은 시간별로 산양의 수를 기록하되, 甲은 특정 시간 특정 구역의 산양의 수만을 기록하고, 乙은 산양이 구역을 넘나들 때마다 그 시간과 그때 이동한 산양의 수를 기록하기로 하였다.
- 甲과 乙이 같은 날 오전 9시부터 오전 10시 15분까지 작성한 기록표는 다음과 같으며, ㉠~㉣을 제외한 모든 기록은 정확하다.

甲의 기록표			乙의 기록표		
시간	구역	산양 수	시간	구역 이동	산양 수
09:10	A	17마리	09:08	B→A	3마리
09:22	D	21마리	09:15	B→D	2마리
09:30	B	8마리	09:18	C→A	5마리
09:45	C	11마리	09:32	D→C	1마리
09:58	D	㉠21마리	09:48	A→C	4마리
10:04	A	㉡18마리	09:50	D→B	1마리
10:10	B	㉢12마리	09:52	C→D	3마리
10:15	C	㉣10마리	10:05	C→B	2마리

- 구역 이동 외의 산양의 수 변화는 고려하지 않는다.

7 ㉠~㉣ 중 옳게 기록된 것만을 고른 것은?

① ㉠, ㉡   ② ㉠, ㉢

③ ㉡, ㉢   ④ ㉡, ㉣

⑤ ㉢, ㉣

> ✔**해설** ㉠ 09:22에 D구역에 있었던 산양 21마리에서 09:32에 C구역으로 1마리, 09:50에 B구역으로 1마리가 이동하였고 09:52에 C구역에서 3마리가 이동해 왔으므로 09:58에 D구역에 있는 산양은 21 − 1 − 1 + 3 = 22마리이다.
> ㉡ 09:10에 A구역에 있었던 산양 17마리에서 09:18에 C구역에서 5마리가 이동해 왔고 09:48에 C구역으로 4마리가 이동하였으므로 10:04에 A구역에 있는 산양은 17 + 5 − 4 = 18마리이다.
> ㉢ 09:30에 B구역에 있었던 산양 8마리에서 09:50에 D구역에서 1마리가 이동해 왔고, 10:05에 C구역에서 2마리가 이동해 왔으므로 10:10에 B구역에 있는 산양은 8 + 1 + 2 = 11마리이다.
> ㉣ 09:45에 C구역에 있었던 11마리에서 09:48에 A구역에서 4마리가 이동해 왔고, 09:52에 D구역으로 3마리, 10:05에 B구역으로 2마리가 이동하였으므로 10:15에 C구역에 있는 산양은 11 + 4 − 3 − 2 = 10마리이다.

8 ○○목장에서 키우는 산양의 총 마리 수는?

① 58마리   ② 59마리

③ 60마리   ④ 61마리

⑤ 62마리

> ✔**해설** ○○목장에서 키우는 산양의 총 마리 수는 22 + 18 + 11 + 10 = 61마리이다.

OO지자체의 예산으로 다음과 같이 귀농인을 지원하려고 한다. OO지자체의 공무원은 누구를 지원하여야 하는가?

신청자격

OO지자체에 소재하는 귀농가구 중 거주기간이 6개월 이상이고, 가구주의 연령이 20세 이상 60세 이하인 가구

심사기준 및 점수 산정방식

• 다음 심사기준별 점수를 합산한다.
• 심사기준별 점수
– 거주기간 : 10점(3년 이상), 8점(2년 이상 3년 미만), 6점(1년 이상 2년 미만), 4점(6개월 이상 1년 미만)
– 가족 수 : 10점(4명 이상), 8점(3명), 6점(2명), 4점(1명)
　※ 가족 수에는 가구주가 포함된 것으로 본다.
– 영농규모 : 10점(1.0ha 이상), 8점(0.5ha 이상 1.0 미만), 6점(0.3ha 이상 0.5ha 미만), 4점(0.3ha 미만)
– 주택노후도 10점(20년 이상), 8점(15년 이상 20년 미만), 6점(10년 이상 15년 미만), 4점(5년 이상 10년 미만)
– 사업시급성 : 10점(매우 시급), 7점(시급), 4점(보통)

지원내용

• 지원목적 : 귀농인의 안정적인 정착을 도모하기 위해 일정 기준을 충족하는 귀농가구의 주택 개·보수 비용을 지원
• 예산액 : 6,000,000원
• 지원액 : 가구당 3,000,000원
• 지원대상 : 심사기준별 점수의 총점이 높은 순으로 2가구를 지원(총점이 동점일 경우 가구주의 연령이 높은 가구를 지원)

〈심사 기초 자료〉

귀농가구	가구주 연령(세)	거주기간	가족수 (명)	영농규모 (ha)	주택 노후도 (년)	사업 시급성
A	48	4년 4개월	1	0.2	20	매우 시급
B	47	11개월	3	1.1	14	매우 시급
C	55	1년 9개월	2	0.7	22	매우 시급
D	60	7개월	4	0.3	14	보통
E	35	2년 7개월	1	1.4	17	시급

① A, B
② A, C
③ B, C
④ C, E
⑤ D, E

✔해설 심사기준별 점수를 합산해보면 다음과 같다.

귀농가구	거주기간	가족수	영농규모	주택 노후도	사업 시급성	총점
A	10	4	4	10	10	38
B	4	8	10	6	10	38
C	6	6	8	10	10	40
D	4	10	6	6	4	30
E	8	4	10	8	7	37

C가 총점이 가장 높으므로 C가 지원대상이 되며, A와 B는 총점이 동일하므로 가구주의 연령이 높은 A가 지원대상이 된다.

10 ○○기업은 A, B, C, D, E, F, G, H의 8개 프로젝트를 담당하고 있다. 올해 예산이 증액되어 5개의 프로젝트의 예산을 늘리려고 할 때 조건은 다음과 같다. C와 F 프로젝트의 예산을 늘린다면 반드시 옳은 것은?

〈조건〉
• 만약 E 프로젝트의 예산을 늘리면, B 프로젝트의 예산은 늘리지 않는다.
• 만약 D 프로젝트의 예산을 늘리면, F 프로젝트와 G 프로젝트는 모두 예산을 늘리지 않는다.
• 만약 A 프로젝트와 G 프로젝트가 모두 예산을 늘리면, C 프로젝트의 예산도 늘려야 한다.
• B, C, F 프로젝트 가운데 2개만 예산을 늘린다.

① A 프로젝트와 D 프로젝트의 예산은 늘린다.
② B 프로젝트와 D 프로젝트의 예산은 늘리지 않는다.
③ A 프로젝트와 B 프로젝트의 예산은 늘린다.
④ B 프로젝트와 E 프로젝트의 예산은 늘리지 않는다.
⑤ D 프로젝트와 E 프로젝트의 예산은 늘리지 않는다.

✔해설 마지막 조건에서 B, C, F 프로젝트 중에 2개만 예산을 늘린다고 하였고 문제에서 C와 F 프로젝트의 예산을 늘린다고 하였으므로 B 프로젝트는 예산을 늘리지 않는다. 그리고 2번째 조건의 대우를 통해 F 프로젝트의 예산을 늘리면 D 프로젝트의 예산을 늘리지 않는다. 따라서 ②는 반드시 옳다.

11 다음 글을 읽고 A랜드 지자체 공무원의 판단으로 적절한 것은?

A랜드의 지자체는 전액 국가의 재정지원을 받는 총사업비 460억 원 규모의 건설사업을 추진하려고
한다. 사업완성에는 2년 이상이 소요될 것으로 보인다. 이에, 건설사업을 담당하는 공무원은 다음과 같
은 규정을 찾아보았다.

〈A랜드 사업타당성조사 규정〉

제1조(예비타당성조사 대상사업)
신규 사업 중 총사업비가 500억 원 이상이면서 국가의 재정지원 규모가 300억 원 이상인 건설사업, 정
보화사업, 국가연구개발사업에 대해 예비타당성조사를 실시한다.

제2조(타당성조사의 대상사업과 실시)
① 제1조에 해당하지 않는 사업으로서, 국가 예산의 지원을 받아 지자체 · 공기업 · 준정부기관 · 기타 공
　공기간 또는 민간이 시행하는 사업 중 완성에 2년 이상이 소요되는 다음 사업을 타당성조사 대상사
　업으로 한다.
　㉠ 총사업비가 500억 원 이상인 토목사업 및 정보화사업
　㉡ 총사업비가 200억 원 이상인 건설사업
② 제1항의 대상사업 중 다음 어느 하나에 해당하는 경우에는 타당성조사를 실시하여야 한다.
　㉠ 사업추진 과정에서 총사업비가 예비타당성조사의 대상 규모로 증가한 사업
　㉡ 사업물량 또는 토지 등의 규모 증가로 인하여 총사업비가 100분의 20 이상 증가한 사업

---

① 해당 건설사업은 국가의 재정지원 규모가 300억 원 이상인 건설사업이므로 예비타당성조사를 실시
　한다.

② 해당 건설사업은 타당성조사의 대상사업에 포함되지 않으므로 이 규정을 무시한다.

③ 해당 건설사업 추진 과정에서 총사업비가 10% 증가한다면 타당성조사를 실시하여야 한다.

④ 토지 등의 규모 증가로 인해 총사업비가 20억 원 정도 증가한다면 타당성조사를 실시하여야 한다.

⑤ 해당 건설사업을 토목사업으로 변경한다면 타당성조사의 대상사업에 해당한다.

> **✔해설** ① 예비타당성조사 대상사업은 총사업비가 500억 원 이상이면서 국가의 재정지원 규모가 300억 원 이상인
> 　　　건설사업이다.
> 　　② 지자체가 시행하는 사업으로 완성에 2년 이상이 소요되고 총사업비가 200억 원 이상인 건설사업이므로
> 　　　타당성조사의 대상사업이 된다.
> 　　④ 토지 규모 증가로 인하여 20억 원 증가는 100분의 20 이상 증가에 해당하지 않는다.
> 　　⑤ 토목사업은 총사업비가 500억 원 이상이 기준이므로 타당성조사 대상사업에 해당되지 않는다.

12 A국에서는 다음과 같이 여성폭력피해자 보호시설에 대해 보조금을 지급하려고 한다. 甲, 乙, 丙, 丁의 4개 보호시설에 대해 보조금을 지급한다면 필요한 예산의 총액은 얼마인가?

---

1. 여성폭력피해자 보호시설 운영비
   - 종사자 1~2인 시설 : 200백만 원
   - 종사자 3~4인 시설 : 300백만 원
   - 종사자 5인 이상 시설 : 400백만 원
   　※ 단, 평가등급이 1등급인 보호시설에는 해당 지급액의 100%를 지급하지만, 2등급인 보호시설에는 80%, 3등급인
   　　 보호시설에는 60%를 지급한다.
2. 여성폭력피해자 보호시설 사업비
   - 종사자 1~3인 시설 : 60백만 원
   - 종사자 4인 이상 시설 : 80백만 원
3. 여성폭력피해자 보호시설 종사자 장려수당
   - 종사자 1인당 50백만 원
4. 여성폭력피해자 보호시설 입소자 간식비
   - 입소자 1인당 1백만 원

〈여성폭력피해자 보호시설 현황〉

보호시설	평가등급	종사자 수(인)	입소자 수(인)
甲	1	4	7
乙	1	2	8
丙	2	4	10
丁	3	5	12

---

① 2,067백만 원
② 2,321백만 원
③ 2,697백만 원
④ 2,932백만 원
⑤ 3,137백만 원

✔해설 甲 : 300＋80＋200＋7＝587(백만 원)
乙 : 200＋60＋100＋8＝368(백만 원)
丙 : 240＋80＋200＋10＝530(백만 원)
丁 : 240＋80＋250＋12＝582(백만 원)
따라서 587＋368＋530＋582＝2,067(백만 원)이다.

13 다음에서 의미하는 가치들 중, 직무상 필요한 가장 핵심적인 네 가지 자원에 해당하지 않는 설명은 어느 것인가?

① 민간 기업이나 공공단체 및 기타 조직체는 물론이고 개인의 수입·지출에 관한 것도 포함하는 가치

② 인간이 약한 신체적 특성을 보완하기 위하여 활용하는, 정상적인 인간의 활동에 수반되는 많은 자원들

③ 기업이 나아가야 할 방향과 목적 등 기업 전체가 공유하는 비전, 가치관, 사훈, 기본 방침 등으로 표현되는 것

④ 매일 주어지며 똑같은 속도로 흐르지만 멈추거나 빌리거나 저축할 수 없는 것

⑤ 산업이 발달함에 따라 생산 현장이 첨단화, 자동화되었지만 여전히 기본적인 생산요소를 효율적으로 결합시켜 가치를 창조하는 자원

> ✔해설 ③은 기업 경영의 목적이다. 기업 경영에 필수적인 네 가지 자원으로는 시간(④), 예산(①), 인적자원(⑤), 물적자원(②)이 있으며 물적자원은 다시 인공자원과 천연자원으로 나눌 수 있다.

14 회계팀에서 업무를 시작하게 된 A씨는 각종 내역의 비용이 어느 항목으로 분류되어야 하는지 정리 작업을 하고 있다. 다음 중 A씨가 나머지와 다른 비용으로 분류해야 하는 것은 어느 것인가?

① 구매부 자재 대금으로 지불한 U$7,000

② 상반기 건물 임대료 및 관리비

③ 임직원 급여

④ 계약 체결을 위한 영업부 직원 출장비

⑤ 컴프레서 구매 대금 1,200만 원

> ✔해설 ②는 간접비용, 나머지(①③④⑤)는 직접비용의 지출 항목으로 분류해야 한다.
> 직접비용과 간접비용으로 분류되는 지출 항목은 다음과 같은 것들이 있다.
> • 직접비용 : 재료비, 원료와 장비, 시설비, 출장 및 잡비, 인건비
> • 간접비용 : 보험료, 건물관리비, 광고비, 통신비, 사무비품비, 각종 공과금

| 15~16 | 공장 주변지역의 농경수 오염에 책임이 있는 기업이 총 70억 원의 예산을 가지고 피해 현황 심사와 보상을 진행한다고 한다. 다음 글을 읽고 물음에 답하시오.

총 500건의 피해가 발생했고, 기업측에서는 실제 피해 현황을 심사하여 보상하기로 하였다. 심사에 소요되는 비용은 보상 예산에서 사용한다. 심사를 통해 좀 더 정확한 피해 규모를 파악할 수 있지만, 그에 따라 소요되는 비용 또한 증가하게 된다.

	1일째	2일째	3일째	4일째
일별 심사 비용(억 원)	0.5	0.7	0.9	1.1
일별 보상대상 제외건수	50	45	40	35

• 보상금 총액＝예산－심사 비용
• 표는 누적수치가 아닌, 하루에 소요되는 비용을 말함
• 일별 심사 비용은 매일 0.2억씩 증가하고 제외건수는 매일 5건씩 감소함
• 제외건수가 0이 되는 날, 심사를 중지하고 보상금을 지급함

15 기업측이 심사를 중지하는 날까지 소요되는 일별 심사 비용은 총 얼마인가?

① 15억 원 ② 15.5억 원
③ 16억 원 ④ 16.5억 원
⑤ 17억 원

✔ 해설 제외건수가 매일 5건씩 감소한다고 했으므로 11일째 되는 날 제외건수가 0이 되고 일별 심사 비용은 총 16.5억 원이 된다.

16 심사를 중지하고 총 500건에 대해서 보상을 한다고 할 때, 보상대상자가 받는 건당 평균 보상금은 대략 얼마인가?

① 약 1천만 원 ② 약 2천만 원
③ 약 3천만 원 ④ 약 4천만 원
⑤ 약 5천만 원

✔ 해설 (70억－16.5억)/500건＝1,070만 원

17 다음은 (주)서원기업의 재고 관리 사례이다. 금요일까지 부품 재고 수량이 남지 않게 완성품을 만들 수 있도록 월요일에 주문할 A∼C 부품 개수로 옳은 것은? (단, 주어진 조건 이외에는 고려하지 않는다)

〈부품 재고 수량과 완성품 1개당 소요량〉

부품명	부품 재고 수량	완성품 1개당 소요량
A	500	10
B	120	3
C	250	5

〈완성품 납품 수량〉

항목 \ 요일	월	화	수	목	금
완성품 납품 개수	없음	30	20	30	20

〈조건〉

1. 부품 주문은 월요일에 한 번 신청하며 화요일 작업 시작 전 입고된다.
2. 완성품은 부품 A, B, C를 모두 조립해야 한다.

	A	B	C
①	100	100	100
②	100	180	200
③	500	100	100
④	500	180	250
⑤	500	150	250

✔해설 완성품 납품 개수는 30+20+30+20으로 총 100개이다. 완성품 1개당 부품 A는 10개가 필요하므로 총 1,000개가 필요하고, B는 300개, C는 500개가 필요하다. 이때 각 부품의 재고 수량에서 부품 A는 500개를 가지고 있으므로 필요한 1,000개에서 가지고 있는 500개를 빼면 500개의 부품을 주문해야 한다. 부품 B는 120개를 가지고 있으므로 필요한 300개에서 가지고 있는 120개를 빼면 180개를 주문해야 하며, 부품 C는 250개를 가지고 있으므로 필요한 500개에서 가지고 있는 250개를 빼면 250개를 주문해야 한다.

18 신입사원 H씨는 팀의 다음 사업에 대한 계획을 마련하기 위해 각국의 환경오염의 실태와 해결방안을 조사해서 보고서를 올리라는 지시를 받았다. 다음의 보고서 작성 순서를 바르게 나열한 것은?

> ㉠ 보고서에 들어갈 내용 중 너무 긴 내용은 표나 그래프로 작성한다.
> ㉡ 해외 여러 나라들의 환경오염실태와 해결했던 실례들을 수집한다.
> ㉢ 어떤 내용, 어떤 흐름으로 보고서를 작성할지 구상하고 개요를 작성한다.

① ㉠㉡㉢   ② ㉠㉢㉡

③ ㉡㉠㉢   ④ ㉢㉡㉠

⑤ ㉢㉠㉡

✔해설 보고서를 어떻게 구성해야할지에 대해서 고민하고 개요를 작성한 후 자료를 수집하는 것이 시간을 절약할 수 있고, 구성 면에서도 우수한 보고서를 작성할 수 있다.

19 입사 2년차인 P씨와 같은 팀원들은 하루에도 수십 개씩의 서류를 받는다. 각자 감당할 수 없을 만큼의 서류가 쌓이다보니 빨리 처리해야할 업무가 무엇인지, 나중에 해도 되는 업무가 무엇인지 확인이 되지 않았다. 이런 상황에서 P씨가 가장 먼저 취해야 할 행동으로 가장 적절한 것은?

① 같은 팀원이자 후배인 K씨에게 서류정리를 시킨다.

② 가장 높은 상사의 일부터 처리한다.

③ 보고서와 주문서 등을 종류별로 정리하고 중요내용을 간추려 메모한다.

④ 눈앞의 급박한 상황들을 먼저 처리한다.

⑤ 눈에 보이는 보고서 먼저 해결한다.

✔해설 업무 시에는 일의 우선순위를 정하는 것이 중요하다. 많은 서류들을 정리하고 중요 내용을 간추려 메모하면 이후의 서류들도 기존보다 빠르게 정리할 수 있으며 시간을 효율적으로 사용할 수 있다.

20 다음 〈표〉는 K국 '갑'~'무' 공무원의 국외 출장 현황과 출장 국가별 여비 지급 기준액을 나타낸 자료이다. 〈표〉와 〈조건〉을 근거로 출장 여비를 지급받을 때, 출장 여비를 가장 많이 지급받는 출장자는 누구인가?

〈표1〉 K국 '갑'~'무' 공무원 국외 출장 현황

출장자	출장국가	출장기간	숙박비 지급 유형	1박 실지출 비용($/박)	출장 시 개인 마일리지 사용 여부
갑	A	3박 4일	실비지급	145	미사용
을	A	3박 4일	정액지급	130	사용
병	B	3박 5일	실비지급	110	사용
정	C	4박 6일	정액지급	75	미사용
무	D	5박 6일	실비지급	75	사용

※ 각 출장자의 출장 기간 중 매 박 실지출 비용은 변동 없음

〈표2〉 출장 국가별 1인당 여비 지급 기준액

출장국가	구분	1일 숙박비 상한액($/박)	1일 식비($/일)
A		170	72
B		140	60
C		100	45
D		85	35

〈조건〉

㉠ 출장 여비($) = 숙박비 + 식비
㉡ 숙박비는 숙박 실지출 비용을 지급하는 실비지급 유형과 출장국가 숙박비 상한액의 80%를 지급하는 정액지급 유형으로 구분
　• 실비지급 숙박비($) = (1박 실지출 비용) × ('박' 수)
　• 정액지급 숙박비($) = (출장국가 1일 숙박비 상한액) × ('박' 수) × 0.8
㉢ 식비는 출장 시 개인 마일리지 사용여부에 따라 출장 중 식비의 20% 추가지급
　• 개인 마일리지 미사용시 지급 식비($) = (출장국가 1일 식비) × ('일' 수)
　• 개인 마일리지 사용시 지급 식비($) = (출장국가 1일 식비) × ('일' 수) × 1.2

① 갑
② 을
③ 병
④ 정
⑤ 무

✔해설 ① $145 \times 3 + 72 \times 4 = 723$
② $170 \times 3 \times 0.8 + 72 \times 4 \times 1.2 = 753.6$
③ $110 \times 3 + 60 \times 5 \times 1.2 = 690$
④ $100 \times 4 \times 0.8 + 45 \times 6 = 590$
⑤ $75 \times 5 + 35 \times 6 \times 1.2 = 627$

21 다음 중 SMART법칙에 따라 목표를 설정하지 못한 사람을 모두 고른 것은?

> • 민수 : 나는 올해 꼭 취업할꺼야.
> • 나라 : 나는 8월까지 볼링 점수 200점에 도달하겠어.
> • 정수 : 나는 오늘 10시까지 단어 100개를 외울거야.
> • 주찬 : 나는 이번 달 안에 NCS강의 20강을 모두 들을거야.
> • 명기 : 나는 이번 여름 방학에 영어 회화를 도전할거야.

① 정수, 주찬   ② 나라, 정수

③ 민수, 명기   ④ 주찬, 민수

⑤ 명기, 나라

✔해설 SMART법칙 … 목표를 어떻게 설정하고 그 목표를 성공적으로 달성하기 위해 꼭 필요한 필수 요건들을 S.M.A.R.T. 5개 철자에 따라 제시한 것이다.
ⓐ Specific(구체적으로) : 목표를 구체적으로 작성한다.
ⓑ Measurable(측정 가능하도록) : 수치화, 객관화시켜서 측정 가능한 척도를 세운다.
ⓒ Action-oriented(행동 지향적으로) : 사고 및 생각에 그치는 것이 아니라 행동을 중심으로 목표를 세운다.
ⓓ Realistic(현실성 있게) : 실현 가능한 목표를 세운다.
ⓔ Time limited(시간적 제약이 있게) : 목표를 설정함에 있어 제한 시간을 둔다.

22 다음은 영업사원인 甲씨가 오늘 미팅해야 할 거래처 직원들과 방문해야 할 업체에 관한 정보이다. 다음의 정보를 모두 반영하여 하루의 일정을 짠다고 할 때 순서가 올바르게 배열된 것은? (단, 장소간 이동 시간은 없는 것으로 가정한다)

〈거래처 직원들의 요구 사항〉
- A거래처 과장 : 회사 내부 일정으로 인해 미팅은 10시~12시 또는 16~18시까지 2시간 정도 가능합니다.
- B거래처 대리 : 12시부터 점심식사를 하거나, 18시부터 저녁식사를 하시죠. 시간은 2시간이면 될 것 같습니다.
- C거래처 사원 : 외근이 잡혀서 오전 9시부터 10시까지 1시간만 가능합니다.
- D거래처 부장 : 외부일정으로 18시부터 저녁식사만 가능합니다.

〈방문해야 할 업체와 가능시간〉
- E서점 : 14~18시, 소요시간은 2시간
- F은행 : 12~16시, 소요시간은 1시간
- G미술관 관람 : 하루 3회(10시, 13시, 15시), 소요시간은 1시간

① C거래처 사원 – A거래처 과장 – B거래처 대리 – E서점 – G미술관 – F은행 – D거래처 부장
② C거래처 사원 – A거래처 과장 – F은행 – B거래처 대리 – G미술관 – E서점 – D거래처 부장
③ C거래처 사원 – G미술관 – F은행 – B거래처 대리 – E서점 – A거래처 과장 – D거래처 부장
④ C거래처 사원 – A거래처 과장 – B거래처 대리 – F은행 – G미술관 – E서점 – D거래처 부장
⑤ C거래처 사원 – A거래처 과장 – F은행 – G미술관 – E서점 – B거래처 대리 – D거래처 부장

✔해설 C거래처 사원(9시~10시) – A거래처 과장(10시~12시) – B거래처 대리(12시~14시) – F은행(14시~15시) – G미술관(15시~16시) – E서점(16시~18시) – D거래처 부장(18시~)
① E서점까지 들리면 16시가 되는데, 그 이후에 G미술관을 관람할 수 없다.
② F은행까지 들리면 13시가 되는데, B거래처 대리 약속은 18시에 가능하다.
③ G미술관 관람을 마치고 나면 11시가 되는데 F은행은 12시에 가야한다. 1시간 기다려서 F은행 일이 끝나면 13시가 되는데, B거래처 대리 약속은 18시에 가능하다.
⑤ E서점까지 들리면 16시가 되는데, B거래처 대리 약속과 D거래처 부장 약속이 동시에 18시가 된다.

23 다음 상황에서 총 순이익 200억 원 중에 Y사가 150억 원을 분배 받았다면 Y사의 연구개발비는 얼마인가?

> X사와 Y사는 신제품을 공동개발하여 판매한 총 순이익을 다음과 같은 기준에 의해 분배하기로 약정하였다.
> • 1번째 기준 : X사와 Y사는 총 순이익에서 각 회사 제조원가의 10%에 해당하는 금액을 우선 각자 분배받는다.
> • 2번째 기준 : 총 순수익에서 위의 1번째 기준에 의해 분배 받은 금액을 제외한 나머지 금액에 대한 분배는 각 회사가 연구개발에 지출한 비용에 비례하여 분배액을 정한다.
>
> 〈신제품 개발과 판례에 따른 연구개발비용과 총 순이익〉
>
> (단위 : 억 원)
>
> | 구분 | X사 | Y사 |
> |------|-----|-----|
> | 제조원가 | 200 | 600 |
> | 연구개발비 | 100 | ( ) |
> | 총 순이익 | | 200 |

① 200억 원   ② 250억 원

③ 300억 원   ④ 350억 원

⑤ 360억 원

✔ 해설 1번째 기준에 의해 X사는 200억의 10%인 20억을 분배 받고, Y사는 600억의 10%인 60억을 분배 받는다. Y가 분배 받은 금액이 총 150억이라고 했으므로 X사가 분배 받은 금액은 50억이다. X사가 두 번째 기준에 의해 분배 받은 금액은 30억이고, Y사가 두 번째 기준에 의해 분배 받은 금액은 90억이다. 두 번째 기준은 연구개발비용에 비례하여 분배 받은 것이므로 X사의 연구개발비의 3배로 계산하면 300억이다.

24 O회사에 근무하고 있는 채과장은 거래 업체를 선정하고자 한다. 업체별 현황과 평가기준이 다음과 같을 때, 선정되는 업체는?

〈업체별 현황〉

업체명	시장매력도	정보화수준	접근가능성
	시장규모(억 원)	정보화순위	수출액(백만 원)
A업체	550	106	9,103
B업체	333	62	2,459
C업체	315	91	2,597
D업체	1,706	95	2,777
E업체	480	73	3,888

〈평가기준〉

- 업체별 종합점수는 시장매력도(30점 만점), 정보화수준(30점 만점), 접근가능성(40점 만점)의 합계 (100점 만점)로 구하며, 종합점수가 가장 높은 업체가 선정된다.
- 시장매력도 점수는 시장매력도가 가장 높은 업체에 30점, 가장 낮은 업체에 0점, 그 밖의 모든 업체에 15점을 부여한다. 시장규모가 클수록 시장매력도가 높다.
- 정보화수준 점수는 정보화순위가 가장 높은 업체에 30점, 가장 낮은 업체에 0점, 그 밖의 모든 업체에 15점을 부여한다.
- 접근가능성 점수는 접근가능성이 가장 높은 업체에 40점, 가장 낮은 업체에 0점, 그 밖의 모든 업체에 20점을 부여한다. 수출액이 클수록 접근가능성이 높다.

① A
② B
③ C
④ D
⑤ E

해설 업체별 평가기준에 따른 점수는 다음과 같으며, D업체가 65점으로 선정된다.

	시장매력도	정보화수준	접근가능성	합계
A	15	0	40	55
B	15	30	0	45
C	0	15	20	35
D	30	15	20	65
E	15	15	20	50

25 N사 기획팀에서는 해외 거래처와의 중요한 계약을 성사시키기 위해 이를 담당할 사내 TF팀 인원을 보강하고자 한다. 다음 상황을 참고할 때, 반드시 선발해야 할 2명의 직원은 누구인가?

> 기획팀은 TF팀에 추가로 필요한 직원 2명을 보강해야 한다. 계약실무, 협상, 시장조사, 현장교육 등 4가지 업무는 새롭게 선발될 2명의 직원이 분담하여 모두 수행해야 한다.
> 4가지 업무를 수행하기 위해 필수적으로 갖추어야 할 자질은 다음과 같다.
>
> | 업무 | 필요 자질 |
> | --- | --- |
> | 계약실무 | 스페인어, 국제 감각 |
> | 협상 | 스페인어, 설득력 |
> | 시장조사 | 설득력, 비판적 사고 |
> | 현장교육 | 국제 감각, 의사 전달력 |
>
> * 기획팀에서 1차로 선발한 직원은 오 대리, 최 사원, 남 대리, 조 사원 4명이며, 이들은 모두 3가지씩의 '필요 자질'을 갖추고 있다.
> * 의사 전달력은 남 대리를 제외한 나머지 3명이 모두 갖추고 있다.
> * 조 사원이 시장조사 업무를 제외한 모든 업무를 수행하려면, 스페인어 자질만 추가로 갖추면 된다.
> * 오 대리는 계약실무 업무를 수행할 수 있고, 최 사원과 남 대리는 시장조사 업무를 수행할 수 있다.
> * 국제 감각을 갖춘 직원은 2명이다.

① 오 대리, 최 사원
② 오 대리, 남 대리
③ 최 사원, 조 사원
④ 최 사원, 조 사원
⑤ 남 대리, 조 사원

✔해설 주어진 설명에 의해 4명의 자질과 가능 업무를 표로 정리하면 다음과 같다.

	오 대리	최 사원	남 대리	조 사원
스페인어	○	×	○	×
국제 감각	○	×	×	○
설득력	×	○	○	○
비판적 사고	×	○	○	×
의사 전달력	○	○	×	○

위 표를 바탕으로 4명의 직원이 수행할 수 있는 업무를 정리하면 다음과 같다.
- 오 대리 : 계약실무, 현장교육
- 최 사원 : 시장조사
- 남 대리 : 협상, 시장조사
- 조 사원 : 현장교육

따라서 필요한 4가지 업무를 모두 수행하기 위해서는 오 대리와 남 대리 2명이 최종 선발되어야만 함을 알 수 있다.

┃26~27┃ 다음은 G사 영업본부 직원들의 담당 업무와 다음 달 주요 업무 일정표이다. 다음을 참고로 이어지는 물음에 답하시오.

〈다음 달 주요 업무 일정〉

일	월	화	수	목	금	토
		1 사업계획 초안 작성(2)	2	3	4 사옥 이동 계획 수립(2)	5
6	7	8 인트라넷 요청사 항 정리(2)	9 전 직원 월간회의	10	11 TF팀 회의(1)	12
13	14 법무실무 담당 자 회의(3)	15	16	17 신제품 진행 과정 보고(1)	18	19
20	21 매출부진 원인분석(2)	22	23 홍보자료 작성(3)	24 인사고과(2)	25	26
27	28 매출 집계(2)	29 부서경비 정리(2)	30	31		

* ( )안의 숫자는 해당 업무 소요 일수

〈담당자별 업무〉

담당자	담당업무
갑	부서 인사고과, 사옥 이동 관련 이사 계획 수립, 내년도 사업계획 초안 작성
을	매출부진 원인 분석, 신제품 개발 진행과정 보고
병	자원개발 프로젝트 TF팀 회의 참석, 부서 법무실무 교육 담당자 회의
정	사내 인트라넷 구축 관련 요청사항 정리, 대외 홍보자료 작성
무	월말 부서 경비집행 내역 정리 및 보고, 매출 집계 및 전산 입력

26 위의 일정과 담당 업무를 참고할 때, 다음 달 월차 휴가를 사용하기에 적절한 날짜를 선택한 직원이 아닌 것은 어느 것인가?

① 갑 – 23일

② 을 – 8일

③ 병 – 4일

④ 정 – 25일

⑤ 무 – 24일

> ✔해설 정은 홍보자료 작성 업무가 23일에 예정되어 있으며 3일 간의 시간이 걸리는 업무이므로 25일에 월차 휴가를 사용하는 것은 바람직하지 않다.

27 갑작스런 해외 거래처의 일정 변경으로 인해 다음 달 넷째 주에 영업본부에서 2명이 일주일 간 해외 출장을 가야 한다. 위에 제시된 5명의 직원 중 담당 업무에 지장이 없는 2명을 뽑아 출장을 보내야 할 경우, 출장자로 적절한 직원은 누구인가?

① 갑, 병

② 을, 정

③ 정, 무

④ 을, 병

⑤ 병, 무

> ✔해설 넷째 주에는 을의 매출부진 원인 분석 업무, 정의 홍보자료 작성 업무, 갑의 부서 인사고과 업무가 예정되어 있다. 따라서 출장자로 가장 적합한 두 명의 직원은 병과 무가 된다.

28 이번에 탄생한 TF팀에서 팀장과 부팀장을 선정하려고 한다. 선정기준은 이전에 있던 팀에서의 근무성적과 성과점수, 봉사점수 등을 기준으로 한다. 구체적인 선정기준이 다음과 같을 때 선정되는 팀장과 부팀장을 바르게 연결한 것은?

〈선정기준〉

- 최종점수가 가장 높은 직원이 팀장이 되고, 팀장과 다른 성별의 직원 중에서 가장 높은 점수를 받은 직원이 부팀장이 된다(예를 들어 팀장이 남자가 되면, 여자 중 최고점을 받은 직원이 부팀장이 된다).
- 근무성적 40%, 성과점수 40%, 봉사점수 20%로 기본점수를 산출하고, 기본점수에 투표점수를 더하여 최종점수를 산정한다.
- 투표점수는 한 명당 5점이 부여된다(예를 들어 2명에게서 한 표씩 받으면 10점이다).

〈직원별 근무성적과 점수〉

직원	성별	근무성적	성과점수	봉사점수	투표한 사람수
고경원	남자	88	92	80	2
박하나	여자	74	86	90	1
도경수	남자	96	94	100	0
하지민	여자	100	100	75	0
유해영	여자	80	90	80	2
문정진	남자	75	75	95	1

① 고경원 – 하지민

② 고경원 – 유해영

③ 하지민 – 도경수

④ 하지민 – 문정진

⑤ 고경원 – 박하나

✔ 해설 점수를 계산하면 다음과 같다.

직원	성별	근무점수	성과점수	봉사점수	투표점수	합계
고경원	남자	35.2	36.8	16	10	98
박하나	여자	29.6	34.4	18	5	87
도경수	남자	38.4	37.6	20	0	96
하지민	여자	40	40	15	0	95
유해영	여자	32	36	16	10	94
문정진	남자	30	30	19	5	84

┃29~30┃ D회사에서는 1년에 1명을 선발하여 해외연수를 보내주는 제도가 있다. 김부장, 최과장, 오과장, 홍대리, 박사원 5명이 지원한 가운데 〈선발 기준〉과 〈지원자 현황〉은 다음과 같다. 다음을 보고 물음에 답하시오.

〈선발 기준〉

구분	점수	비고
외국어 성적	50점	
근무 경력	20점	15년 이상이 만점 대비 100%, 10년 이상 15년 미만이 70%, 10년 미만이 50%이다. 단, 근무경력이 최소 5년 이상인 자만 선발 자격이 있다.
근무 성적	10점	
포상	20점	3회 이상이 만점 대비 100%, 1~2회가 50%, 0회가 0%이다.
계	100점	

〈지원자 현황〉

구분	김부장	최과장	오과장	홍대리	박사원
근무경력	30년	20년	10년	3년	2년
포상	2회	4회	0회	5회	1회

※ 외국어 성적은 김부장과 최과장이 만점 대비 50%이고, 오과장이 80%, 홍대리와 박사원이 100%이다.
※ 근무 성적은 최과장과 박사원이 만점이고, 김부장, 오과장, 홍대리는 만점 대비 90%이다.

29 위의 선발 기준과 지원자 현황에 따를 때 가장 높은 점수를 받은 사람이 선발된다면 선발되는 사람은?

① 김부장
② 최과장
③ 오과장
④ 홍대리
⑤ 박사원

✔해설

	김부장	최과장	오과장	홍대리, 박사원
외국어 성적	25점	25점	40점	근무경력이 5년 미만이므로 선발 자격이 없다.
근무 경력	20점	20점	14점	
근무 성적	9점	10점	9점	
포상	10점	20점	0점	
계	64점	75점	63점	

30 회사 규정의 변경으로 인해 선발 기준이 다음과 같이 변경되었다면, 새로운 선발 기준 하에서 선발되는 사람은? (단, 가장 높은 점수를 받은 사람이 선발된다)

구분	점수	비고
외국어 성적	40점	
근무 경력	40점	30년 이상이 만점 대비 100%, 20년 이상 30년 미만이 70%, 20년 미만이 50%이다. 단, 근무경력이 최소 5년 이상인 자만 선발 자격이 있다.
근무 성적	10점	
포상	10점	3회 이상이 만점 대비 100%, 1~2회가 50%, 0회가 0%이다.
계	100점	

① 김부장　　　　　　　　　　② 최과장
③ 오과장　　　　　　　　　　④ 홍대리
⑤ 박사원

 해설

	김부장	최과장	오과장	홍대리, 박사원
외국어 성적	20점	20점	32점	근무경력이 5년 미만이므로 선발 자격이 없다.
근무 경력	40점	28점	20점	
근무 성적	9점	10점	9점	
포상	5점	10점	0점	
계	74점	68점	61점	

조직이해능력

1 조직과 개인

(1) 조직

① 조직과 기업
  - ㉠ 조직 : 두 사람 이상이 공동의 목표를 달성하기 위해 의식적으로 구성된 상호작용과 조정을 행하는 행동의 집합체
  - ㉡ 기업 : 노동, 자본, 물자, 기술 등을 투입하여 제품이나 서비스를 산출하는 기관

② 조직의 유형

기준	구분	예
공식성	공식조직	조직의 규모, 기능, 규정이 조직화된 조직
	비공식조직	인간관계에 따라 형성된 자발적 조직
영리성	영리조직	사기업
	비영리조직	정부조직, 병원, 대학, 시민단체
조직규모	소규모 조직	가족 소유의 상점
	대규모 조직	대기업

(2) 경영

① 경영의 의미 ⋯ 경영은 조직의 목적을 달성하기 위한 전략, 관리, 운영활동이다.

② 경영의 구성요소
  - ㉠ 경영목적 : 조직의 목적을 달성하기 위한 방법이나 과정
  - ㉡ 인적자원 : 조직의 구성원 · 인적자원의 배치와 활용
  - ㉢ 자금 : 경영활동에 요구되는 돈 · 경영의 방향과 범위 한정
  - ㉣ 경영전략 : 변화하는 환경에 적응하기 위한 경영활동 체계화

③ 경영자의 역할

대인적 역할	정보적 역할	의사결정적 역할
• 조직의 대표자 • 조직의 리더 • 상징자, 지도자	• 외부환경 모니터 • 변화전달 • 정보전달자	• 문제 조정 • 대외적 협상 주도 • 분쟁조정자, 자원배분자, 협상가

(3) 조직체제 구성요소

① **조직목표** ⋯ 전체 조직의 성과, 자원, 시장, 인력개발, 혁신과 변화, 생산성에 대한 목표

② **조직구조** ⋯ 조직 내의 부문 사이에 형성된 관계

③ **조직문화** ⋯ 조직구성원들 간에 공유하는 생활양식이나 가치

④ **규칙 및 규정** ⋯ 조직의 목표나 전략에 따라 수립되어 조직구성원들이 활동범위를 제약하고 일관성을 부여하는 기능

■ 예제 1

주어진 글의 빈칸에 들어갈 말로 가장 적절한 것은?

> 조직이 지속되게 되면 조직구성원들 간 생활양식이나 가치를 공유하게 되는데 이를 조직의 (㉠)라고 한다. 이는 조직구성원들의 사고와 행동에 영향을 미치며 일체감과 정체성을 부여하고 조직이 (㉡)으로 유지되게 한다. 최근 이에 대한 중요성이 부각되면서 긍정적인 방향으로 조성하기 위한 경영층의 노력이 이루어지고 있다.

① ㉠ : 목표, ㉡ : 혁신적   ② ㉠ : 구조, ㉡ : 단계적

③ ㉠ : 문화, ㉡ : 안정적   ④ ㉠ : 규칙, ㉡ : 체계적

[출제의도]
본 문항은 조직체계의 구성요소들의 개념을 묻는 문제이다.
[해설]
조직문화란 조직구성원들 간에 공유하게 되는 생활양식이나 가치를 말한다. 이는 조직구성원들의 사고와 행동에 영향을 미치며 일체감과 정체성을 부여하고 조직이 안정적으로 유지되게 한다.

답 ③

---

(4) 조직변화의 과정

환경변화 인지 → 조직변화 방향 수립 → 조직변화 실행 → 변화결과 평가

(5) 조직과 개인

개인	지식, 기술, 경험 →	조직
	← 연봉, 성과급, 인정, 칭찬, 만족감	

2 조직이해능력을 구성하는 하위능력

(1) 경영이해능력

① 경영 … 경영은 조직의 목적을 달성하기 위한 전략, 관리, 운영활동이다.

 ㉠ 경영의 구성요소 : 경영목적, 인적자원, 자금, 전략

 ㉡ 경영의 과정

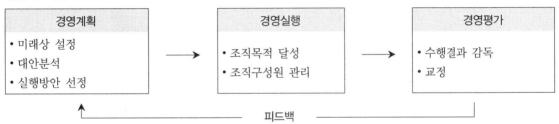

 ㉢ 경영활동 유형

 • 외부경영활동 : 조직외부에서 조직의 효과성을 높이기 위해 이루어지는 활동이다.

 • 내부경영활동 : 조직내부에서 인적, 물적 자원 및 생산기술을 관리하는 것이다.

② 의사결정과정

 ㉠ 의사결정의 과정

 • 확인 단계 : 의사결정이 필요한 문제를 인식한다.

 • 개발 단계 : 확인된 문제에 대하여 해결방안을 모색하는 단계이다.

 • 선택 단계 : 해결방안을 마련하며 실행가능한 해결안을 선택한다.

 ㉡ 집단의사결정의 특징

 • 지식과 정보가 더 많아 효과적인 결정을 할 수 있다.

 • 다양한 견해를 가지고 접근할 수 있다.

 • 결정된 사항에 대하여 의사결정에 참여한 사람들이 해결책을 수월하게 수용하고, 의사소통의 기회도 향상된다.

 • 의견이 불일치하는 경우 의사결정을 내리는데 시간이 많이 소요된다.

• 특정 구성원에 의해 의사결정이 독점될 가능성이 있다.

③ 경영전략

㉠ 경영전략 추진과정

전략목표설정		환경분석		경영전략 도출		경영전략 실행		평가 및 피드백
• 비전 설정 • 미션 설정	→	• 내부환경 분석 • 외부환경 분석 (SWOT 등)	→	• 조직전략 • 사업전략 • 부문전략	→	• 경영목적 달성	→	• 경영전략 결과 평가 • 전략목표 및 경영전략 재조명

㉡ 마이클 포터의 본원적 경쟁전략

		전략적 우위 요소	
		고객들이 인식하는 제품의 특성	원가우위
전략적 목표	산업전체	차별화	원가우위
	산업의 특정부문	집중화	
		(차별화 + 집중화)	(원가우위 + 집중화)

■ 예제 2

다음은 경영전략을 세우는 방법 중 하나인 SWOT에 따른 어느 기업의 분석결과이다. 다음 중 주어진 기업 분석 결과에 대응하는 전략은?

강점(Strength)	• 차별화된 맛과 메뉴 • 폭넓은 네트워크
약점(Weakness)	• 매출의 계절적 변동폭이 큼 • 딱딱한 기업 이미지
기회(Opportunity)	• 소비자의 수요 트랜드 변화 • 가계의 외식 횟수 증가 • 경기회복 가능성
위협(Threat)	• 새로운 경쟁자의 진입 가능성 • 과도한 가계부채

내부환경 외부환경	강점(Strength)	약점(Weakness)
기회 (Opportunity)	① 계절 메뉴 개발을 통한 분기 매출 확보	② 고객의 소비패턴을 반영한 광고를 통한 이미지 쇄신
위협 (Threat)	③ 소비 트렌드 변화를 반영한 시장 세분화 정책	④ 고급화 전략을 통한 매출 확대

답 ②

④ 경영참가제도

　㉠ 목적

　　• 경영의 민주성을 제고할 수 있다.

　　• 공동으로 문제를 해결하고 노사 간의 세력 균형을 이룰 수 있다.

　　• 경영의 효율성을 제고할 수 있다.

　　• 노사 간 상호 신뢰를 증진시킬 수 있다.

　㉡ 유형

　　• 경영참가 : 경영자의 권한인 의사결정과정에 근로자 또는 노동조합이 참여하는 것

　　• 이윤참가 : 조직의 경영성과에 대하여 근로자에게 배분하는 것

　　• 자본참가 : 근로자가 조직 재산의 소유에 참여하는 것

예제 3

다음은 중국의 H사에서 시행하는 경영참가제도에 대한 기사이다. 밑줄 친 이 제도는 무엇인가?

> H사는 '사람' 중심의 수평적 기업문화가 발달했다. H사는 이 제도의 시행을 통해 직원들이 경영에 간접적으로 참여할 수 있게 하였는데 이에 따라 자연스레 기업에 대한 직원들의 책임 의식도 강화됐다. 참여주주는 8만2471명이다. 모두 H사의 임직원이며, 이 중 창립자인 CEO R은 개인 주주로 총 주식의 1.18%의 지분과 퇴직연금으로 주식 총액의 0.21%만을 보유하고 있다.

① 노사협의회제도　　　　　　② 이윤분배제도

③ 종업원지주제도　　　　　　④ 노동주제도

---

(2) 체제이해능력

① **조직목표** … 조직이 달성하려는 장래의 상태

　㉠ 조직목표의 기능

　　• 조직이 존재하는 정당성과 합법성 제공

　　• 조직이 나아갈 방향 제시

　　• 조직구성원 의사결정의 기준

　　• 조직구성원 행동수행의 동기유발

　　• 수행평가 기준

　　• 조직설계의 기준

ⓒ 조직목표의 특징
- 공식적 목표와 실제적 목표가 다를 수 있음
- 다수의 조직목표 추구 가능
- 조직목표 간 위계적 상호관계가 있음
- 가변적 속성
- 조직의 구성요소와 상호관계를 가짐

② 조직구조

ㄱ 조직구조의 결정요인 : 전략, 규모, 기술, 환경

ㄴ 조직구조의 유형과 특징

유형	특징
기계적 조직	• 구성원들의 업무가 분명하게 규정 • 엄격한 상하 간 위계질서 • 다수의 규칙과 규정 존재
유기적 조직	• 비공식적인 상호의사소통 • 급변하는 환경에 적합한 조직

③ 조직문화

ㄱ 조직문화 기능
- 조직구성원들에게 일체감, 정체성 부여
- 조직몰입 향상
- 조직구성원들의 행동지침 : 사회화 및 일탈행동 통제
- 조직의 안정성 유지

ㄴ 조직문화 구성요소(7S) : 공유가치(Shared Value), 리더십 스타일(Style), 구성원(Staff), 제도 · 절차(System), 구조(Structure), 전략(Strategy), 스킬(Skill)

④ 조직 내 집단

ㄱ 공식적 집단 : 조직에서 의식적으로 만든 집단으로 집단의 목표, 임무가 명확하게 규정되어 있다.
> 예 임시위원회, 작업팀 등

ㄴ 비공식적 집단 : 조직구성원들의 요구에 따라 자발적으로 형성된 집단이다.
> 예 스터디모임, 봉사활동 동아리, 각종 친목회 등

(3) 업무이해능력

① 업무 … 업무는 상품이나 서비스를 창출하기 위한 생산적인 활동이다.

　㉠ 업무의 종류

부서	업무(예)
총무부	주주총회 및 이사회개최 관련 업무, 의전 및 비서업무, 집기비품 및 소모품의 구입과 관리, 사무실 임차 및 관리, 차량 및 통신시설의 운영, 국내외 출장 업무 협조, 복리후생 업무, 법률자문과 소송관리, 사내외 홍보 광고업무
인사부	조직기구의 개편 및 조정, 업무분장 및 조정, 인력수급계획 및 관리, 직무 및 정원의 조정 종합, 노사관리, 평가관리, 상벌관리, 인사발령, 교육체계 수립 및 관리, 임금제도, 복리후생제도 및 지원업무, 복무관리, 퇴직관리
기획부	경영계획 및 전략 수립, 전사기획업무 종합 및 조정, 중장기 사업계획의 종합 및 조정, 경영정보 조사 및 기획보고, 경영진단업무, 종합예산수립 및 실적관리, 단기사업계획 종합 및 조정, 사업계획, 손익추정, 실적관리 및 분석
회계부	회계제도의 유지 및 관리, 재무상태 및 경영실적 보고, 결산 관련 업무, 재무제표분석 및 보고, 법인세, 부가가치세, 국세 지방세 업무자문 및 지원, 보험가입 및 보상업무, 고정자산 관련 업무
영업부	판매 계획, 판매예산의 편성, 시장조사, 광고 선전, 견적 및 계약, 제조지시서의 발행, 외상매출금의 청구 및 회수, 제품의 재고 조절, 거래처로부터의 불만처리, 제품의 애프터서비스, 판매원가 및 판매가격의 조사 검토

예제 4

다음은 I기업의 조직도와 팀장님의 지시사항이다. H씨가 팀장님의 심부름을 수행하기 위해 연락해야 할 부서로 옳은 것은?

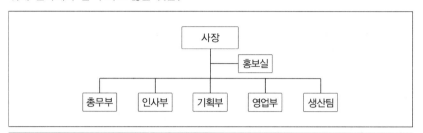

H씨! 내가 지금 너무 바빠서 그러는데 부탁 좀 들어줄래요? 다음 주 중에 사장님 모시고 클라이언트와 만나야 할 일이 있으니까 사장님 일정을 확인해주시구요. 이번 달에 신입사원 교육·훈련계획이 있었던 것 같은데 정확한 시간이랑 날짜를 확인해주세요.

① 총무부, 인사부   ② 총무부, 홍보실
③ 기획부, 총무부   ④ 영업부, 기획부

ⓒ 업무의 특성
  • 공통된 조직의 목적 지향
  • 요구되는 지식, 기술, 도구의 다양성
  • 다른 업무와의 관계, 독립성
  • 업무수행의 자율성, 재량권

② 업무수행 계획
  ㉠ 업무지침 확인 : 조직의 업무지침과 나의 업무지침을 확인한다.
  ㉡ 활용 자원 확인 : 시간, 예산, 기술, 인간관계
  ㉢ 업무수행 시트 작성
  • 간트 차트 : 단계별로 업무의 시작과 끝 시간을 바 형식으로 표현
  • 워크 플로 시트 : 일의 흐름을 동적으로 보여줌
  • 체크리스트 : 수행수준 달성을 자가점검

Point ≫ 간트 차트와 플로 차트

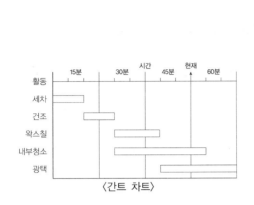

〈간트 차트〉

〈플로 차트〉

예제 5

다음 중 업무수행 시 단계별로 업무를 시작해서 끝나는 데까지 걸리는 시간을 바 형식으로 표시하여 전체 일정 및 단계별로 소요되는 시간과 각 업무활동 사이의 관계를 볼 수 있는 업무수행 시트는?

① 간트 차트
② 워크 플로 차트
③ 체크리스트
④ 퍼트 차트

[출제의도]
업무수행 계획을 수립할 때 간트 차트, 워크 플로 시트, 체크리스트 등의 수단을 이용하면 효과적으로 계획하고 마지막에 급하게 일을 처리하지 않고 주어진 시간 내에 끝마칠 수 있다. 본 문항은 그러한 수단이 되는 차트들의 이해도를 묻는 문항이다.
[해설]
② 일의 절차 처리의 흐름을 표현하기 위해 기호를 써서 도식화한 것
③ 업무를 세부적으로 나누고 각 활동별로 수행수준을 달성했는지를 확인하는 데 효과적
④ 하나의 사업을 수행하는 데 필요한 다수의 세부사업을 단계와 활동으로 세분하여 관련된 계획 공정으로 묶고, 각 활동의 소요시간을 낙관시간, 최가능시간, 비관시간 등 세 가지로 추정하고 이를 평균하여 기대시간을 추정

답 ①

③ 업무 방해요소

㉠ 다른 사람의 방문, 인터넷, 전화, 메신저 등

㉡ 갈등관리

㉢ 스트레스

(4) 국제감각

① 세계화와 국제경영

    ㉠ 세계화 : 3Bs(국경 ; Border, 경계 ; Boundary, 장벽 ; Barrier)가 완화되면서 활동범위가 세계로 확대되는 현상이다.

    ㉡ 국제경영 : 다국적 내지 초국적 기업이 등장하여 범지구적 시스템과 네트워크 안에서 기업 활동이 이루어지는 것이다.

② 이문화 커뮤니케이션 : 서로 상이한 문화 간 커뮤니케이션으로 직업인이 자신의 일을 수행하는 가운데 문화배경을 달리하는 사람과 커뮤니케이션을 하는 것이 이에 해당한다. 이문화 커뮤니케이션은 언어적 커뮤니케이션과 비언어적 커뮤니케이션으로 구분된다.

③ 국제 동향 파악 방법

    ㉠ 관련 분야 해외사이트를 방문해 최신 이슈를 확인한다.

    ㉡ 매일 신문의 국제면을 읽는다.

    ㉢ 업무와 관련된 국제잡지를 정기구독 한다.

    ㉣ 고용노동부, 한국산업인력공단, 산업통상자원부, 중소기업청, 상공회의소, 산업별인적자원개발협의체 등의 사이트를 방문해 국제동향을 확인한다.

    ㉤ 국제학술대회에 참석한다.

    ㉥ 업무와 관련된 주요 용어의 외국어를 알아둔다.

    ㉦ 해외서점 사이트를 방문해 최신 서적 목록과 주요 내용을 파악한다.

    ㉧ 외국인 친구를 사귀고 대화를 자주 나눈다.

④ 대표적인 국제매너

    ㉠ 미국인과 인사할 때에는 눈이나 얼굴을 보는 것이 좋으며 오른손으로 상대방의 오른손을 힘주어 잡았다가 놓아야 한다.

    ㉡ 러시아와 라틴아메리카 사람들은 인사할 때에 포옹을 하는 경우가 있는데 이는 친밀함의 표현이므로 자연스럽게 받아주는 것이 좋다.

    ㉢ 명함은 받으면 꾸기거나 계속 만지지 않고 한 번 보고나서 탁자 위에 보이는 채로 대화하거나 명함집에 넣는다.

    ㉣ 미국인들은 시간 엄수를 중요하게 생각하므로 약속시간에 늦지 않도록 주의한다.

    ㉤ 스프를 먹을 때에는 몸쪽에서 바깥쪽으로 숟가락을 사용한다.

    ㉥ 생선요리는 뒤집어 먹지 않는다.

    ㉦ 빵은 스프를 먹고 난 후부터 디저트를 먹을 때까지 먹는다.

출제예상문제

1 신입사원 교육을 받으러 온 사원들이 회사의 조직도를 보고 나눈 대화이다. 조직도를 바르게 이해한 사원을 모두 고른 것은?

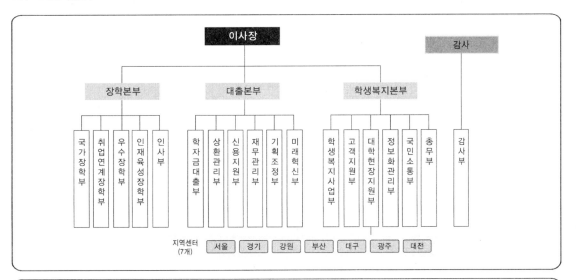

A : 경영지원 업무를 담당하는 부서들이 하나의 본부로 구성되지 않고 각 사업별 본부에 소속되어 있네.
B : 경기지역에서 현장지원을 하게 되면 학생복지에 대한 업무를 맡겠구나.
C : 20부 1실로 이루어져 있네.

① A
② B
③ A, B
④ B, C
⑤ A, B, C

✔해설 인사부, 총무부 등 경영지원 업무 담당 부서가 각각 장학본부, 학생복지본부에 소속되어 있음을 알 수 있다. 대학현장지원부의 지역센터는 학생복지본부 소속이다. 3개의 본부, 17개 부, 1개 실로 이루어져 있다.

Answer 1.③

▮2~4▮ 다음 조직도를 보고 물음에 답하시오.

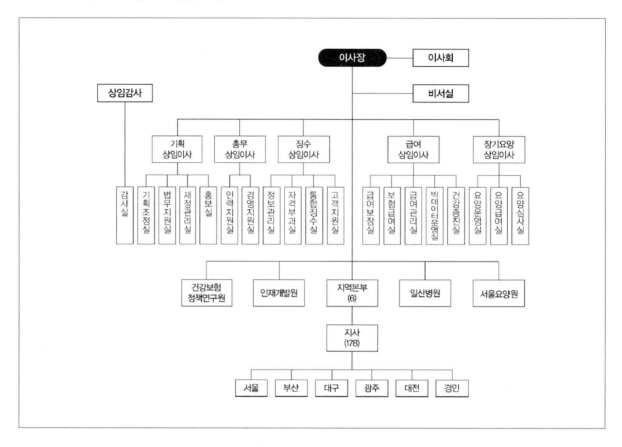

2 위의 조직도에서 알 수 있는 내용이 아닌 것은?

① 지역본부는 총 6개가 있다.

② 급여상임이사는 5개의 실을 이끌고 있다.

③ 감사실은 상임감사에 소속되어 있다.

④ 일산병원은 지역본부에 소속되어 있다.

⑤ 지사는 총 178개가 있다.

✔해설 ④ 일산병원은 이사장 소속이다.

3 다음 업무를 수행하는 부서는 무엇인가?

> • 직원의 복무 및 상벌에 관한 사항
> • 직원의 채용 · 전보 · 승진 · 퇴직 등 임용관리에 관한 사항
> • 직원의 근무평정 및 인사기록의 유지관리에 관한 사항
> • 인사위원회 운영에 관한 사항
> • 단체교섭 및 노무관리에 관한 사항

① 경영지원실   ② 인력지원실

③ 자격부과실   ④ 고객지원실

⑤ 기획조정실

> ✔해설 직원 임용 · 유지에 관한 사무는 대부분 인사부에서 담당하게 되며, 위 조직도에서 인사부에 해당되는 부서는 '인력지원실'이다.

4 다음 중 해당 부서의 업무로 옳지 않은 것은?

① 재정관리실 – 일반회계에 관한 사항

② 통합징수실 – 사회보험료 등의 수납 및 수납정산에 관한 사항

③ 고객지원실 – 민원제도 운영 · 개선에 관한 사항

④ 경영지원실 – 언론 보도내용 분석 및 대응에 관한 사항

⑤ 감사실 – 회사의 감사 업무

> ✔해설 ④는 홍보실의 업무이다.

5 다음 그림과 같은 형태의 조직체계를 유지하고 있는 기업에 대한 설명으로 적절한 것은 어느 것인가?

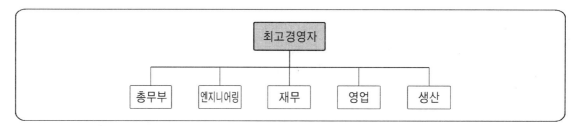

① 다양한 프로젝트를 수행해야 할 필요성이 커짐에 따라 조직 간의 유기적인 협조체제를 구축하였다.
② 의사결정 권한이 분산되어 더욱 전문적인 업무 처리가 가능하다.
③ 각 부서 간 내부 경쟁을 유발할 수 있다.
④ 조직 내 내부 효율성을 확보할 수 있는 조직 구조이다.
⑤ 의사결정까지 시간이 오래 걸리기 때문에 각 부서장의 역할이 매우 중요한 조직 구조이다.

✔ 해설 그림과 같은 조직 구조는 하나의 의사결정권자의 지시와 부서별 업무 분화가 명확해, 전문성은 높아지고 유연성 및 유기성은 떨어지는 조직 구조라고 볼 수 있다. 또한 의사결정권자가 한 명으로 집중되면서 내부 효율성이 확보된다.
① 조직의 유기적인 협조체제가 구축된 구조는 아니다.
② 의사결정 권한이 집중된 조직 구조이다.
③ 유사한 업무를 통한 내부 경쟁을 유발할 수 있는 구조는 사업별 조직구조이다.
⑤ 의사결정권자가 한 명이기 때문에 시간이 오래 걸리지 않는 구조에 해당한다.

6 다음 중 아래 조직도를 보고 잘못 이해한 것은?

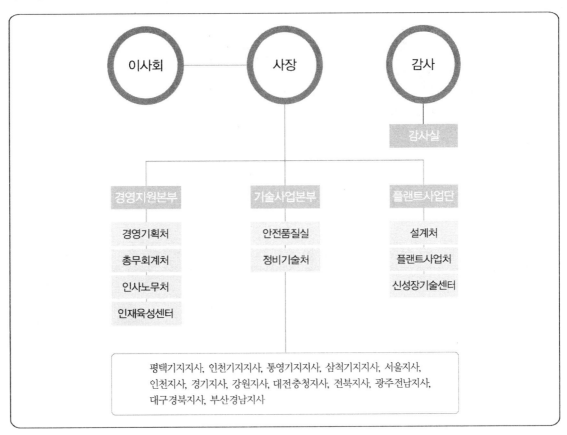

① 이 회사에는 13개의 지사가 존재한다.

② 부사장이 존재하지 않으며, 사장이 모든 본부와 단을 이끌고 있다.

③ 인사노무처와 총무회계처는 각각 다른 본부에 소속되어 있다.

④ 플랜트 사업단은 2개의 처와 1개의 센터를 이끌고 있다.

⑤ 감사와 감사실은 독립된 부서이다.

> ✔해설 ③ 인사노무처와 총무회계처는 같은 본부(경영지원본부)에 소속되어 있다.

7 다음 〈보기〉와 같은 조직문화의 형태와 그 특징에 대한 설명 중 적절한 것만을 모두 고른 것은 어느 것인가?

> 〈보기〉
> ㉠ 위계를 지향하는 조직문화는 조직원 개개인의 능력과 개성을 존중한다.
> ㉡ 과업을 지향하는 조직문화는 업무 수행의 효율성을 강조한다.
> ㉢ 혁신을 지향하는 조직문화는 조직의 유연성과 외부 환경에의 적응에 초점을 둔다.
> ㉣ 관계를 지향하는 조직문화는 구성원들의 상호 신뢰와 인화 단결을 중요시한다.

① ㉡, ㉢, ㉣   ② ㉠, ㉢, ㉣

③ ㉠, ㉡, ㉣   ④ ㉠, ㉡, ㉢

⑤ ㉠, ㉡, ㉢, ㉣

> ✔해설 위계를 강조하는 조직문화 하에서는 조직 내부의 안정적이고 지속적인 통합, 조정을 바탕으로 일사불란한 조직 운영의 효율성을 추구하게 되는 특징이 있다. 조직원 개개인의 능력과 개성을 존중하는 모습은 혁신과 관계를 지향하는 조직문화에서 찾아볼 수 있는 특징이다.

8 다음과 같은 팀장의 지시 사항을 수행하기 위하여 업무협조를 구해야 할 조직의 명칭이 순서대로 올바르게 나열된 것은 어느 것인가?

> 다들 사장님 보고 자료 때문에 정신이 없는 모양인데 이건 자네가 좀 처리해줘야겠군. 다음 주에 있을 기자단 간담회 자료가 필요한데 옆 부서 박 부장한테 말해 두었으니 오전 중에 좀 가져다주게나. 그리고 내일 사장님께서 보고 직전에 외부에서 오신다던데 어디서 오시는 건지 일정 좀 확인해서 알려주고, 이틀 전 퇴사한 엄 차장 퇴직금 처리가 언제 마무리 될지도 알아봐 주게나. 아, 그리고 말이야, 자네는 아직 사원증이 발급되지 않았나? 확인해 보고 얼른 요청해서 걸고 다니게.

① 기획실, 경영관리실, 총무부, 비서실

② 영업2팀, 홍보실, 회계팀, 물류팀

③ 총무부, 구매부, 비서실, 인사부

④ 경영관리실, 회계팀, 기획실, 총무부

⑤ 홍보실, 비서실, 인사부, 총무부

> ✔해설 일반적으로 기자들을 상대하는 업무는 홍보실, 사장의 동선 및 일정 관리는 비서실, 퇴직 및 퇴직금 관련 업무는 인사부, 사원증 제작은 총무부에서 관장하는 업무로 분류된다.

9 다음은 기업용 소프트웨어를 개발·판매하는 A기업의 조직도와 사내 업무협조전이다. 주어진 업무협조전의 발신부서와 수신부서로 가장 적절한 것은?

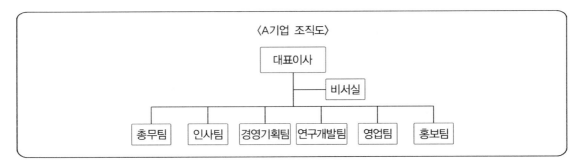

〈A기업 조직도〉

대표이사
비서실

총무팀　인사팀　경영기획팀　연구개발팀　영업팀　홍보팀

업무협조전

제목 : 콘텐츠 개발에 따른 적극적 영업 마케팅 협조
내용 :

2014년 경영기획팀의 요청으로 저희 팀에서 제작하기 시작한 업무매니저 "한방에" 소프트웨어가 모두 제작 완료되었습니다. 하여 해당 소프트웨어 5종에 관한 적극적인 마케팅을 부탁드립니다.

"한방에"는 거래처관리 소프트웨어, 직원/급여관리 소프트웨어, 매입/매출관리 소프트웨어, 증명서 발급 관리 소프트웨어, 거래/견적/세금관리 소프트웨어로 각 분야별 영업을 진행하시면 될 것 같습니다.

특히나 직원/급여관리 소프트웨어는 회사 직원과 급여를 통합적으로 관리할 수 있는 프로그램으로 중소기업에서도 보편적으로 이용할 수 있도록 설계되어 있기 때문에 적극적인 영업 마케팅이 더해졌을 때 큰 이익을 낼 수 있을 거라 예상됩니다.

해당 5개의 프로그램의 이용 매뉴얼과 설명서를 첨부해드리오니 담당자분들께서는 이를 숙지하시고 판매에 효율성을 가지시기 바랍니다.

첨부 : 업무매니저 "한방에" 매뉴얼 및 설명서

	발신	수신		발신	수신
①	경영기획팀	홍보팀	②	연구개발팀	영업팀
③	총무팀	인사팀	④	영업팀	연구개발팀
⑤	총무팀	홍보팀			

✔ **해설** 발신부서는 소프트웨어를 제작하는 팀이므로 연구개발팀이고, 발신부서는 수신부서에게 신제품 개발에 대한 대략적인 내용과 함께 영업 마케팅에 대한 당부를 하고 있으므로 수신부서는 영업팀이 가장 적절하다.

┃10~11┃ 다음은 어느 회사의 사내 복지 제도와 지원내역에 관한 자료이다. 물음에 답하시오.

<2020년 사내 복지 제도>

주택 지원
주택구입자금 대출
전보자 및 독신자를 위한 합숙소 운영

자녀학자금 지원
중고생 전액지원, 대학생 무이자융자

경조사 지원
사내근로복지기금을 운영하여 각종 경조금 지원

기타
사내 동호회 활동비 지원
상병 휴가, 휴직, 4대보험 지원
생일 축하금(상품권 지급)

<2020년 1/4분기 지원 내역>

이름	부서	직위	내역	금액(만 원)
엄영식	총무팀	차장	주택구입자금 대출	–
이수연	전산팀	사원	본인 결혼	10
임효진	인사팀	대리	독신자 합숙소 지원	–
김영태	영업팀	과장	휴직(병가)	–
김원식	편집팀	부장	대학생 학자금 무이자융자	–
심민지	홍보팀	대리	부친상	10
이영호	행정팀	대리	사내 동호회 활동비 지원	10
류민호	자원팀	사원	생일(상품권 지급)	5
백성미	디자인팀	과장	중학생 학자금 전액지원	100
채준민	재무팀	인턴	사내 동호회 활동비 지원	10

10 인사팀에 근무하고 있는 사원 B씨는 2020년 1분기에 지원을 받은 사원들을 정리했다. 다음 중 분류가 잘못된 사원은?

구분	이름
주택 지원	엄영식, 임효진
자녀학자금 지원	김원식, 백성미
경조사 지원	이수연, 심민지, 김영태
기타	이영호, 류민호, 채준민

① 엄영식   ② 김원식

③ 심민지   ④ 김영태

⑤ 류민호

✔해설 김영태는 병가로 인한 휴직이므로 '기타'에 속해야 한다.

11 사원 B씨는 위의 복지제도와 지원 내역을 바탕으로 2분기에도 사원들을 지원하려고 한다. 지원한 내용으로 옳지 않은 것은?

① 엄영식 차장이 장모상을 당하셔서 경조금 10만 원을 지원하였다.

② 심민지 대리가 동호회에 참여하게 되어서 활동비 10만 원을 지원하였다.

③ 이수연 사원의 생일이라서 현금 5만 원을 지원하였다.

④ 류민호 사원이 결혼을 해서 10만 원을 지원하였다.

⑤ 김영태 과장의 자녀가 중학교에 입학하여 학자금 전액을 지원하였다.

✔해설 ③ 생일인 경우에는 상품권 5만 원을 지원한다.

▌12~13 ▌ 다음 설명을 읽고 분석 결과에 대응하는 가장 적절한 전략을 고르시오.

SWOT분석이란 기업의 환경 분석을 통해 마케팅 전략을 수립하는 기법이다. 조직 내부 환경으로는 조직이 우위를 점할 수 있는 강점(Strength), 조직의 효과적인 성과를 방해하는 자원·기술·능력면에서의 약점(Weakness), 조직 외부 환경으로는 조직 활동에 이점을 주는 기회(Opportunity), 조직 활동에 불이익을 미치는 위협(Threat)으로 구분된다.

※ SWOT분석에 의한 마케팅 전략

    ㉠ SO전략(강점-기회전략) : 시장의 기회를 활용하기 위해 강점을 사용하는 전략
    ㉡ ST전략(강점-위협전략) : 시장의 위협을 회피하기 위해 강점을 사용하는 전략
    ㉢ WO전략(약점-기회전략) : 약점을 극복함으로 시장의 기회를 활용하려는 전략
    ㉣ WT전략(약점-위협전략) : 시장의 위협을 회피하고 약점을 최소화하는 전략

12 아래 환경 분석결과에 대응하는 가장 적절한 전략은 어느 것인가?

강점(Strength)	• 핵심 정비기술 보유 • 고객과의 우호적인 관계 구축
약점(Weakness)	• 품질관리 시스템 미흡 • 관행적 사고 및 경쟁기피
기회(Opportunity)	• 고품질 정비서비스 요구 확대 • 해외시장 사업 기회 지속 발생
위협(Threat)	• 정비시장 경쟁 심화 • 미래 선도 산업 변화 전망 • 차별화된 고객서비스 요구 지속 확대

내부환경 / 외부환경	강점(Strength)	약점(Weakness)
기회(Opportunity)	① 교육을 통한 조직문화 체질 개선 대책 마련	② 산업 변화에 부응하는 정비기술력 개발 ③ 해외시장 발굴을 통한 국내 경쟁 돌파구 마련
위협(Threat)	④ 직원들의 마인드 개선을 통해 고객과의 신뢰체제 유지 및 확대	⑤ 품질관리 강화를 통한 고객만족도 제고

✔해설 미흡한 품질관리 시스템을 보완하여 약점을 최소화하고 고객서비스에 부응하는 전략이므로 적절한 WT전략이라고 볼 수 있다.
    ① 교육을 통한 조직문화 체질 개선 대책 마련(W)
    ② 산업 변화(T)에 부응하는 정비기술력 개발(S) - ST전략
    ③ 해외시장 발굴(O)을 통한 국내 경쟁 돌파구 마련(T)
    ④ 직원들의 마인드 개선(W)을 통해 고객과의 신뢰체제 유지 및 확대(S)

13 전기차 배터리 제조업체가 실시한 아래 환경 분석결과에 대응하는 전략을 적절하게 분석한 것은 어느 것인가?

강점(Strength)	• 전기차용 전지의 경쟁력 및 인프라 확보 • 연구개발 비용 확보
약점(Weakness)	• 핵심, 원천기술의 미비 • 높은 국외 생산 의존도로 환율변동에 민감
기회(Opportunity)	• 고유가 시대, 환경규제 강화에 따른 개발 필요성 증대 • 새로운 시장 진입에서의 공평한 경쟁
위협(Threat)	• 선진업체의 시장 진입 시도 강화 • 전기차 시장의 불확실성 • 소재가격 상승

내부환경 외부환경	강점(Strength)	약점(Weakness)
기회(Opportunity)	① 충분한 개발비용을 이용해 경쟁력 있는 소재 개발	② 환경오염을 우려하는 시대적 분위기에 맞춰 전기차 시장 활성화를 위한 홍보 강화
위협(Threat)	③ 새롭게 진입할 선진업체와의 합작을 통해 원천기술 확보 ④ 충전소 건설 및 개인용 충전기 보급을 통해 시장 개척	⑤ 저개발 지역에 구축한 자사의 설비 인프라를 활용하여 생산기지 국내 이전 시도

✔해설 충전소 건설 및 개인용 충전기 보급은 결국 자사가 확보한 전기차용 전지의 경쟁력(S)을 바탕으로 수행할 수 있는 일일 것이며, 이를 통해 시장을 개척하는 것은 불확실한 시장성(T)을 스스로 극복할 수 있는 적절한 전략이 될 것이다.
① 충분한 개발비용(S)을 이용해 경쟁력 있는 소재 개발(T) – ST전략
② 환경오염을 우려하는 시대적 분위기(O)에 맞춰 전기차 시장 활성화를 위한 홍보 강화(T)
③ 새롭게 진입할 선진업체(T)와의 합작을 통해 원천기술 확보(W) – WT전략
⑤ 저개발 지역에 구축한 자사의 설비 인프라를 활용(S)하여 생산기지 국내 이전(W) 시도

14 다음 중 SWOT 분석기법에 대한 올바른 설명이 아닌 것은 어느 것인가?

① 외부 환경요인은 좋은 쪽으로 작용하는 것을 기회로, 나쁜 쪽으로 작용하는 것을 약점으로 분류하는 것이다.

② 내부 환경을 분석할 때에는 경쟁자와 비교하여 나의 강점과 약점을 분석해야 한다.

③ 외부의 환경요인을 분석할 때에는, 동일한 data라도 자신에게 긍정적으로 전개되면 기회로, 부정적으로 전개되면 위협으로 분류한다.

④ 내부 환경을 분석할 때에는 보유하고 있거나, 동원 가능하거나, 활용 가능한 자원이 강·약점의 내용이 된다.

⑤ 외부환경을 분석할 경우, 언론매체, 개인 정보망 등을 통하여 입수한 상식적인 세상의 변화 내용을 시작으로 당사자에게 미치는 영향을 순서대로, 점차 구체화해 나가야 한다.

✔ 해설 외부 환경요인은 좋은 쪽으로 작용하는 것을 '기회', 나쁜 쪽으로 작용하는 것을 '위협 요인'으로 분류한다. 약점과 위협요인은 단순히 내·외부의 요인 차이라는 점을 넘어, 약점은 경쟁자와 나와의 관계에 있어서 상대적으로 평가할 수 있는 부정적인 요인인 반면, 대외적 위협요인은 나뿐만 아닌 경쟁자에게도 동일하게 영향을 미치는 부정적인 요인을 의미한다. 예를 들어, 우리 회사의 취약한 구조나 경험 있는 인력의 부족 등은 나에게만 해당되는 약점으로 보아야 하나, 환율 변동에 따른 환차손 증가, 경제 불황 등의 요인은 경쟁자에게도 해당되는 외부의 위협요인으로 볼 수 있다.

〈결재규정〉

• 결재를 받으려는 업무에 대해서는 대표이사를 포함한 이하 직책자의 결재를 받아야 한다.

• '전결'은 회사의 경영·관리 활동에 있어서 대표이사의 결재를 생략하고, 자신의 책임 하에 최종적으로 결정하는 행위를 말한다.

• 전결사항에 대해서도 위임 받은 자를 포함한 이하 직책자의 결재를 받아야 한다.

• 표시내용 : 결재를 올리는 자는 대표이사로부터 전결 사항을 위임 받은 자가 있는 경우 결재란에 전결이라고 표시하고 최종결재란에 위임받은 자를 표시한다. 다만, 결재가 불필요한 직책자의 결재란은 상향대각선으로 표시한다.

• 대표이사의 결재사항 및 대표이사로부터 위임된 전결사항은 아래의 표에 따른다.

구분	내용	금액기준	결재서류	팀장	부장	대표이사
접대비	거래처 식대, 경조사비 등	20만 원 이하	접대비지출품의서 지출결의서	● ■		
		30만 원 이하			● ■	
		30만 원 초과				● ■
교통비	국내 출장비	30만 원 이하	출장계획서 출장비신청서	● ■		
		50만 원 이하		●	■	
		50만 원 초과		●		■
	해외 출장비			●		■
교육비	사내·외 교육		기안서 지출결의서	●		■

※ ● : 기안서, 출장계획서, 접대비지출품의서

※ ■ : 지출결의서, 각종신청서

15 영업부 사원 甲씨는 부산출장으로 450,000원을 지출했다. 甲씨가 작성한 결재 양식으로 옳은 것은?

①
출장계획서				
결재	담당	팀장	부장	최종결재
	甲	/	/	팀장

②
출장계획서				
결재	담당	팀장	부장	최종결재
	甲	전결	/	팀장

③
출장비신청서				
결재	담당	팀장	부장	최종결재
	甲		/	

④
출장비신청서				
결재	담당	팀장	부장	최종결재
	甲			대표이사

⑤
출장비신청서				
결재	담당	팀장	부장	최종결재
	甲	전결	/	팀장

> **✔ 해설** 국내 출장비 50만 원 이하인 경우 출장계획서는 팀장 전결, 출장비신청서는 부장 전결이므로 사원 甲씨가 작성해야 하는 결재 양식은 다음과 같다.

출장계획서				
결재	담당	팀장	부장	최종결재
	甲	전결	/	팀장

출장비신청서				
결재	담당	팀장	부장	최종결재
	甲		전결	부장

16 기획팀 사원 乙씨는 같은 팀 사원 丙씨의 부친상 부의금 500,000원을 회사 명의로 지급하기로 했다. 乙씨가 작성한 결재 양식으로 옳은 것은?

①
접대비지출품의서				
결재	담당	팀장	부장	최종결재
	乙		전결	부장

②
접대비지출품의서				
결재	담당	팀장	부장	최종결재
	乙	전결	/	팀장

③
접대비지출품의서				
결재	담당	팀장	부장	최종결재
	乙			대표이사

④
지출결의서				
결재	담당	팀장	부장	최종결재
	乙		전결	부장

⑤
지출결의서				
결재	담당	팀장	부장	최종결재
	乙	전결	/	팀장

부의금은 접대비에 해당하는 경조사비이다. 30만 원이 초과되는 접대비는 접대비지출품의서, 지출결의서 모두 대표이사 결재사항이다. 따라서 사원 乙씨가 작성해야 하는 결재 양식은 다음과 같다.

접대비지출품의서				
결재	담당	팀장	부장	최종결재
	乙			대표이사

지출품의서				
결재	담당	팀장	부장	최종결재
	乙			대표이사

17 민원실 사원 丁씨는 외부 교육업체로부터 1회에 5만 원씩 총 10회에 걸쳐 진행되는 「전화상담 역량교육」을 담당하게 되었다. 丁씨가 작성한 결재 양식으로 옳은 것은?

①
지출결의서				
결재	담당	팀장	부장	최종결재
	丁	전결	/	팀장

②
지출결의서				
결재	담당	팀장	부장	최종결재
	丁			부장

③
기안서				
결재	담당	팀장	부장	최종결재
	丁			대표이사

④
기안서				
결재	담당	팀장	부장	최종결재
	丁	전결	/	팀장

⑤
기안서				
결재	담당	팀장	부장	최종결재
	丁		전결	부장

교육비의 결재서류는 금액에 상관없이 기안서는 팀장 전결, 지출결의서는 대표이사 결재사항이므로 丁씨가 작성해야 하는 결재 양식은 다음과 같다.

기안서				
결재	담당	팀장	부장	최종결재
	丁	전결	/	팀장

지출결의서				
결재	담당	팀장	부장	최종결재
	丁			대표이사

Answer 15.② 16.③ 17.④

18 다음 기사를 읽고 밑줄 친 부분과 관련한 내용으로 가장 거리가 먼 것은?

> 최근 포항·경주 등 경북지역 기업들에 정부의 일학습병행제가 본격 추진되면서 큰 관심을 보이고 있는 가운데, 포스코 외주파트너사인 (주)세영기업이 지난 17일 직무개발훈련장의 개소식을 열고 첫 발걸음을 내디었다. 청년층의 실업난 해소와 고용 창출의 해법으로 정부가 시행하는 일학습병행제는 기업이 청년 취업희망자를 채용해 이론 및 실무교육을 실시한 뒤 정부로부터 보조금을 지원받을 수 있는 제도로, (주)세영기업은 최근 한국산업인력공단 포항지사와 함께 취업희망자를 선발했고 오는 8월 1일부터 본격적인 실무교육에 나설 전망이다.
>
> (주)세영기업 대표이사는 "사업 전 신입사원 <u>OJT</u>는 단기간 수료해 현장 배치 및 직무수행을 하면서 직무능력수준 및 조직적응력 저하, 안전사고 발생위험 등 여러 가지 문제가 있었다"며 "이번 사업을 통해 2~3년 소요되던 직무능력을 1년 만에 갖출 수 있어 생산성 향상과 조직만족도가 향상될 것"이라고 밝혔다.

① 전사적인 교육훈련이 아닌 통상적으로 각 부서의 장이 주관하여 업무에 관련된 계획 및 집행의 책임을 지는 일종의 부서 내 교육훈련이다.

② 교육훈련에 대한 내용 및 수준에 있어서의 통일성을 기하기 어렵다.

③ 상사 또는 동료 간 이해 및 협조정신 등을 높일 수 있다.

④ 다수의 종업원을 훈련하는 데에 있어 가장 적절한 훈련기법이다.

⑤ 지도자의 높은 자질이 요구된다.

✔ **해설** OJT(On the Job Training ; 사내교육훈련)는 다수의 종업원을 훈련하는 데에 있어 부적절하다.

19 다음 ㉠~㉡ 중 조직 경영에 필요한 요소에 대한 설명을 모두 고른 것은 어느 것인가?

㉠ 조직의 목적 달성을 위해 경영자가 수립하는 것으로 보다 구체적인 방법과 과정이 담겨있다.
㉡ 조직에서 일하는 구성원으로, 경영은 이들의 직무수행에 기초하여 이루어지기 때문에 이들의 배치 및 활용이 중요하다.
㉢ 생산자가 상품 또는 서비스를 소비자에게 유통시키는 데 관련된 모든 체계적 경영활동이다.
㉣ 특정의 경제적 실체에 관해 이해관계에 있는 사람들에게 합리적이고 경제적인 의사결정을 하는 데 있어 유용한 재무적 정보를 제공하기 위한 것으로, 이러한 일련의 과정 또는 체계를 뜻한다.
㉤ 경영을 하는 데 사용할 수 있는 돈으로 이것이 충분히 확보되는 정도에 따라 경영의 방향과 범위가 정해지게 된다.
㉥ 조직이 변화하는 환경에 적응하기 위하여 경영활동을 체계화하는 것으로 목표달성을 위한 수단이다.

① ㉠, ㉢, ㉤
② ㉡, ㉢, ㉣
③ ㉠, ㉢, ㉣, ㉥
④ ㉠, ㉡, ㉢, ㉣
⑤ ㉠, ㉡, ㉤, ㉥

✔해설 조직 경영에 필요한 4대 요소는 경영목적, 인적자원, 자금, 경영전략이다.
㉠ 경영목적, ㉡ 인적자원, ㉤ 자금, ㉥ 경영전략
㉢은 마케팅에 관한 설명이며, ㉣은 회계 관리를 설명하고 있다.

20 다음 글의 '직무순환제'와 연관성의 높은 설명에 해당하는 것은?

> 경북 포항시에 본사를 둔 대기환경관리 전문업체 (주)에어릭스는 직원들의 업무능력을 배양하고 유기적인 조직운영을 위해 '직무순환제'를 실시하고 있다. 에어릭스의 직무순환제는 대기환경설비의 생산, 정비, 설계, 영업 파트에 속한 직원들이 일정 기간 해당 업무를 익힌 후 다른 부서로 이동해 또 다른 업무를 직접 경험해볼 수 있도록 하는 제도이다. 직무순환제를 통해 젊은 직원들은 다양한 업무를 거치면서 개개인의 역량을 쌓을 수 있을 뿐 아니라 풍부한 현장 경험을 축적한다. 특히 대기환경설비 등 플랜트 사업은 설계, 구매·조달, 시공 등 모든 파트의 유기적인 운영이 중요하다. 에어릭스의 경우에도 현장에서 실시하는 환경진단과 설비 운영 및 정비 등의 경험을 쌓은 직원이 효율적으로 집진기를 설계하며 생생한 현장 노하우가 영업에서의 성과로 이어진다. 또한 직무순환제를 통해 다른 부서의 업무를 실질적으로 이해함으로써 각 부서 간 활발한 소통과 협업을 이루고 있다.

① 직무순환을 실시함으로써 구성원들의 노동에 대한 싫증 및 소외감을 더 많이 느끼게 될 것이다.
② 직무순환을 실시할 경우 구성원 자신이 조직의 구성원으로써 가치 있는 존재로 인식을 하게끔 하는 역할을 수행한다.
③ 구성원들을 승진시키기 전 단계에서 실시하는 하나의 단계적인 교육훈련방법으로 파악하기 어렵다.
④ 직무순환은 조직변동에 따른 부서 간의 과부족 인원의 조정 또는 사원 개개인의 사정에 의한 구제를 하지 않기 위함이다.
⑤ 직무순환은 장기적 관점보다는 단기적 관점에서 검토하여야 한다.

> ✔ **해설** 직무순환은 종업원들의 여러 업무에 대한 능력개발 및 단일직무로 인한 나태함을 줄이기 위한 것에 그 의미가 있으며, 여러 가지 다양한 업무를 경험함으로써 종업원에게도 어떠한 성장할 수 있는 기회를 제공한다. 따라서 인사와 교육의 측면에서 장기적 관점으로 검토해야 한다.

21 업무를 수행할 때는 업무지침과 활용자원을 확인하여 구체적인 업무수행 계획을 수립하게 된다. 이러한 업무수행을 계획하는 다음과 같은 형식의 자료를 지칭하는 이름은 어느 것인가?

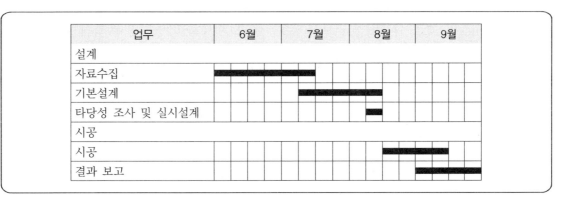

업무	6월		7월		8월		9월	
설계								
자료수집	■■■■■■							
기본설계			■■■■					
타당성 조사 및 실시설계					■			
시공								
시공					■■■			
결과 보고						■■■■		

① 워크 플로 시트(work flow sheet)

② 간트 차트(Gantt chart)

③ 체크리스트(check list)

④ 대차대조표

⑤ 타당성 조사표

> **해설** 간트 차트는 미국의 간트(Henry Laurence Gantt)가 1919년에 창안한 작업진도 도표로, 단계별로 업무를 시작해서 끝나는 데 걸리는 시간을 바(bar) 형식으로 표시할한 것이다. 이는 전체 일정을 한눈에 볼 수 있고, 단계별로 소요되는 시간과 각 업무활동 사이의 관계를 보여줄 수 있다.
> 워크플로 시트는 일의 흐름을 동적으로 보여주는 데 효과적이다. 특히 워크플로 시트에 사용하는 도형을 다르게 표현함으로써 주된 작업과 부차적인 작업, 혼자 처리할 수 있는 일과 다른 사람의 협조를 필요로 하는 일, 주의해야 할 일, 컴퓨터와 같은 도구를 사용해서 할 일 등을 구분해서 표현할 수 있다.

22 '조직몰입'에 대한 다음 설명을 참고할 때, 조직몰입의 유형에 대한 설명으로 적절하지 않은 것은 어느 것인가?

> 몰입이라는 용어는 사회학에서 주로 다루어져 왔는데 사전적 의미에서 몰입이란 "감성적 또는 지성적으로 특정의 행위과정에서 빠지는 것"이므로 몰입은 타인, 집단, 조직과의 관계를 포함하며, 조직몰입은 종업원이 자신이 속한 조직에 대해 얼마만큼의 열정을 가지고 몰두하느냐 하는 정도를 가리키는 개념이다. 즉, 조직에 대한 충성 동일화 및 참여의 견지에서 조직구성원이 가지는 조직에 대한 성향을 의미한다. 또한 조직몰입은 조직의 목표와 가치에 대한 강한 신념과 조직을 위해 상당한 노력을 하고자 하는 의지 및 조직의 구성원으로 남기를 바라는 강한 욕구를 의미하기도 한다. 최근에는 직무만족보다 성과나 이직 등의 조직현상에 대한 설명력이 높다는 관점에서 조직에 대한 조직구성원의 태도를 나타내는 조직몰입은 많은 연구의 관심사가 되고 있다.

① '도덕적 몰입'은 비영리적 조직에서 찾아볼 수 있는 조직몰입 형태이다.

② 조직과 구성원 간의 관계가 타산적이고 합리적일 때의 유형은 '계산적 몰입'에 해당된다.

③ 조직과 구성원 간의 관계가 부정적, 착취적 상태인 몰입의 유형은 '소외적 몰입'에 해당된다.

④ '도덕적 몰입'은 몰입의 정도가 가장 낮다고 할 수 있다.

⑤ '계산적 몰입'은 공인적 조직에서 찾아볼 수 있으며 단순한 참여와 근속만을 의미한다.

✔ **해설**
- 도덕적 몰입 : 비영리적 조직에서 찾아볼 수 있는 조직몰입 형태로 도덕적이며 규범적 동기에서 조직에 참가하는 것으로 조직몰입의 강도가 제일 높으며 가장 긍정적 조직으로의 지향을 나타낸다.
- 계산적 몰입 : 조직과 구성원 간의 관계가 타산적이고 합리적일 때의 유형으로 몰입의 정도는 중간 정도를 보이게 되며, 몰입 방향은 긍정적 혹은 부정적 방향으로 나타날 수 있다. 이러한 몰입은 공인적 조직에서 찾아볼 수 있으며 단순한 참여와 근속만을 의미한다.
- 소외적 몰입 : 주로 교도소, 포로수용소 등 착취적인 관계에서 볼 수 있는 것으로 조직과 구성원 간의 관계가 부정적 상태인 몰입이다. 절대 보장하며 침해할 수 없다.

23 다음의 내용을 보고 밑줄 친 부분에 대한 특성으로 옳지 않은 것은?

> 롯데홈쇼핑은 14일 서울 양평동 본사에서 한국투명성기구와 '윤리경영 세미나'를 개최했다고 15일 밝혔다. 롯데홈쇼핑은 지난 8월 국내 민간기업 최초로 한국투명성기구와 '청렴경영 협약'을 맺고 롯데홈쇼핑의 반부패 청렴 시스템 구축, 청렴도 향상·윤리경영 문화 정착을 위한 교육, 경영 투명성과 윤리성 확보를 위한 활동 등을 함께 추진하기도 했다.
>
> 이번 '윤리강령 세미나'에서는 문형구 고려대학교 경영학과 교수가 '윤리경영의 원칙과 필요성'을, 강성구 한국투명성기구 상임정책위원이 '사례를 통해 본 윤리경영의 방향'을 주제로 강의를 진행했다. 문형구 교수는 윤리경영을 통해 혁신이 이뤄지고 기업의 재무성과가 높아진 실제 연구사례를 들며 윤리경영의 필요성에 대해 강조했으며, "롯데홈쇼핑이 잘못된 관행을 타파하고 올바르게 사업을 진행해 나가 윤리적으로 모범이 되는 기업으로 거듭나길 바란다"고 말했다. 또 강성구 상임정책위원은 윤리적인 기업으로 꼽히는 '존슨 앤 존슨'과 '유한킴벌리'의 경영 사례를 자세히 설명하고 "윤리경영을 위해 기업의 운영과정을 투명하게 공개하는 것이 중요하다"고 강조했다. 강연을 마친 후에는 개인 비리를 막을 수 있는 조직의 대응방안 등 윤리적인 기업으로 거듭나는 방법에 대한 질의응답이 이어졌다. 임삼진 롯데홈쇼핑 CSR동반성장위원장은 "투명하고 공정한 기업으로 거듭나기 위한 방법에 대해 늘 고민하고 있다'며, "강연을 통해 얻은 내용들을 내부적으로 잘 반영해 진정성 있는 변화의 모습을 보여 드리겠다"고 말했다.

① 윤리경영은 경영상의 관리지침이다.
② 윤리경영은 경영활동의 규범을 제시해준다.
③ 윤리경영은 응용윤리이다.
④ 윤리경영은 경영의사결정의 도덕적 가치기준이다.
⑤ 윤리경영은 투명하고 공정하며 합리적인 업무 수행을 추구한다.

> ✔ **해설** 윤리경영의 특징
> ㉠ 윤리경영은 경영활동의 옳고 그름에 대한 판단 기준이다.
> ㉡ 윤리경영은 경영활동의 규범을 제시해준다.
> ㉢ 윤리경영은 경영의사결정의 도덕적 가치기준이다.
> ㉣ 윤리경영은 응용윤리이다.

Answer 22.④ 23.①

24 다음의 빈칸에 들어갈 말을 순서대로 나열한 것은?

> 조직의 (㉠)은/는 조직 내의 부문 사이에 형성된 관계로 조직목표를 달성하기 위한 조직구성원들의 상호작용을 보여준다. 이는 결정권의 집중정도, 명령계통, 최고경영자의 통제, 규칙과 규제의 정도에 따라 달라지며 구성원들의 업무나 권한이 분명하게 정의된 기계적 조직과 의사결정권이 하부구성원들에게 많이 위임되고 업무가 고정적이지 않은 유기적 조직으로 구분될 수 있다. (㉡)은/는 이를 쉽게 파악할 수 있고 구성원들의 임무, 수행하는 과업, 일하는 장소 등을 파악하는데 용이하다.
> 한편 조직이 지속되게 되면 조직구성원들 간 생활양식이나 가치를 공유하게 되는데 이를 조직의 (㉢)라고 한다. 이는 조직구성원들의 사고와 행동에 영향을 미치며 일체감과 정체성을 부여하고 조직이 (㉣)으로 유지되게 한다. 최근 이에 대한 중요성이 부각되면서 긍정적인 방향으로 조성하기 위한 경영층의 노력이 이루어지고 있다.

	㉠	㉡	㉢	㉣
①	구조	조직도	문화	안정적
②	목표	비전	규정	체계적
③	미션	핵심가치	구조	혁신적
④	직급	규정	비전	단계적
⑤	문화	회사내규	핵심가치	협력적

✔ **해설** 조직체제 구성요소
　㉠ **조직목표** : 조직이 달성하려는 장래의 상태로 조직이 존재하는 정당성과 합법성을 제공한다. 전체 조직의 성과, 자원, 시장, 인력개발, 혁신과 변화, 생산성에 대한 목표가 포함된다.
　㉡ **조직구조** : 조직 내의 부문 사이에 형성된 관계로 조직목표를 달성하기 위한 조직구성원들의 상호작용을 보여준다. 조직구조는 결정권의 집중정도, 명령계통, 최고경영자의 통제, 규칙과 규제의 정도에 따라 달라지며 구성원들의 업무나 권한이 분명하게 정의된 기계적 조직과 의사결정권이 하부구성원들에게 많이 위임되고 업무가 고정적이지 않은 유기적 조직으로 구분될 수 있다. 조직의 구성은 조직도를 통해 쉽게 파악할 수 있는데, 이는 구성원들의 임무, 수행하는 과업, 일하는 장소 등을 파악하는데 용이하다.
　㉢ **조직문화** : 조직이 지속되게 되면서 조직구성원들 간에 공유되는 생활양식이나 가치로 조직구성원들의 사고와 행동에 영향을 미치며 일체감과 정체성을 부여하고 조직이 안정적으로 유지되게 한다. 최근 조직문화에 대한 중요성이 부각되면서 긍정적인 방향으로 조성하기 위한 경영층의 노력이 이루어지고 있다.
　㉣ **조직의 규칙과 규정** : 조직의 목표나 전략에 따라 수립되어 조직구성원들의 활동범위를 제약하고 일관성을 부여하는 기능을 하는 것으로 인사규정, 총무규정, 회계규정 등이 있다. 특히 조직이 구성원들의 행동을 관리하기 위하여 규칙이나 절차에 의존하고 있는 공식화 정도에 따라 조직의 구조가 결정되기도 한다.

25 다음 〈보기〉에 제시되고 있는 활동들은 기업 경영에 필요한 전략을 설명하고 있다. 설명된 전략들에 해당하는 것은 어느 것인가?

〈보기〉

• 모든 고객을 만족시킬 수는 없다는 것과 회사가 모든 역량을 가질 수는 없다는 것을 전제로 선택할 수 있는 전략이다.
• 기업이 고유의 독특한 내부 역량을 보유하고 있는 경우에 더욱 효과적인 전략이다.
• 사업 목표와 타당한 틈새시장을 찾아야 한다.
• 다양한 분류의 방법을 동원하여 고객을 세분화한다.

---

① 차별화 전략
② 집중화 전략
③ 비교우위 전략
④ 원가우위 전략
⑤ 고객본위 전략

> ✔해설 차별화 전략과 원가우위 전략이 전체 시장을 상대로 하는 전략인 반면, 집중화 전략은 특정 시장을 대상으로 한다. 따라서 고객층을 세분화하여 타깃 고객층에 맞는 맞춤형 전략을 세울 필요가 있다. 타깃 고객층에 자사가 가진 특정 역량이 발휘되어 판매를 늘릴 수 있는 전략이라고 할 수 있다.

PART

03

인성검사

CHAPTER

01

인성검사의 이해

1 인성(성격)검사의 개념과 목적

인성(성격)이란 개인을 특징짓는 평범하고 일상적인 사회적 이미지, 즉 지속적이고 일관된 공적 성격 (Public – personality)이며, 환경에 대응함으로써 선천적·후천적 요소의 상호작용으로 결정화된 심리 적·사회적 특성 및 경향을 의미한다.

인성검사는 직무적성검사를 실시하는 대부분의 기업체에서 병행하여 실시하고 있으며, 인성검사만 독자 적으로 실시하는 기업도 있다.

기업체에서는 인성검사를 통하여 각 개인이 어떠한 성격 특성이 발달되어 있고, 어떤 특성이 얼마나 부 족한지, 그것이 해당 직무의 특성 및 조직문화와 얼마나 맞는지를 알아보고 이에 적합한 인재를 선발하고 자 한다. 또한 개인에게 적합한 직무 배분과 부족한 부분을 교육을 통해 보완하도록 할 수 있다.

인성검사의 측정요소는 검사방법에 따라 차이가 있다. 또한 각 기업체들이 사용하고 있는 인성검사는 기존에 개발된 인성검사방법에 각 기업체의 인재상을 적용하여 자신들에게 적합하게 재개발하여 사용하는 경우가 많다. 그러므로 기업체에서 요구하는 인재상을 파악하여 그에 따른 대비책을 준비하는 것이 바람 직하다. 본서에서 제시된 인성검사는 크게 '특성'과 '유형'의 측면에서 측정하게 된다.

2 성격의 특성

(1) 정서적 측면

정서적 측면은 평소 마음의 당연시하는 자세나 정신상태가 얼마나 안정하고 있는지 또는 불안정한지를 측정한다.

정서의 상태는 직무수행이나 대인관계와 관련하여 태도나 행동으로 드러난다. 그러므로 정서적 측면을 측정하는 것에 의해, 장래 조직 내의 인간관계에 어느 정도 잘 적응할 수 있을까(또는 적응하지 못할까) 를 예측하는 것이 가능하다.

그렇기 때문에, 정서적 측면의 결과는 채용 시에 상당히 중시된다. 아무리 능력이 좋아도 장기적으로 조직 내의 인간관계에 잘 적응할 수 없다고 판단되는 인재는 기본적으로는 채용되지 않는다.

일반적으로 인성(성격)검사는 채용과는 관계없다고 생각하나 정서적으로 조직에 적응하지 못하는 인재는 채용단계에서 가려내지는 것을 유의하여야 한다.

① 민감성(신경도) … 꼼꼼함, 섬세함, 성실함 등의 요소를 통해 일반적으로 신경질적인지 또는 자신의 존재를 위협받는다는 불안을 갖기 쉬운지를 측정한다.

질문	그렇다	약간 그렇다	그저 그렇다	별로 그렇지 않다	그렇지 않다
• 남을 잘 배려한다고 생각한다.					
• 어질러진 방에 있으면 불안하다.					
• 실패 후에는 불안하다.					
• 세세한 것까지 신경 쓴다.					
• 이유 없이 불안할 때가 있다.					

▶측정결과

㉠ '그렇다'가 많은 경우(상처받기 쉬운 유형) : 사소한 일에 신경 쓰고 다른 사람의 사소한 한마디 말에 상처를 받기 쉽다.
   • 면접관의 심리 : '동료들과 잘 지낼 수 있을까?', '실패할 때마다 위축되지 않을까?'
   • 면접대책 : 다소 신경질적이라도 능력을 발휘할 수 있다는 평가를 얻도록 한다. 주변과 충분한 의사소통이 가능하고, 결정한 것을 실행할 수 있다는 것을 보여주어야 한다.

㉡ '그렇지 않다'가 많은 경우(정신적으로 안정적인 유형) : 사소한 일에 신경 쓰지 않고 금방 해결하며, 주위 사람의 말에 과민하게 반응하지 않는다.
   • 면접관의 심리 : '계약할 때 필요한 유형이고, 사고 발생에도 유연하게 대처할 수 있다.'
   • 면접대책 : 일반적으로 '민감성'의 측정치가 낮으면 플러스 평가를 받으므로 더욱 자신감 있는 모습을 보여준다.

② **자책성(과민도)** … 자신을 비난하거나 책망하는 정도를 측정한다.

질문	그렇다	약간 그렇다	그저 그렇다	별로 그렇지 않다	그렇지 않다
• 후회하는 일이 많다. • 자신이 하찮은 존재라 생각된다. • 문제가 발생하면 자기의 탓이라고 생각한다. • 무슨 일이든지 끙끙대며 진행하는 경향이 있다. • 온순한 편이다.					

▶**측정결과**

㉠ **'그렇다'가 많은 경우(자책하는 유형)** : 비관적이고 후회하는 유형이다.
  • **면접관의 심리** : '끙끙대며 괴로워하고, 일을 진행하지 못할 것 같다.'
  • **면접대책** : 기분이 저조해도 항상 의욕을 가지고 생활하는 것과 책임감이 강하다는 것을 보여준다.

㉡ **'그렇지 않다'가 많은 경우(낙천적인 유형)** : 기분이 항상 밝은 편이다.
  • **면접관의 심리** : '안정된 대인관계를 맺을 수 있고, 외부의 압력에도 흔들리지 않는다.'
  • **면접대책** : 일반적으로 '자책성'의 측정치가 낮아야 좋은 평가를 받는다.

③ **기분성(불안도)** … 기분의 굴곡이나 감정적인 면의 미숙함이 어느 정도인지를 측정하는 것이다.

질문	그렇다	약간 그렇다	그저 그렇다	별로 그렇지 않다	그렇지 않다
• 다른 사람의 의견에 자신의 결정이 흔들리는 경우가 많다. • 기분이 쉽게 변한다. • 종종 후회한다. • 다른 사람보다 의지가 약한 편이라고 생각한다. • 금방 싫증을 내는 성격이라는 말을 자주 듣는다.					

▶측정결과

㉠ '그렇다'가 많은 경우(감정의 기복이 많은 유형) : 의지력보다 기분에 따라 행동하기 쉽다.
- 면접관의 심리 : '감정적인 것에 약하며, 상황에 따라 생산성이 떨어지지 않을까?'
- 면접대책 : 주변 사람들과 항상 협조한다는 것을 강조하고 한결같은 상태로 일할 수 있다는 평가를 받도록 한다.

㉡ '그렇지 않다'가 많은 경우(감정의 기복이 적은 유형) : 감정의 기복이 없고, 안정적이다.
- 면접관의 심리 : '안정적으로 업무에 임할 수 있다.'
- 면접대책 : 기분성의 측정치가 낮으면 플러스 평가를 받으므로 자신감을 가지고 면접에 임한다.

④ 독자성(개인도) … 주변에 대한 견해나 관심, 자신의 견해나 생각에 어느 정도의 속박감을 가지고 있는지를 측정한다.

질문	그렇다	약간 그렇다	그저 그렇다	별로 그렇지 않다	그렇지 않다
• 창의적 사고방식을 가지고 있다.					
• 융통성이 없는 편이다.					
• 혼자 있는 편이 많은 사람과 있는 것보다 편하다.					
• 개성적이라는 말을 듣는다.					
• 교제는 번거로운 것이라고 생각하는 경우가 많다.					

▶측정결과

㉠ '그렇다'가 많은 경우 : 자기의 관점을 중요하게 생각하는 유형으로, 주위의 상황보다 자신의 느낌과 생각을 중시한다.
- 면접관의 심리 : '제멋대로 행동하지 않을까?'
- 면접대책 : 주위 사람과 협조하여 일을 진행할 수 있다는 것과 상식에 얽매이지 않는다는 인상을 심어준다.

㉡ '그렇지 않다'가 많은 경우 : 상식적으로 행동하고 주변 사람의 시선에 신경을 쓴다.
- 면접관의 심리 : '다른 직원들과 협조하여 업무를 진행할 수 있겠다.'
- 면접대책 : 협조성이 요구되는 기업체에서는 플러스 평가를 받을 수 있다.

⑤ **자신감(자존심도)** ··· 자기 자신에 대해 얼마나 긍정적으로 평가하는지를 측정한다.

질문	그렇다	약간 그렇다	그저 그렇다	별로 그렇지 않다	그렇지 않다
• 다른 사람보다 능력이 뛰어나다고 생각한다. • 다소 반대의견이 있어도 나만의 생각으로 행동할 수 있다. • 나는 다른 사람보다 기가 센 편이다. • 동료가 나를 모욕해도 무시할 수 있다. • 대개의 일을 목적한 대로 헤쳐나갈 수 있다고 생각한다.					

▶**측정결과**

㉠ **'그렇다'가 많은 경우** : 자기 능력이나 외모 등에 자신감이 있고, 비판당하는 것을 좋아하지 않는다.
  • **면접관의 심리** : '자만하여 지시에 잘 따를 수 있을까?'
  • **면접대책** : 다른 사람의 조언을 잘 받아들이고, 겸허하게 반성하는 면이 있다는 것을 보여주고, 동료들과 잘 지내며 리더의 자질이 있다는 것을 강조한다.

㉡ **'그렇지 않다'가 많은 경우** : 자신감이 없고 다른 사람의 비판에 약하다.
  • **면접관의 심리** : '패기가 부족하지 않을까?', '쉽게 좌절하지 않을까?'
  • **면접대책** : 극도의 자신감 부족으로 평가되지는 않는다. 그러나 마음이 약한 면은 있지만 의욕적으로 일을 하겠다는 마음가짐을 보여준다.

⑥ **고양성(분위기에 들뜨는 정도)** ··· 자유분방함, 명랑함과 같이 감정(기분)의 높고 낮음의 정도를 측정한다.

질문	그렇다	약간 그렇다	그저 그렇다	별로 그렇지 않다	그렇지 않다
• 침착하지 못한 편이다. • 다른 사람보다 쉽게 우쭐해진다. • 모든 사람이 아는 유명인사가 되고 싶다. • 모임이나 집단에서 분위기를 이끄는 편이다. • 취미 등이 오랫동안 지속되지 않는 편이다.					

▶측정결과

㉠ **'그렇다'가 많은 경우** : 자극이나 변화가 있는 일상을 원하고 기분을 들뜨게 하는 사람과 친밀하게 지내는 경향이 강하다.
- **면접관의 심리** : '일을 진행하는 데 변덕스럽지 않을까?'
- **면접대책** : 밝은 태도는 플러스 평가를 받을 수 있지만, 착실한 업무능력이 요구되는 직종에서는 마이너스 평가가 될 수 있다. 따라서 자기조절이 가능하다는 것을 보여준다.

㉡ **'그렇지 않다'가 많은 경우** : 감정이 항상 일정하고, 속을 드러내 보이지 않는다.
- **면접관의 심리** : '안정적인 업무 태도를 기대할 수 있겠다.'
- **면접대책** : '고양성'의 낮음은 대체로 플러스 평가를 받을 수 있다. 그러나 '무엇을 생각하고 있는지 모르겠다' 등의 평을 듣지 않도록 주의한다.

⑦ 허위성(진위성) … 필요 이상으로 자기를 좋게 보이려 하거나 기업체가 원하는 '이상형'에 맞춘 대답을 하고 있는지, 없는지를 측정한다.

질문	그렇다	약간 그렇다	그저 그렇다	별로 그렇지 않다	그렇지 않다
• 약속을 깨뜨린 적이 한 번도 없다. • 다른 사람을 부럽다고 생각해 본 적이 없다. • 꾸지람을 들은 적이 없다. • 사람을 미워한 적이 없다. • 화를 낸 적이 한 번도 없다.					

▶측정결과

㉠ **'그렇다'가 많은 경우** : 실제의 자기와는 다른, 말하자면 원칙으로 해답할 가능성이 있다.
- **면접관의 심리** : '거짓을 말하고 있다.'
- **면접대책** : 조금이라도 좋게 보이려고 하는 '거짓말쟁이'로 평가될 수 있다. '거짓을 말하고 있다.'는 마음 따위가 전혀 없다 해도 결과적으로는 정직하게 답하지 않는다는 것이 되어 버린다. '허위성'의 측정 질문은 구분되지 않고 다른 질문 중에 섞여 있다. 그러므로 모든 질문에 솔직하게 답하여야 한다. 또한 자기 자신과 너무 동떨어진 이미지로 답하면 좋은 결과를 얻지 못한다. 그리고 면접에서 '허위성'을 기본으로 한 질문을 받게 되므로 당황하거나 또 다른 모순된 답변을 하게 된다. 겉치레를 하거나 무리한 욕심을 부리지 말고 '이런 사회인이 되고 싶다.'는 현재의 자신보다, 조금 성장한 자신을 표현하는 정도가 적당하다.

㉡ **'그렇지 않다'가 많은 경우** : 냉정하고 정직하며, 외부의 압력과 스트레스에 강한 유형이다. '대쪽 같음'의 이미지가 굳어지지 않도록 주의한다.

(2) 행동적인 측면

행동적 측면은 인격 중에 특히 행동으로 드러나기 쉬운 측면을 측정한다. 사람의 행동 특징 자체에는 선도 악도 없으나, 일반적으로는 일의 내용에 의해 원하는 행동이 있다. 때문에 행동적 측면은 주로 직종과 깊은 관계가 있는데 자신의 행동 특성을 살려 적합한 직종을 선택한다면 플러스가 될 수 있다.

행동 특성에서 보여 지는 특징은 면접장면에서도 드러나기 쉬운데 본서의 모의 TEST의 결과를 참고하여 자신의 태도, 행동이 면접관의 시선에 어떻게 비치는지를 점검하도록 한다.

① 사회적 내향성 … 대인관계에서 나타나는 행동경향으로 '낯가림'을 측정한다.

질문	선택
A : 파티에서는 사람을 소개받는 편이다. B : 파티에서는 사람을 소개하는 편이다.	
A : 처음 보는 사람과는 어색하게 시간을 보내는 편이다. B : 처음 보는 사람과는 즐거운 시간을 보내는 편이다.	
A : 친구가 적은 편이다. B : 친구가 많은 편이다.	
A : 자신의 의견을 말하는 경우가 적다. B : 자신의 의견을 말하는 경우가 많다.	
A : 사교적인 모임에 참석하는 것을 좋아하지 않는다. B : 사교적인 모임에 항상 참석한다.	

▶측정결과

㉠ **'A'가 많은 경우** : 내성적이고 사람들과 접하는 것에 소극적이다. 자신의 의견을 말하지 않고 조심스러운 편이다.
- **면접관의 심리** : '소극적인데 동료와 잘 지낼 수 있을까?'
- **면접대책** : 대인관계를 맺는 것을 싫어하지 않고 의욕적으로 일을 할 수 있다는 것을 보여준다.

㉡ **'B'가 많은 경우** : 사교적이고 자기의 생각을 명확하게 전달할 수 있다.
- **면접관의 심리** : '사교적이고 활동적인 것은 좋지만, 자기주장이 너무 강하지 않을까?'
- **면접대책** : 협조성을 보여주고, 자기주장이 너무 강하다는 인상을 주지 않도록 주의한다.

② 내성성(침착도) ··· 자신의 행동과 일에 대해 침착하게 생각하는 정도를 측정한다.

질문	선택
A : 시간이 걸려도 침착하게 생각하는 경우가 많다. B : 짧은 시간에 결정을 하는 경우가 많다.	
A : 실패의 원인을 찾고 반성하는 편이다. B : 실패를 해도 그다지(별로) 개의치 않는다.	
A : 결론이 도출되어도 몇 번 정도 생각을 바꾼다. B : 결론이 도출되면 신속하게 행동으로 옮긴다.	
A : 여러 가지 생각하는 것이 능숙하다. B : 여러 가지 일을 재빨리 능숙하게 처리하는 데 익숙하다.	
A : 여러 가지 측면에서 사물을 검토한다. B : 행동한 후 생각을 한다.	

▶측정결과

㉠ 'A'가 많은 경우 : 행동하기 보다는 생각하는 것을 좋아하고 신중하게 계획을 세워 실행한다.

• 면접관의 심리 : '행동으로 실천하지 못하고, 대응이 늦은 경향이 있지 않을까?'

• 면접대책 : 발로 뛰는 것을 좋아하고, 일을 더디게 한다는 인상을 주지 않도록 한다.

㉡ 'B'가 많은 경우 : 차분하게 생각하는 것보다 우선 행동하는 유형이다.

• 면접관의 심리 : '생각하는 것을 싫어하고 경솔한 행동을 하지 않을까?'

• 면접대책 : 계획을 세우고 행동할 수 있는 것을 보여주고 '사려 깊다'라는 인상을 남기도록 한다.

③ **신체활동성** … 몸을 움직이는 것을 좋아하는가를 측정한다.

질문	선택
A : 민첩하게 활동하는 편이다. B : 준비행동이 없는 편이다.	
A : 일을 척척 해치우는 편이다. B : 일을 더디게 처리하는 편이다.	
A : 활발하다는 말을 듣는다. B : 얌전하다는 말을 듣는다.	
A : 몸을 움직이는 것을 좋아한다. B : 가만히 있는 것을 좋아한다.	
A : 스포츠를 하는 것을 즐긴다. B : 스포츠를 보는 것을 좋아한다.	

▶**측정결과**
㉠ **'A'가 많은 경우** : 활동적이고, 몸을 움직이게 하는 것이 컨디션이 좋다.
　• **면접관의 심리** : '활동적으로 활동력이 좋아 보인다.'
　• **면접대책** : 활동하고 얻은 성과 등과 주어진 상황의 대응능력을 보여준다.
㉡ **'B'가 많은 경우** : 침착한 인상으로, 차분하게 있는 타입이다.
　• **면접관의 심리** : '좀처럼 행동하려 하지 않아 보이고, 일을 빠르게 처리할 수 있을까?'

④ **지속성(노력성)** … 무슨 일이든 포기하지 않고 끈기 있게 하려는 정도를 측정한다.

질문	선택
A : 일단 시작한 일은 시간이 걸려도 끝까지 마무리한다. B : 일을 하다 어려움에 부딪히면 단념한다.	
A : 끈질긴 편이다. B : 바로 단념하는 편이다.	
A : 인내가 강하다는 말을 듣는다. B : 금방 싫증을 낸다는 말을 듣는다.	
A : 집념이 깊은 편이다. B : 담백한 편이다.	
A : 한 가지 일에 구애되는 것이 좋다고 생각한다. B : 간단하게 체념하는 것이 좋다고 생각한다.	

▶측정결과

㉠ 'A'가 많은 경우 : 시작한 것은 어려움이 있어도 포기하지 않고 인내심이 높다.
  • 면접관의 심리 : '한 가지의 일에 너무 구애되고, 업무의 진행이 원활할까?'
  • 면접대책 : 인내력이 있는 것은 플러스 평가를 받을 수 있지만 집착이 강해 보이기도 한다.
㉡ 'B'가 많은 경우 : 뒤끝이 없고 조그만 실패로 일을 포기하기 쉽다.
  • 면접관의 심리 : '질리는 경향이 있고, 일을 정확히 끝낼 수 있을까?'
  • 면접대책 : 지속적인 노력으로 성공했던 사례를 준비하도록 한다.

⑤ 신중성(주의성) … 자신이 처한 주변상황을 즉시 파악하고 자신의 행동이 어떤 영향을 미치는지를 측정한다.

질문	선택
A : 여러 가지로 생각하면서 완벽하게 준비하는 편이다. B : 행동할 때부터 임기응변적인 대응을 하는 편이다.	
A : 신중해서 타이밍을 놓치는 편이다. B : 준비 부족으로 실패하는 편이다.	
A : 자신은 어떤 일에도 신중히 대응하는 편이다. B : 순간적인 충동으로 활동하는 편이다.	
A : 시험을 볼 때 끝날 때까지 재검토하는 편이다. B : 시험을 볼 때 한 번에 모든 것을 마치는 편이다.	
A : 일에 대해 계획표를 만들어 실행한다. B : 일에 대한 계획표 없이 진행한다.	

▶측정결과

㉠ 'A'가 많은 경우 : 주변 상황에 민감하고, 예측하여 계획 있게 일을 진행한다.
  • 면접관의 심리 : '너무 신중해서 적절한 판단을 할 수 있을까?', '앞으로의 상황에 불안을 느끼지 않을까?'
  • 면접대책 : 예측을 하고 실행을 하는 것은 플러스 평가가 되지만, 너무 신중하면 일의 진행이 정체될 가능성을 보이므로 추진력이 있다는 강한 의욕을 보여준다.
㉡ 'B'가 많은 경우 : 주변 상황을 살펴보지 않고 착실한 계획 없이 일을 진행시킨다.
  • 면접관의 심리 : '사려 깊지 않고, 실패하는 일이 많지 않을까?', '판단이 빠르고 유연한 사고를 할 수 있을까?'
  • 면접대책 : 사전준비를 중요하게 생각하고 있다는 것 등을 보여주고, 경솔한 인상을 주지 않도록 한다. 또한 판단력이 빠르거나 유연한 사고 덕분에 일 처리를 잘 할 수 있다는 것을 강조한다.

(3) 의욕적인 측면

의욕적인 측면은 의욕의 정도, 활동력의 유무 등을 측정한다. 여기서의 의욕이란 우리들이 보통 말하고 사용하는 '하려는 의지'와는 조금 뉘앙스가 다르다. '하려는 의지'란 그 때의 환경이나 기분에 따라 변화하는 것이지만, 여기에서는 조금 더 변화하기 어려운 특징, 말하자면 정신적 에너지의 양으로 측정하는 것이다.

의욕적 측면은 행동적 측면과는 다르고, 전반적으로 어느 정도 점수가 높은 쪽을 선호한다. 모의검사의 의욕적 측면의 결과가 낮다면, 평소 일에 몰두할 때 조금 의욕 있는 자세를 가지고 서서히 개선하도록 노력해야 한다.

① 달성의욕 … 목적의식을 가지고 높은 이상을 가지고 있는지를 측정한다.

질문	선택
A : 경쟁심이 강한 편이다. B : 경쟁심이 약한 편이다.	
A : 어떤 한 분야에서 제1인자가 되고 싶다고 생각한다. B : 어느 분야에서든 성실하게 임무를 진행하고 싶다고 생각한다.	
A : 규모가 큰일을 해보고 싶다. B : 맡은 일에 충실히 임하고 싶다.	
A : 아무리 노력해도 실패한 것은 아무런 도움이 되지 않는다. B : 가령 실패했을 지라도 나름대로의 노력이 있었으므로 괜찮다.	
A : 높은 목표를 설정하여 수행하는 것이 의욕적이다. B : 실현 가능한 정도의 목표를 설정하는 것이 의욕적이다.	

▶측정결과

㉠ 'A'가 많은 경우 : 큰 목표와 높은 이상을 가지고 승부욕이 강한 편이다.
- **면접관의 심리** : '열심히 일을 해줄 것 같은 유형이다.'
- **면접대책** : 달성의욕이 높다는 것은 어떤 직종이라도 플러스 평가가 된다.

㉡ 'B'가 많은 경우 : 현재의 생활을 소중하게 여기고 비약적인 발전을 위하여 기를 쓰지 않는다.
- **면접관의 심리** : '외부의 압력에 약하고, 기획입안 등을 하기 어려울 것이다.'
- **면접대책** : 일을 통하여 하고 싶은 것들을 구체적으로 어필한다.

② **활동의욕** … 자신에게 잠재된 에너지의 크기로, 정신적인 측면의 활동력이라 할 수 있다.

질문	선택
A : 하고 싶은 일을 실행으로 옮기는 편이다. B : 하고 싶은 일을 좀처럼 실행할 수 없는 편이다.	
A : 어려운 문제를 해결해 가는 것이 좋다. B : 어려운 문제를 해결하는 것을 잘하지 못한다.	
A : 일반적으로 결단이 빠른 편이다. B : 일반적으로 결단이 느린 편이다.	
A : 곤란한 상황에도 도전하는 편이다. B : 사물의 본질을 깊게 관찰하는 편이다.	
A : 시원시원하다는 말을 잘 듣는다. B : 꼼꼼하다는 말을 잘 듣는다.	

▶**측정결과**

㉠ **'A'가 많은 경우** : 꾸물거리는 것을 싫어하고 재빠르게 결단해서 행동하는 타입이다.
  • **면접관의 심리** : '일을 처리하는 솜씨가 좋고, 일을 척척 진행할 수 있을 것 같다.'
  • **면접대책** : 활동의욕이 높은 것은 플러스 평가가 된다. 사교성이나 활동성이 강하다는 인상을 준다.
㉡ **'B'가 많은 경우** : 안전하고 확실한 방법을 모색하고 차분하게 시간을 아껴서 일에 임하는 타입이다.
  • **면접관의 심리** : '재빨리 행동을 못하고, 일의 처리속도가 느린 것이 아닐까?'
  • **면접대책** : 활동성이 있는 것을 좋아하고 움직임이 더디다는 인상을 주지 않도록 한다.

3 성격의 유형

(1) 인성검사유형의 4가지 척도

정서적인 측면, 행동적인 측면, 의욕적인 측면의 요소들은 성격 특성이라는 관점에서 제시된 것들로 각 개인의 장·단점을 파악하는 데 유용하다. 그러나 전체적인 개인의 인성을 이해하는 데는 한계가 있다.

성격의 유형은 개인의 '성격적인 특색'을 가리키는 것으로, 사회인으로서 적합한지, 아닌지를 말하는 관점과는 관계가 없다. 따라서 채용의 합격 여부에는 사용되지 않는 경우가 많으며, 입사 후의 적정 부서 배치의 자료가 되는 편이라 생각하면 된다. 그러나 채용과 관계가 없다고 해서 아무런 준비도 필요없는 것은 아니다. 자신을 아는 것은 면접 대책의 밑거름이 되므로 모의검사 결과를 충분히 활용하도록 하여야 한다.

본서에서는 4개의 척도를 사용하여 기본적으로 16개의 패턴으로 성격의 유형을 분류하고 있다. 각 개인의 성격이 어떤 유형인지 재빨리 파악하기 위해 사용되며, '적성'에 맞는지, 맞지 않는지의 관점에 활용된다.

- 흥미 · 관심의 방향 : 내향형 ←————→ 외향형
- 사물에 대한 견해 : 직관형 ←————→ 감각형
- 판단하는 방법 : 감정형 ←————→ 사고형
- 환경에 대한 접근방법 : 지각형 ←————→ 판단형

(2) 성격유형

① **흥미 · 관심의 방향**(내향⇆외향) … 흥미 · 관심의 방향이 자신의 내면에 있는지, 주위환경 등 외면에 향하는 지를 가리키는 척도이다.

질문	선택
A : 내성적인 성격인 편이다. B : 개방적인 성격인 편이다.	
A : 항상 신중하게 생각을 하는 편이다. B : 바로 행동에 착수하는 편이다.	
A : 수수하고 조심스러운 편이다. B : 자기 표현력이 강한 편이다.	
A : 다른 사람과 함께 있으면 침착하지 않다. B : 혼자서 있으면 침착하지 않다.	

▶측정결과
㉠ **'A'가 많은 경우**(내향) : 관심의 방향이 자기 내면에 있으며, 조용하고 낯을 가리는 유형이다. 행동력은 부족하나 집중력이 뛰어나고 신중하고 꼼꼼하다.
㉡ **'B'가 많은 경우**(외향) : 관심의 방향이 외부환경에 있으며, 사교적이고 활동적인 유형이다. 꼼꼼함이 부족하여 대충하는 경향이 있으나 행동력이 있다.

② **일(사물)을 보는 방법(직감 ↔ 감각)** … 일(사물)을 보는 법이 직감적으로 형식에 얽매이는지, 감각적으로 상식적인지를 가리키는 척도이다.

질문	선택
A : 현실주의적인 편이다. B : 상상력이 풍부한 편이다.	
A : 정형적인 방법으로 일을 처리하는 것을 좋아한다. B : 만들어진 방법에 변화가 있는 것을 좋아한다.	
A : 경험에서 가장 적합한 방법으로 선택한다. B : 지금까지 없었던 새로운 방법을 개척하는 것을 좋아한다.	
A : 성실하다는 말을 듣는다. B : 호기심이 강하다는 말을 듣는다.	

▶측정결과
㉠ 'A'가 많은 경우(감각) : 현실적이고 경험주의적이며 보수적인 유형이다.
㉡ 'B'가 많은 경우(직관) : 새로운 주제를 좋아하며, 독자적인 시각을 가진 유형이다.

③ **판단하는 방법(감정 ↔ 사고)** … 일을 감정적으로 판단하는지, 논리적으로 판단하는지를 가리키는 척도이다.

질문	선택
A : 인간관계를 중시하는 편이다. B : 일의 내용을 중시하는 편이다.	
A : 결론을 자기의 신념과 감정에서 이끌어내는 편이다. B : 결론을 논리적 사고에 의거하여 내리는 편이다.	
A : 다른 사람보다 동정적이고 눈물이 많은 편이다. B : 다른 사람보다 이성적이고 냉정하게 대응하는 편이다.	

▶측정결과
㉠ 'A'가 많은 경우(감정) : 일을 판단할 때 마음·감정을 중요하게 여기는 유형이다. 감정이 풍부하고 친절하나 엄격함이 부족하고 우유부단하며, 합리성이 부족하다.
㉡ 'B'가 많은 경우(사고) : 일을 판단할 때 논리성을 중요하게 여기는 유형이다. 이성적이고 합리적이나 타인에 대한 배려가 부족하다.

④ 환경에 대한 접근방법 … 주변상황에 어떻게 접근하는지, 그 판단기준을 어디에 두는지를 측정한다.

질문	선택
A : 사전에 계획을 세우지 않고 행동한다. B : 반드시 계획을 세우고 그것에 의거해서 행동한다. A : 자유롭게 행동하는 것을 좋아한다. B : 조직적으로 행동하는 것을 좋아한다. A : 조직성이나 관습에 속박당하지 않는다. B : 조직성이나 관습을 중요하게 여긴다. A : 계획 없이 낭비가 심한 편이다. B : 예산을 세워 물건을 구입하는 편이다.	

▶측정결과
㉠ 'A'가 많은 경우(지각) : 일의 변화에 융통성을 가지고 유연하게 대응하는 유형이다. 낙관적이며 질서보다는 자유를 좋아하나 임기응변식의 대응으로 무계획적인 인상을 줄 수 있다.
㉡ 'B'가 많은 경우(판단) : 일의 진행시 계획을 세워서 실행하는 유형이다. 순차적으로 진행하는 일을 좋아하고 끈기가 있으나 변화에 대해 적절하게 대응하지 못하는 경향이 있다.

(3) 성격유형의 판정

성격유형은 합격 여부의 판정보다는 배치를 위한 자료로써 이용된다. 즉, 기업은 입사시험단계에서 입사 후에도 사용할 수 있는 정보를 입수하고 있다는 것이다. 성격검사에서는 어느 척도가 얼마나 고득점이었는지에 주시하고 각각의 측면에서 반드시 하나씩 고르고 편성한다. 편성은 모두 16가지가 되나 각각의 측면을 더 세분하면 200가지 이상의 유형이 나온다.

여기에서는 16가지 편성을 제시한다. 성격검사에 어떤 정보가 게재되어 있는지를 이해하면서 자기의 성격유형을 파악하기 위한 실마리로 활용하도록 한다.

① 내향 – 직관 – 감정 – 지각(TYPE A)
관심이 내면에 향하고 조용하고 소극적이다. 사물에 대한 견해는 새로운 것에 대해 호기심이 강하고, 독창적이다. 감정은 좋아하는 것과 싫어하는 것의 판단이 확실하고, 감정이 풍부하고 따뜻한 느낌이 있는 반면, 합리성이 부족한 경향이 있다. 환경에 접근하는 방법은 순응적이고 상황의 변화에 대해 유연하게 대응하는 것을 잘한다.

② 내향 - 직관 - 감정 - 사고(TYPE B)

관심이 내면으로 향하고 조용하고 쑥스러움을 잘 타는 편이다. 사물을 보는 관점은 독창적이며, 자기 나름대로 궁리하며 생각하는 일이 많다. 좋고 싫음으로 판단하는 경향이 강하고 타인에게는 친절한 반면, 우유부단하기 쉬운 편이다. 환경 변화에 대해 유연하게 대응하는 것을 잘한다.

③ 내향 - 직관 - 사고 - 지각(TYPE C)

관심이 내면으로 향하고 얌전하고 교제범위가 좁다. 사물을 보는 관점은 독창적이며, 현실에서 먼 추상적인 것을 생각하기를 좋아한다. 논리적으로 생각하고 판단하는 경향이 강하고 이성적이지만, 남의 감정에 대해서는 무반응인 경향이 있다. 환경의 변화에 순응적이고 융통성 있게 임기응변으로 대응할 수가 있다.

④ 내향 - 직관 - 사고 - 판단(TYPE D)

관심이 내면으로 향하고 주의 깊고 신중하게 행동을 한다. 사물을 보는 관점은 독창적이며 논리를 좋아해서 이치를 따지는 경향이 있다. 논리적으로 생각하고 판단하는 경향이 강하고, 객관적이지만 상대방의 마음에 대한 배려가 부족한 경향이 있다. 환경에 대해서는 순응하는 것보다 대응하며, 한 번 정한 것은 끈질기게 행동하려 한다.

⑤ 내향 - 감각 - 감정 - 지각(TYPE E)

관심이 내면으로 향하고 조용하며 소극적이다. 사물을 보는 관점은 상식적이고 그대로의 것을 좋아하는 경향이 있다. 좋음과 싫음으로 판단하는 경향이 강하고 타인에 대해서 동정심이 많은 반면, 엄격한 면이 부족한 경향이 있다. 환경에 대해서는 순응적이고, 예측할 수 없다 해도 태연하게 행동하는 경향이 있다.

⑥ 내향 - 감각 - 감정 - 판단(TYPE F)

관심이 내면으로 향하고 얌전하며 쑥스러움을 많이 탄다. 사물을 보는 관점은 상식적이고 논리적으로 생각하는 것보다도 경험을 중요시하는 경향이 있다. 좋고 싫음으로 판단하는 경향이 강하고 사람이 좋은 반면, 개인적 취향이나 소원에 영향을 받는 일이 많은 경향이 있다. 환경에 대해서는 영향을 받지 않고, 자기 페이스대로 꾸준히 성취하는 일을 잘한다.

⑦ 내향 - 감각 - 사고 - 지각(TYPE G)

관심이 내면으로 향하고 얌전하고 교제범위가 좁다. 사물을 보는 관점은 상식적인 동시에 실천적이며, 틀에 박힌 형식을 좋아한다. 논리적으로 판단하는 경향이 강하고 침착하지만 사람에 대해서는 엄격하여 차가운 인상을 주는 일이 많다. 환경에 대해서 순응적이고, 계획적으로 행동하지 않으며 자유로운 행동을 좋아하는 경향이 있다.

⑧ 내향 − 감각 − 사고 − 판단(TYPE H)

관심이 내면으로 향하고 주의 깊고 신중하게 행동을 한다. 사물을 보는 관점이 상식적이고 새롭고 경험하지 못한 일에 대응을 잘 하지 못한다. 논리적으로 생각하고 판단하는 경향이 강하고, 공평하지만 상대방의 감정에 대해 배려가 부족할 때가 있다. 환경에 대해서는 작용하는 편이고, 질서 있게 행동하는 것을 좋아한다.

⑨ 외향 − 직관 − 감정 − 지각(TYPE I)

관심이 외향으로 향하고 밝고 활동적이며 교제범위가 넓다. 사물을 보는 관점은 독창적이고 호기심이 강하며 새로운 것을 생각하는 것을 좋아한다. 좋음 싫음으로 판단하는 경향이 강하다. 사람은 좋은 반면 개인적 취향이나 소원에 영향을 받는 일이 많은 편이다.

⑩ 외향 − 직관 − 감정 − 판단(TYPE J)

관심이 외향으로 향하고 개방적이며 누구와도 쉽게 친해질 수 있다. 사물을 보는 관점은 독창적이고 자기 나름대로 궁리하고 생각하는 면이 많다. 좋음과 싫음으로 판단하는 경향이 강하고, 타인에 대해 동정적이기 쉽고 엄격함이 부족한 경향이 있다. 환경에 대해서는 작용하는 편이고 질서 있는 행동을 하는 것을 좋아한다.

⑪ 외향 − 직관 − 사고 − 지각(TYPE K)

관심이 외향으로 향하고 태도가 분명하며 활동적이다. 사물을 보는 관점은 독창적이고 현실과 거리가 있는 추상적인 것을 생각하는 것을 좋아한다. 논리적으로 생각하고 판단하는 경향이 강하고, 공평하지만 상대에 대한 배려가 부족할 때가 있다.

⑫ 외향 − 직관 − 사고 − 판단(TYPE L)

관심이 외향으로 향하고 밝고 명랑한 성격이며 사교적인 것을 좋아한다. 사물을 보는 관점은 독창적이고 논리적인 것을 좋아하기 때문에 이치를 따지는 경향이 있다. 논리적으로 생각하고 판단하는 경향이 강하고 침착성이 뛰어나지만 사람에 대해서 엄격하고 차가운 인상을 주는 경우가 많다. 환경에 대해 작용하는 편이고 계획을 세우고 착실하게 실행하는 것을 좋아한다.

⑬ 외향 − 감각 − 감정 − 지각(TYPE M)

관심이 외향으로 향하고 밝고 활동적이고 교제범위가 넓다. 사물을 보는 관점은 상식적이고 종래대로 있는 것을 좋아한다. 보수적인 경향이 있고 좋아함과 싫어함으로 판단하는 경향이 강하며 타인에게는 친절한 반면, 우유부단한 경우가 많다. 환경에 대해 순응적이고, 융통성이 있고 임기응변으로 대응할 가능성이 높다.

⑭ 외향 – 감각 – 감정 – 판단(TYPE N)

관심이 외향으로 향하고 개방적이며 누구와도 쉽게 대면할 수 있다. 사물을 보는 관점은 상식적이고 논리적으로 생각하기보다는 경험을 중시하는 편이다. 좋아함과 싫어함으로 판단하는 경향이 강하고 감정이 풍부하며 따뜻한 느낌이 있는 반면에 합리성이 부족한 경우가 많다. 환경에 대해서 작용하는 편이고, 한 번 결정한 것은 끈질기게 실행하려고 한다.

⑮ 외향 – 감각 – 사고 – 지각(TYPE O)

관심이 외향으로 향하고 시원한 태도이며 활동적이다. 사물을 보는 관점이 상식적이며 동시에 실천적이고 명백한 형식을 좋아하는 경향이 있다. 논리적으로 생각하고 판단하는 경향이 강하고, 객관적이지만 상대 마음에 대해 배려가 부족한 경향이 있다.

⑯ 외향 – 감각 – 사고 – 판단(TYPE P)

관심이 외향으로 향하고 밝고 명랑하며 사교적인 것을 좋아한다. 사물을 보는 관점은 상식적이고 경험하지 못한 새로운 것에 대응을 잘 하지 못한다. 논리적으로 생각하고 판단하는 경향이 강하고 이성적이지만 사람의 감정에 무심한 경향이 있다. 환경에 대해서는 작용하는 편이고, 자기 페이스대로 꾸준히 성취하는 것을 잘한다.

4 도형심리검사

최근 도형을 이용하여 인성검사를 실시하는 곳이 늘고 있다. 보통 선호하는 도형을 선택하라는 질문으로 이루어지며, 그 선택한 도형을 토대로 지원자의 성향을 파악하는 것이다. 도형심리검사는 간단한 검사과정과 다른 검사에서는 알 수 없는 결과를 알 수 있기 때문에 각광받고 있다. 도형심리검사는 지원자의 기질 확인뿐만 아니라 일부 신경증과 정신병에 대한 확인도 가능하다고 한다. 또한 현재의 심리적인 상태를 진단하는데 유용하다. 그렇기 때문에 기업 채용 시 도형심리검사를 일부 시행하여 결과를 지원자의 성향을 파악하고, 자신의 회사에 적합한 인재인지, 조직문화에 잘 융화될 수 있을지 파악하기 위하여 쓰이고 있다.

(2) 도형심리검사의 예시

① 도형심리검사 시 자주 쓰이는 도형으로는 정사각형, 직사각형, 원형, 삼각형, S형이 있다.

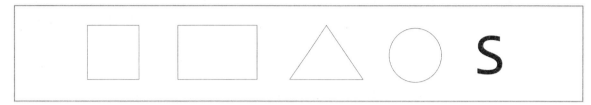

② 각 도형을 선택하였을 때, 일반적으로 평가될 수 있는 성향이다.

　㉠ **정사각형** : 조직적이며, 성실한 사람이라고 생각되어 진다. 규칙을 지키는 것을 좋아하며, 돌발적인 상황에 대해서는 싫어하는 한편, 팀보다는 혼자서 일하는 것을 좋아하고 체계적으로 근무하는 성향을 보인다고 생각되어질 수 있다.

　㉡ **직사각형** : 탐험가적인 성향이 있는 사람, 변화를 추구하며 새로운 것을 배우는 것을 잘 수용하는 편이라고 평가될 수 있으며 변화의 선상에 있을 때 많은 사람들이 직사각형의 성향을 겪게 된다고 생각한다.

　㉢ **삼각형** : 목표를 향해 추구하는 지도자적 타입으로 평가 된다. 자신감이 있으며, 현실을 이야기 하는 데 주저함이 없고, 많은 미국 경영인들의 성향과 흡사하다. 하지만 자기중심적이며 독단적일 수도 있다고 생각되어 진다.

　㉣ **원형** : 사교적인 사람, 공감능력이 좋고 사려 깊음, 커뮤니케이션 능력이 좋고 외향적인 사람으로 평가된다. 하지만 강력한 계급사회를 견디기 힘들어 하기도 한다고 생각되기도 한다.

　㉤ **S형** : 구불구불한 S형은 창의적인 사람이라고 생각되어 진다. 전체를 볼 줄 알며 일상적이고 재미없는 것을 참기 힘들어 한다고 평가되며, 조직에 완벽히 융화되기 어렵다고 생각되어지기도 한다.

5 　인성검사의 대책

(1) 미리 알아두어야 할 점

① **출제 문항 수** … 인성검사의 출제 문항 수는 특별히 정해진 것이 아니며 각 기업체의 기준에 따라 달라질 수 있다. 보통 100문항 이상에서 600문항까지 출제된다고 예상하면 된다.

② 출제형식

　　㉠ '예' 아니면 '아니오'의 형식

다음 문항을 읽고 자신에게 해당되는지 안 되는지를 판단하여 해당될 경우 '예'를, 해당되지 않을 경우 '아니오'를 고르시오.

질문	예	아니오
1. 자신의 생각이나 의견은 좀처럼 변하지 않는다.	○	
2. 구입한 후 끝까지 읽지 않은 책이 많다.		○

다음 문항에 대해서 평소에 자신이 생각하고 있는 것이나 행동하고 있는 것에 ○표를 하시오.

질문	그렇다	약간 그렇다	그저 그렇다	별로 그렇지 않다	그렇지 않다
1. 시간에 쫓기는 것이 싫다.		○			
2. 여행가기 전에 계획을 세운다.			○		

　　㉡ A와 B의 선택형식

A와 B에 주어진 문장을 읽고 자신에게 해당되는 것을 고르시오.

질문	선택
A : 걱정거리가 있어서 잠을 못 잘 때가 있다.	(○)
B : 걱정거리가 있어도 잠을 잘 잔다.	( )

(2) 임하는 자세

① 솔직하게 있는 그대로 표현한다 … 인성검사는 평범한 일상생활 내용들을 다룬 짧은 문장과 어떤 대상이나 일에 대한 선로를 선택하는 문장으로 구성되었으므로 평소에 자신이 생각한 바를 너무 골똘히 생각하지 말고 문제를 보는 순간 떠오른 것을 표현한다.

② 모든 문제를 신속하게 대답한다 … 인성검사는 시간제한이 없는 것이 원칙이지만 기업체들은 일정한 시간제한을 두고 있다. 인성검사는 개인의 성격과 자질을 알아보기 위한 검사이기 때문에 정답이 없다. 다만, 기업체에서 바람직하게 생각하거나 기대되는 결과가 있을 뿐이다. 따라서 시간에 쫓겨서 대충 대답을 하는 것은 바람직하지 못하다.

실전 인성검사

┃1~400┃ 다음 ( )안에 진술이 자신에게 적합하면 YES, 그렇지 않다면 NO를 선택하시오(인성검사는 응시자의 인성을 파악하기 위한 자료이므로 정답이 존재하지 않습니다).

	YES	NO
1. 사람들이 붐비는 도시보다 한적한 시골이 좋다.	( )	( )
2. 전자기기를 잘 다루지 못하는 편이다.	( )	( )
3. 인생에 대해 깊이 생각해 본 적이 없다.	( )	( )
4. 혼자서 식당에 들어가는 것은 전혀 두려운 일이 아니다.	( )	( )
5. 남녀 사이의 연애에서 중요한 것은 돈이다.	( )	( )
6. 걸음걸이가 빠른 편이다.	( )	( )
7. 육류보다 채소류를 더 좋아한다.	( )	( )
8. 소곤소곤 이야기하는 것을 보면 자기에 대해 험담하고 있는 것으로 생각된다.	( )	( )
9. 여럿이 어울리는 자리에서 이야기를 주도하는 편이다.	( )	( )
10. 집에 머무는 시간보다 밖에서 활동하는 시간이 더 많은 편이다.	( )	( )
11. 무엇인가 창조해내는 작업을 좋아한다.	( )	( )
12. 자존심이 강하다고 생각한다.	( )	( )
13. 금방 흥분하는 성격이다.	( )	( )
14. 거짓말을 한 적이 많다.	( )	( )
15. 신경질적인 편이다.	( )	( )
16. 끙끙대며 고민하는 타입이다.	( )	( )
17. 자신이 맡은 일에 반드시 책임을 지는 편이다.	( )	( )
18. 누군가와 마주하는 것보다 통화로 이야기하는 것이 더 편하다.	( )	( )
19. 운동신경이 뛰어난 편이다.	( )	( )
20. 생각나는 대로 말해버리는 편이다.	( )	( )
21. 싫어하는 사람이 없다.	( )	( )
22. 학창시절 국·영·수보다는 예체능 과목을 더 좋아했다.	( )	( )
23. 쓸데없는 고생을 하는 일이 많다.	( )	( )

	YES	NO
24. 자주 생각이 바뀌는 편이다.	( )	( )
25. 갈등은 대화로 해결한다.	( )	( )
26. 내 방식대로 일을 한다.	( )	( )
27. 영화를 보고 운 적이 많다.	( )	( )
28. 어떤 것에 대해서도 화낸 적이 없다.	( )	( )
29. 좀처럼 아픈 적이 없다.	( )	( )
30. 자신은 도움이 안 되는 사람이라고 생각한다.	( )	( )
31. 어떤 일이든 쉽게 싫증을 내는 편이다.	( )	( )
32. 개성적인 사람이라고 생각한다.	( )	( )
33. 자기주장이 강한 편이다.	( )	( )
34. 뒤숭숭하다는 말을 들은 적이 있다.	( )	( )
35. 인터넷 사용이 아주 능숙하다.	( )	( )
36. 사람들과 관계 맺는 것을 보면 잘하지 못한다.	( )	( )
37. 사고방식이 독특하다.	( )	( )
38. 대중교통보다는 걷는 것을 더 선호한다.	( )	( )
39. 끈기가 있는 편이다.	( )	( )
40. 신중한 편이라고 생각한다.	( )	( )
41. 인생의 목표는 큰 것이 좋다.	( )	( )
42. 어떤 일이라도 바로 시작하는 타입이다.	( )	( )
43. 낯가림을 하는 편이다.	( )	( )
44. 생각하고 나서 행동하는 편이다.	( )	( )
45. 쉬는 날은 밖으로 나가는 경우가 많다.	( )	( )
46. 시작한 일은 반드시 완성시킨다.	( )	( )
47. 면밀한 계획을 세운 여행을 좋아한다.	( )	( )
48. 야망이 있는 편이라고 생각한다.	( )	( )
49. 활동력이 있는 편이다.	( )	( )
50. 많은 사람들과 와자지껄하게 식사하는 것을 좋아하지 않는다.	( )	( )
51. 장기적인 계획을 세우는 것을 꺼려한다.	( )	( )
52. 자기 일이 아닌 이상 무심한 편이다.	( )	( )
53. 하나의 취미에 열중하는 타입이다.	( )	( )
54. 스스로 모임에서 회장에 어울린다고 생각한다.	( )	( )

55. 입신출세의 성공이야기를 좋아한다. ( )( )

56. 어떠한 일도 의욕을 가지고 임하는 편이다. ( )( )

57. 학급에서는 존재가 희미했다. ( )( )

58. 항상 무언가를 생각하고 있다. ( )( )

59. 스포츠는 보는 것보다 하는 게 좋다. ( )( )

60. 문제 상황을 바르게 인식하고 현실적이고 객관적으로 대처한다. ( )( )

61. 흐린 날은 반드시 우산을 가지고 간다. ( )( )

62. 여러 명보다 1 : 1로 대화하는 것을 선호한다. ( )( )

63. 공격하는 타입이라고 생각한다. ( )( )

64. 리드를 받는 편이다. ( )( )

65. 너무 신중해서 기회를 놓친 적이 있다. ( )( )

66. 시원시원하게 움직이는 타입이다. ( )( )

67. 야근을 해서라도 업무를 끝낸다. ( )( )

68. 누군가를 방문할 때는 반드시 사전에 확인한다. ( )( )

69. 아무리 노력해도 결과가 따르지 않는다면 의미가 없다. ( )( )

70. 솔직하고 타인에 대해 개방적이다. ( )( )

71. 유행에 둔감하다고 생각한다. ( )( )

72. 정해진 대로 움직이는 것은 시시하다. ( )( )

73. 꿈을 계속 가지고 있고 싶다. ( )( )

74. 질서보다 자유를 중요시하는 편이다. ( )( )

75. 혼자서 취미에 몰두하는 것을 좋아한다. ( )( )

76. 직관적으로 판단하는 편이다. ( )( )

77. 영화나 드라마를 보며 등장인물의 감정에 이입된다. ( )( )

78. 시대의 흐름에 역행해서라도 자신을 관철하고 싶다. ( )( )

79. 다른 사람의 소문에 관심이 없다. ( )( )

80. 창조적인 편이다. ( )( )

81. 비교적 눈물이 많은 편이다. ( )( )

82. 융통성이 있다고 생각한다. ( )( )

83. 친구의 휴대전화 번호를 잘 모른다. ( )( )

84. 스스로 고안하는 것을 좋아한다. ( )( )

85. 정이 두터운 사람으로 남고 싶다. ( )( )

86. 새로 나온 전자제품의 사용방법을 익히는 데 오래 걸린다. ( )( )

87. 세상의 일에 별로 관심이 없다. ( )( )

88. 변화를 추구하는 편이다. ( )( )

89. 업무는 인간관계로 선택한다. ( )( )

90. 환경이 변하는 것에 구애되지 않는다. ( )( )

91. 다른 사람들에게 첫인상이 좋다는 이야기를 자주 듣는다. ( )( )

92. 인생은 살 가치가 없다고 생각한다. ( )( )

93. 의지가 약한 편이다. ( )( )

94. 다른 사람이 하는 일에 별로 관심이 없다. ( )( )

95. 자주 넘어지거나 다치는 편이다. ( )( )

96. 심심한 것을 못 참는다. ( )( )

97. 다른 사람을 욕한 적이 한 번도 없다. ( )( )

98. 몸이 아프더라도 병원에 잘 가지 않는 편이다. ( )( )

99. 금방 낙심하는 편이다. ( )( )

100. 평소 말이 빠른 편이다. ( )( )

101. 어려운 일은 되도록 피하는 게 좋다. ( )( )

102. 다른 사람이 내 의견에 간섭하는 것이 싫다. ( )( )

103. 낙천적인 편이다. ( )( )

104. 남을 돕다가 오해를 산 적이 있다. ( )( )

105. 모든 일에 준비성이 철저한 편이다. ( )( )

106. 상냥하다는 말을 들은 적이 있다. ( )( )

107. 맑은 날보다 흐린 날을 더 좋아한다. ( )( )

108. 많은 친구들을 만나는 것보다 단 둘이 만나는 것이 더 좋다. ( )( )

109. 평소에 불평불만이 많은 편이다. ( )( )

110. 가끔 나도 모르게 엉뚱한 행동을 하는 때가 있다. ( )( )

111. 생리현상을 잘 참지 못하는 편이다. ( )( )

112. 다른 사람을 기다리는 경우가 많다. ( )( )

113. 술자리나 모임에 억지로 참여하는 경우가 많다. ( )( )

114. 결혼과 연애는 별개라고 생각한다. ( )( )

115. 노후에 대해 걱정이 될 때가 많다. ( )( )

116. 잃어버린 물건은 쉽게 찾는 편이다. ( )( )

	YES	NO

117. 비교적 쉽게 감격하는 편이다. ( )( )

118. 어떤 것에 대해서는 불만을 가진 적이 없다. ( )( )

119. 걱정으로 밤에 못 잘 때가 많다. ( )( )

120. 자주 후회하는 편이다. ( )( )

121. 쉽게 학습하지만 쉽게 잊어버린다. ( )( )

122. 낮보다 밤에 일하는 것이 좋다. ( )( )

123. 많은 사람 앞에서도 긴장하지 않는다. ( )( )

124. 상대방에게 감정 표현을 하기가 어렵게 느껴진다. ( )( )

125. 인생을 포기하는 마음을 가진 적이 한 번도 없다. ( )( )

126. 규칙에 대해 드러나게 반발하기보다 속으로 반발한다. ( )( )

127. 자신의 언행에 대해 자주 반성한다. ( )( )

128. 활동범위가 좁아 늘 가던 곳만 고집한다. ( )( )

129. 나는 끈기가 다소 부족하다. ( )( )

130. 좋다고 생각하더라도 좀 더 검토하고 나서 실행한다. ( )( )

131. 위대한 인물이 되고 싶다. ( )( )

132. 한 번에 많은 일을 떠맡아도 힘들지 않다. ( )( )

133. 사람과 약속은 부담스럽다. ( )( )

134. 질문을 받으면 충분히 생각하고 나서 대답하는 편이다. ( )( )

135. 머리를 쓰는 것보다 땀을 흘리는 일이 좋다. ( )( )

136. 결정한 것에는 철저히 구속받는다. ( )( )

137. 아무리 바쁘더라도 자기관리를 위한 운동을 꼭 한다. ( )( )

138. 이왕 할 거라면 일등이 되고 싶다. ( )( )

139. 과감하게 도전하는 타입이다. ( )( )

140. 자신은 사교적이 아니라고 생각한다. ( )( )

141. 무심코 도리에 대해서 말하고 싶어진다. ( )( )

142. 목소리가 큰 편이다. ( )( )

143. 단념하기보다 실패하는 것이 낫다고 생각한다. ( )( )

144. 예상하지 못한 일은 하고 싶지 않다. ( )( )

145. 파란만장하더라도 성공하는 인생을 살고 싶다. ( )( )

146. 활기찬 편이라고 생각한다. ( )( )

147. 자신의 성격으로 고민한 적이 있다. ( )( )

148. 무심코 사람들을 평가한다. （ ）（ ）

149. 때때로 성급하다고 생각한다. （ ）（ ）

150. 자신은 꾸준히 노력하는 타입이라고 생각한다. （ ）（ ）

151. 터무니없는 생각이라도 메모한다. （ ）（ ）

152. 리더십이 있는 사람이 되고 싶다. （ ）（ ）

153. 열정적인 사람이라고 생각한다. （ ）（ ）

154. 다른 사람 앞에서 이야기를 하는 것이 조심스럽다. （ ）（ ）

155. 세심하기보다 통찰력이 있는 편이다. （ ）（ ）

156. 엉덩이가 가벼운 편이다. （ ）（ ）

157. 여러 가지로 구애받는 것을 견디지 못한다. （ ）（ ）

158. 돌다리도 두들겨 보고 건너는 쪽이 좋다. （ ）（ ）

159. 자신에게는 권력욕이 있다. （ ）（ ）

160. 자신의 능력보다 과중한 업무를 할당받으면 기쁘다. （ ）（ ）

161. 사색적인 사람이라고 생각한다. （ ）（ ）

162. 비교적 개혁적이다. （ ）（ ）

163. 좋고 싫음으로 정할 때가 많다. （ ）（ ）

164. 전통에 얽매인 습관은 버리는 것이 적절하다. （ ）（ ）

165. 교제 범위가 좁은 편이다. （ ）（ ）

166. 발상의 전환을 할 수 있는 타입이라고 생각한다. （ ）（ ）

167. 주관적인 판단으로 실수한 적이 있다. （ ）（ ）

168. 현실적이고 실용적인 면을 추구한다. （ ）（ ）

169. 타고난 능력에 의존하는 편이다. （ ）（ ）

170. 다른 사람을 의식하여 외모에 신경을 쓴다. （ ）（ ）

171. 마음이 담겨 있으면 선물은 아무 것이나 좋다. （ ）（ ）

172. 여행은 내 마음대로 하는 것이 좋다. （ ）（ ）

173. 추상적인 일에 관심이 있는 편이다. （ ）（ ）

174. 큰일을 먼저 결정하고 세세한 일을 나중에 결정하는 편이다. （ ）（ ）

175. 괴로워하는 사람을 보면 답답하다. （ ）（ ）

176. 자신의 가치기준을 알아주는 사람은 아무도 없다. （ ）（ ）

177. 인간성이 없는 사람과는 함께 일할 수 없다. （ ）（ ）

178. 상상력이 풍부한 편이라고 생각한다. （ ）（ ）

179. 의리, 인정이 두터운 상사를 만나고 싶다. ( )( )

180. 인생은 앞날을 알 수 없어 재미있다. ( )( )

181. 조직에서 분위기 메이커다. ( )( )

182. 반성하는 시간에 차라리 실수를 만회할 방법을 구상한다. ( )( )

183. 늘 하던 방식대로 일을 처리해야 마음이 편하다. ( )( )

184. 쉽게 이룰 수 있는 일에는 흥미를 느끼지 못한다. ( )( )

185. 좋다고 생각하면 바로 행동한다. ( )( )

186. 후배들은 무섭게 가르쳐야 따라온다. ( )( )

187. 한 번에 많은 일을 떠맡는 것이 부담스럽다. ( )( )

188. 능력 없는 상사라도 진급을 위해 아부할 수 있다. ( )( )

189. 질문을 받으면 그때의 느낌으로 대답하는 편이다. ( )( )

190. 땀을 흘리는 것보다 머리를 쓰는 일이 좋다. ( )( )

191. 단체 규칙에 그다지 구속받지 않는다. ( )( )

192. 물건을 자주 잃어버리는 편이다. ( )( )

193. 불만이 생기면 즉시 말해야 한다. ( )( )

194. 안전한 방법을 고르는 타입이다. ( )( )

195. 사교성이 많은 사람을 보면 부럽다. ( )( )

196. 성격이 급한 편이다. ( )( )

197. 갑자기 중요한 프로젝트가 생기면 혼자서라도 야근할 수 있다. ( )( )

198. 내 인생에 절대로 포기하는 경우는 없다. ( )( )

199. 예상하지 못한 일도 해보고 싶다. ( )( )

200. 평범하고 평온하게 행복한 인생을 살고 싶다. ( )( )

201. 상사의 부정을 눈감아 줄 수 있다. ( )( )

202. 자신은 소극적이라고 생각하지 않는다. ( )( )

203. 이것저것 평하는 것이 싫다. ( )( )

204. 자신은 꼼꼼한 편이라고 생각한다. ( )( )

205. 꾸준히 노력하는 것을 잘 하지 못한다. ( )( )

206. 내일의 계획이 이미 머릿속에 계획되어 있다. ( )( )

207. 협동성이 있는 사람이 되고 싶다. ( )( )

208. 동료보다 돋보이고 싶다. ( )( )

209. 다른 사람 앞에서 이야기를 잘한다. ( )( )

210. 실행력이 있는 편이다. ( )( )

211. 계획을 세워야만 실천할 수 있다. ( )( )

212. 누구라도 나에게 싫은 소리를 하는 것은 듣기 싫다. ( )( )

213. 생각으로 끝나는 일이 많다. ( )( )

214. 피곤하더라도 웃으며 일하는 편이다. ( )( )

215. 과중한 업무를 할당받으면 포기해버린다. ( )( )

216. 상사가 지시한 일이 부당하면 업무를 하더라도 불만을 토로한다. ( )( )

217. 또래에 비해 보수적이다. ( )( )

218. 자신에게 손해인지 이익인지를 생각하여 결정할 때가 많다. ( )( )

219. 전통적인 방식이 가장 좋은 방식이라고 생각한다. ( )( )

220. 때로는 친구들이 너무 많아 부담스럽다. ( )( )

221. 상식적인 판단을 할 수 있는 타입이라고 생각한다. ( )( )

222. 너무 객관적이라는 평가를 받는다. ( )( )

223. 안정적인 방법보다는 위험성이 높더라도 높은 이익을 추구한다. ( )( )

224. 타인의 아이디어를 도용하여 내 아이디어처럼 꾸민 적이 있다. ( )( )

225. 조직에서 돋보이기 위해 준비하는 것이 있다. ( )( )

226. 선물은 상대방에게 필요한 것을 사줘야 한다. ( )( )

227. 나무보다 숲을 보는 것에 소질이 있다. ( )( )

228. 때때로 자신을 지나치게 비하하기도 한다. ( )( )

229. 조직에서 있는 듯 없는 듯한 존재이다. ( )( )

230. 다른 일을 제쳐두고 한 가지 일에 몰두한 적이 있다. ( )( )

231. 가끔 다음 날 지장이 생길 만큼 술을 마신다. ( )( )

232. 같은 또래보다 개방적이다. ( )( )

233. 사실 돈이면 안 될 것이 없다고 생각한다. ( )( )

234. 능력이 없더라도 공평하고 공적인 상사를 만나고 싶다. ( )( )

235. 사람들이 자신을 비웃는다고 종종 여긴다. ( )( )

236. 내가 먼저 적극적으로 사람들과 관계를 맺는다. ( )( )

237. 모임을 스스로 만들기보다 이끌려가는 것이 편하다. ( )( )

238. 몸을 움직이는 것을 좋아하지 않는다. ( )( )

239. 꾸준한 취미를 갖고 있다. ( )( )

240. 때때로 나는 경솔한 편이라고 생각한다. ( )( )

241. 때로는 목표를 세우는 것이 무의미하다고 생각한다. ( )( )

242. 어떠한 일을 시작하는데 많은 시간이 걸린다. ( )( )

243. 초면인 사람과도 바로 친해질 수 있다. ( )( )

244. 일단 행동하고 나서 생각하는 편이다. ( )( )

245. 여러 가지 일 중에서 쉬운 일을 먼저 시작하는 편이다. ( )( )

246. 마무리를 짓지 못해 포기하는 경우가 많다. ( )( )

247. 여행은 계획 없이 떠나는 것을 좋아한다. ( )( )

248. 욕심이 없는 편이라고 생각한다. ( )( )

249. 성급한 결정으로 후회한 적이 있다. ( )( )

250. 많은 사람들과 왁자지껄하게 식사하는 것을 좋아한다. ( )( )

251. 상대방의 잘못을 쉽게 용서하지 못한다. ( )( )

252. 주위 사람이 상처받는 것을 고려해 발언을 자제할 때가 있다. ( )( )

253. 자존심이 강한 편이다. ( )( )

254. 생각 없이 함부로 말하는 사람을 보면 불편하다. ( )( )

255. 다른 사람 앞에 내세울 만한 특기가 서너 개 정도 있다. ( )( )

256. 거짓말을 한 적이 한 번도 없다. ( )( )

257. 경쟁사라도 많은 연봉을 주면 옮길 수 있다. ( )( )

258. 자신은 충분히 신뢰할 만한 사람이라고 생각한다. ( )( )

259. 좋고 싫음이 얼굴에 분명히 드러난다. ( )( )

260. 다른 사람에게 욕을 한 적이 한 번도 없다. ( )( )

261. 친구에게 먼저 연락을 하는 경우가 드물다. ( )( )

262. 밥보다는 빵을 더 좋아한다. ( )( )

263. 누군가에게 쫓기는 꿈을 종종 꾼다. ( )( )

264. 삶은 고난의 연속이라고 생각한다. ( )( )

265. 쉽게 화를 낸다는 말을 듣는다. ( )( )

266. 지난 과거를 돌이켜 보면 괴로운 적이 많았다. ( )( )

267. 토론에서 진 적이 한 번도 없다. ( )( )

268. 나보다 나이가 많은 사람을 대하는 것이 불편하다. ( )( )

269. 의심이 많은 편이다. ( )( )

270. 주변 사람이 자기 험담을 하고 있다고 생각할 때가 있다. ( )( )

271. 이론만 내세우는 사람이라는 평가를 받는다. ( )( )

272. 실패보다 성공을 먼저 생각한다. ( )( )

273. 자신에 대한 자부심이 강한 편이다. ( )( )

274. 다른 사람들의 장점을 잘 보는 편이다. ( )( )

275. 주위에 괜찮은 사람이 거의 없다. ( )( )

276. 법에도 융통성이 필요하다고 생각한다. ( )( )

277. 쓰레기를 길에 버린 적이 없다. ( )( )

278. 차가 없으면 빨간 신호라도 횡단보도를 건넌다. ( )( )

279. 평소 식사를 급하게 하는 편이다. ( )( )

280. 동료와의 경쟁심으로 불법을 저지른 적이 있다. ( )( )

281. 자신을 배신한 사람에게는 반드시 복수한다. ( )( )

282. 오히려 고된 일을 헤쳐 나가는데 자신이 있다. ( )( )

283. 착한 사람이라는 말을 들을 때가 많다. ( )( )

284. 업무적인 능력으로 칭찬 받을 때가 자주 있다. ( )( )

285. 개성적인 사람이라는 말을 자주 듣는다. ( )( )

286. 누구와도 편하게 대화할 수 있다. ( )( )

287. 나보다 나이가 많은 사람들하고도 격의 없이 지낸다. ( )( )

288. 사물의 근원과 배경에 대해 관심이 많다. ( )( )

289. 쉬는 것보다 일하는 것이 편하다. ( )( )

290. 계획하는 시간에 직접 행동하는 것이 효율적이다. ( )( )

291. 높은 수익이 안정보다 중요하다. ( )( )

292. 지나치게 꼼꼼하게 검토하다가 시기를 놓친 경험이 있다. ( )( )

293. 이성보다 감성이 풍부하다. ( )( )

294. 약속한 일을 어기는 경우가 종종 있다. ( )( )

295. 생각했다고 해서 꼭 행동으로 옮기는 것은 아니다. ( )( )

296. 목표 달성을 위해서 타인을 이용한 적이 있다. ( )( )

297. 적은 친구랑 깊게 사귀는 편이다. ( )( )

298. 경쟁에서 절대로 지고 싶지 않다. ( )( )

299. 내일해도 되는 일을 오늘 안에 끝내는 편이다. ( )( )

300. 정확하게 한 가지만 선택해야 하는 결정은 어렵다. ( )( )

301. 시작하기 전에 정보를 수집하고 계획하는 시간이 더 많다. ( )( )

302. 복잡하게 오래 생각하기보다 일단 해나가며 수정하는 것이 좋다. ( )( )

303. 나를 다른 사람과 비교하는 경우가 많다. ( )( )

304. 개인주의적 성향이 강하여 사적인 시간을 중요하게 생각한다. ( )( )

305. 논리정연하게 말을 하는 편이다. ( )( )

306. 어떤 일을 하다 문제에 부딪히면 스스로 해결하는 편이다. ( )( )

307. 업무나 과제에 대한 끝맺음이 확실하다. ( )( )

308. 남의 의견에 순종적이며 지시받는 것이 편안하다. ( )( )

309. 부지런한 편이다. ( )( )

310. 뻔한 이야기나 서론이 긴 것을 참기 어렵다. ( )( )

311. 창의적인 생각을 잘 하지만 실천은 부족하다. ( )( )

312. 막판에 몰아서 일을 처리하는 경우가 종종 있다. ( )( )

313. 나는 의견을 말하기에 앞서 신중히 생각하는 편이다. ( )( )

314. 선입견이 강한 편이다. ( )( )

315. 돌발적이고 긴급한 상황에서도 쉽게 당황하지 않는다. ( )( )

316. 새로운 친구를 사귀는 것보다 현재의 친구들을 유지하는 것이 좋다. ( )( )

317. 글보다 말로 하는 것이 편할 때가 있다. ( )( )

318. 혼자 조용히 일하는 경우가 능률이 오른다. ( )( )

319. 불의를 보더라도 참는 편이다. ( )( )

320. 기회는 쟁취하는 사람의 것이라고 생각한다. ( )( )

321. 사람을 설득하는 것에 다소 어려움을 겪는다. ( )( )

322. 착실한 노력의 이야기를 좋아한다. ( )( )

323. 어떠한 일에도 의욕없이 임하는 편이다. ( )( )

324. 학급에서는 존재가 두드러졌다. ( )( )

325. 아무것도 생각하지 않을 때가 많다. ( )( )

326. 스포츠는 하는 것보다는 보는 게 좋다. ( )( )

327. '좀 더 노력하시오'라는 말을 듣는 편이다. ( )( )

328. 비가 오지 않으면 우산을 가지고 가지 않는다. ( )( )

329. 1인자보다는 조력자의 역할을 좋아한다. ( )( )

330. 의리를 지키는 타입이다. ( )( )

331. 리드를 하는 편이다. ( )( )

332. 신중함이 부족해서 후회한 적이 있다. ( )( )

333. 여유 있게 대비하는 타입이다. ( )( )

334. 업무가 진행 중이라도 야근을 하지 않는다.   (   )(   )

335. 생각날 때 방문하므로 부재중일 때가 있다.   (   )(   )

336. 노력하는 과정이 중요하고 결과는 중요하지 않다.   (   )(   )

337. 무리해서 행동할 필요는 없다.   (   )(   )

338. 종교보다 자기 스스로의 신념을 더 중요하게 생각한다.   (   )(   )

339. 정해진 대로 움직이는 편이 안심된다.   (   )(   )

340. 현실을 직시하는 편이다.   (   )(   )

341. 자유보다 질서를 중요시하는 편이다.   (   )(   )

342. 모두와 잡담하는 것을 좋아한다.   (   )(   )

343. 경험에 비추어 판단하는 편이다.   (   )(   )

344. 영화나 드라마는 각본의 완성도나 화면구성에 주목한다.   (   )(   )

345. 시대의 흐름 속에서 자신을 살게 하고 싶다.   (   )(   )

346. 다른 사람의 소문에 관심이 많은 편이다.   (   )(   )

347. 실무적인 편이다.   (   )(   )

348. 비교적 냉정한 편이다.   (   )(   )

349. 협조성이 있다고 생각한다.   (   )(   )

350. 오랜 기간 사귄 친한 친구가 많은 편이다.   (   )(   )

351. 정해진 순서에 따르는 것을 좋아한다.   (   )(   )

352. 이성적인 사람으로 남고 싶다.   (   )(   )

353. 평소 조바심을 느끼는 경우가 종종 있다.   (   )(   )

354. 세상의 일에 관심이 많다.   (   )(   )

355. 안정을 추구하는 편이다.   (   )(   )

356. 업무는 내용으로 선택한다.   (   )(   )

357. 되도록 환경은 변하지 않는 것이 좋다.   (   )(   )

358. 밝은 성격이다.   (   )(   )

359. 별로 반성하지 않는다.   (   )(   )

360. 자신을 시원시원한 사람이라고 생각한다.   (   )(   )

361. 활동범위가 비교적 넓은 편이다.   (   )(   )

362. 좋은 사람이 되고 싶다.   (   )(   )

363. 사람과 만날 약속은 즐겁다.   (   )(   )

364. 이미 결정된 것이라도 그다지 구속받지 않는다.   (   )(   )

365. 공과 사는 확실히 구분해야 된다고 생각한다.   ( )( )

366. 지위에 어울리면 된다.   ( )( )

367. 도리는 상관없다.   ( )( )

368. '참 착하네요'라는 말을 자주 듣는다.   ( )( )

369. 단념이 중요하다고 생각한다.   ( )( )

370. 누구도 예상하지 못한 일을 해보고 싶다.   ( )( )

371. 평소 몹시 귀찮아하는 편이라고 생각한다.   ( )( )

372. 특별히 소극적이라고 생각하지 않는다.   ( )( )

373. 자신은 성급하지 않다고 생각한다.   ( )( )

374. 내일의 계획은 머릿속에 기억한다.   ( )( )

375. 엉덩이가 무거운 편이다.   ( )( )

376. 특별히 구애받는 것이 없다.   ( )( )

377. 돌다리는 두들겨 보지 않고 건너도 된다.   ( )( )

378. 활동적인 사람이라고 생각한다.   ( )( )

379. 비교적 보수적이다.   ( )( )

380. 전통을 견실히 지키는 것이 적절하다.   ( )( )

381. 교제 범위가 넓은 편이다.   ( )( )

382. 너무 객관적이어서 실패하는 경우가 종종 있다.   ( )( )

383. 내가 누구의 팬인지 주변의 사람들이 안다.   ( )( )

384. 가능성보다 현실이다.   ( )( )

385. 그 사람에게 필요한 것을 선물하고 싶다.   ( )( )

386. 여행은 계획적으로 하는 것이 좋다.   ( )( )

387. 구체적인 일에 관심이 있는 편이다.   ( )( )

388. 일은 착실히 하는 편이다.   ( )( )

389. 괴로워하는 사람을 보면 우선 이유를 생각한다.   ( )( )

390. 가치 기준은 자신의 밖에 있다고 생각한다.   ( )( )

391. 밝고 개방적인 편이다.   ( )( )

392. 현실 인식을 잘하는 편이라고 생각한다.   ( )( )

393. 시시해도 계획적인 인생이 좋다.   ( )( )

394. 특정 인물이나 집단에서라면 가볍게 대화할 수 있다.   ( )( )

395. 사물에 대해 가볍게 생각하는 경향이 있다.   ( )( )

396. 계획을 정확하게 세워서 행동하는 것을 못한다.   ( )( )

397. 주변의 일을 여유 있게 해결한다.   ( )( )

398. 생각한 일은 반드시 행동으로 옮긴다.   ( )( )

399. 목표 달성에 별로 구애받지 않는다.   ( )( )

400. 경쟁하는 것을 좋아하지 않는다.   ( )( )

PART

04

면접

CHAPTER 01

면접의 기본

1 면접준비

(1) 면접의 기본 원칙

① **면접의 의미** … 면접이란 다양한 면접기법을 활용하여 지원한 직무에 필요한 능력을 지원자가 보유하고 있는지를 확인하는 절차라고 할 수 있다. 즉, 지원자의 입장에서는 채용 직무수행에 필요한 요건들과 관련하여 자신의 환경, 경험, 관심사, 성취 등에 대해 기업에 직접 어필할 수 있는 기회를 제공받는 것이며, 기업의 입장에서는 서류전형만으로 알 수 없는 지원자에 대한 정보를 직접적으로 수집하고 평가하는 것이다.

② **면접의 특징** … 면접은 기업의 입장에서 서류전형이나 필기전형에서 드러나지 않는 지원자의 능력이나 성향을 볼 수 있는 기회로, 면대면으로 이루어지며 즉흥적인 질문들이 포함될 수 있기 때문에 지원자가 완벽하게 준비하기 어려운 부분이 있다. 하지만 지원자 입장에서도 서류전형이나 필기전형에서 모두 보여주지 못한 자신의 능력 등을 기업의 인사담당자에게 어필할 수 있는 추가적인 기회가 될 수도 있다.

[서류 · 필기전형과 차별화되는 면접의 특징]

- 직무수행과 관련된 다양한 지원자 행동에 대한 관찰이 가능하다.
- 면접관이 알고자 하는 정보를 심층적으로 파악할 수 있다.
- 서류상의 미비한 사항과 의심스러운 부분을 확인할 수 있다.
- 커뮤니케이션 능력, 대인관계 능력 등 행동 · 언어적 정보도 얻을 수 있다.

③ **면접의 유형**

ㄱ **구조화 면접** : 구조화 면접은 사전에 계획을 세워 질문의 내용과 방법, 지원자의 답변 유형에 따른 추가 질문과 그에 대한 평가 역량이 정해져 있는 면접 방식으로 표준화 면접이라고도 한다.
  - 표준화된 질문이나 평가요소가 면접 전 확정되며, 지원자는 편성된 조나 면접관에 영향을 받지 않고 동일한 질문과 시간을 부여받을 수 있다.

- 조직 또는 직무별로 주요하게 도출된 역량을 기반으로 평가요소가 구성되어, 조직 또는 직무에서 필요한 역량을 가진 지원자를 선발할 수 있다.
- 표준화된 형식을 사용하는 특성 때문에 비구조화 면접에 비해 신뢰성과 타당성, 객관성이 높다.

ⓛ 비구조화 면접 : 비구조화 면접은 면접 계획을 세울 때 면접 목적만을 명시하고 내용이나 방법은 면접관에게 전적으로 일임하는 방식으로 비표준화 면접이라고도 한다.
- 표준화된 질문이나 평가요소 없이 면접이 진행되며, 편성된 조나 면접관에 따라 지원자에게 주어지는 질문이나 시간이 다르다.
- 면접관의 주관적인 판단에 따라 평가가 이루어져 평가 오류가 빈번히 일어난다.
- 상황 대처나 언변이 뛰어난 지원자에게 유리한 면접이 될 수 있다.

④ 경쟁력 있는 면접 요령

㉠ 면접 전에 준비하고 유념할 사항
- 예상 질문과 답변을 미리 작성한다.
- 작성한 내용을 문장으로 외우지 않고 키워드로 기억한다.
- 지원한 회사의 최근 기사를 검색하여 기억한다.
- 지원한 회사가 속한 산업군의 최근 기사를 검색하여 기억한다.
- 면접 전 1주일간 이슈가 되는 뉴스를 기억하고 자신의 생각을 반영하여 정리한다.
- 찬반토론에 대비한 주제를 목록으로 정리하여 자신의 논리를 내세운 예상답변을 작성한다.

㉡ 면접장에서 유념할 사항
- 질문의 의도 파악 : 답변을 할 때에는 질문 의도를 파악하고 그에 충실한 답변이 될 수 있도록 질문사항을 유념해야 한다. 많은 지원자가 하는 실수 중 하나로 답변을 하는 도중 자기 말에 심취되어 질문의 의도와 다른 답변을 하거나 자신이 알고 있는 지식만을 나열하는 경우가 있는데, 이럴 경우 의사소통능력이 부족한 사람으로 인식될 수 있으므로 주의하도록 한다.
- 답변은 두괄식 : 답변을 할 때에는 두괄식으로 결론을 먼저 말하고 그 이유를 설명하는 것이 좋다. 미괄식으로 답변을 할 경우 용두사미의 답변이 될 가능성이 높으며, 결론을 이끌어 내는 과정에서 논리성이 결여될 우려가 있다. 또한 면접관이 결론을 듣기 전에 말을 끊고 다른 질문을 추가하는 예상치 못한 상황이 발생될 수 있으므로 답변은 자신이 전달하고자 하는 바를 먼저 밝히고 그에 대한 설명을 하는 것이 좋다.

- 지원한 회사의 기업정신과 인재상을 기억 : 답변을 할 때에는 회사가 원하는 인재라는 인상을 심어 주기 위해 지원한 회사의 기업정신과 인재상 등을 염두에 두고 답변을 하는 것이 좋다. 모든 회사 에 해당되는 두루뭉술한 답변보다는 지원한 회사에 맞는 맞춤형 답변을 하는 것이 좋다.
- 나보다는 회사와 사회적 관점에서 답변 : 답변을 할 때에는 자기중심적인 관점을 피하고 좀 더 넓 은 시각으로 회사와 국가, 사회적 입장까지 고려하는 인재임을 어필하는 것이 좋다. 자기중심적 시 각을 바탕으로 자신의 출세만을 위해 회사에 입사하려는 인상을 심어줄 경우 면접에서 불이익을 받 을 가능성이 높다.
- 난처한 질문은 정직한 답변 : 난처한 질문에 답변을 해야 할 때에는 피하기보다는 정면 돌파로 정 직하고 솔직하게 답변하는 것이 좋다. 난처한 부분을 감추고 드러내지 않으려 회피하려는 지원자의 모습은 인사담당자에게 입사 후에도 비슷한 상황에 처했을 때 회피할 수도 있다는 우려를 심어줄 수 있다. 따라서 직장생활에 있어 중요한 덕목 중 하나인 정직을 바탕으로 솔직하게 답변을 하도록 한다.

(2) 면접의 종류 및 준비 전략

① 인성면접

   ㉠ 면접 방식 및 판단기준
   - 면접 방식 : 인성면접은 면접관이 가지고 있는 개인적 면접 노하우나 관심사에 의해 질문을 실시한 다. 주로 입사지원서나 자기소개서의 내용을 토대로 지원동기, 과거의 경험, 미래 포부 등을 이야 기하도록 하는 방식이다.
   - 판단기준 : 면접관의 개인적 가치관과 경험, 해당 역량의 수준, 경험의 구체성·진실성 등
   ㉡ 특징 : 인성면접은 그 방식으로 인해 역량과 무관한 질문들이 많고 지원자에게 주어지는 면접질문, 시간 등이 다를 수 있다. 또한 입사지원서나 자기소개서의 내용을 토대로 하기 때문에 지원자별 질 문이 달라질 수 있다.

ⓒ 예시 문항 및 준비전략

• 예시 문항

> • 3분 동안 자기소개를 해 보십시오.
> • 자신의 장점과 단점을 말해 보십시오.
> • 학점이 좋지 않은데 그 이유가 무엇입니까?
> • 최근에 인상 깊게 읽은 책은 무엇입니까?
> • 회사를 선택할 때 중요시하는 것은 무엇입니까?
> • 일과 개인생활 중 어느 쪽을 중시합니까?
> • 10년 후 자신은 어떤 모습일 것이라고 생각합니까?
> • 휴학 기간 동안에는 무엇을 했습니까?

• 준비전략 : 인성면접은 입사지원서나 자기소개서의 내용을 바탕으로 하는 경우가 많으므로 자신이 작성한 입사지원서와 자기소개서의 내용을 충분히 숙지하도록 한다. 또한 최근 사회적으로 이슈가 되고 있는 뉴스에 대한 견해를 묻거나 시사상식 등에 대한 질문을 받을 수 있으므로 이에 대한 대비도 필요하다. 자칫 부담스러워 보이지 않는 질문으로 가볍게 대답하지 않도록 주의하고 모든 질문에 입사 의지를 담아 성실하게 답변하는 것이 중요하다.

② 발표면접

㉠ 면접 방식 및 판단기준

• 면접 방식 : 지원자가 특정 주제와 관련된 자료를 검토하고 그에 대한 자신의 생각을 면접관 앞에서 주어진 시간 동안 발표하고 추가 질의를 받는 방식으로 진행된다.

• 판단기준 : 지원자의 사고력, 논리력, 문제해결력 등

㉡ 특징 : 발표면접은 지원자에게 과제를 부여한 후, 과제를 수행하는 과정과 결과를 관찰·평가한다. 따라서 과제수행 결과뿐 아니라 수행과정에서의 행동을 모두 평가할 수 있다.

ⓒ 예시 문항 및 준비전략

• 예시 문항

[신입사원 조기 이직 문제]

※ 지원자는 아래에 제시된 자료를 검토한 뒤, 신입사원 조기 이직의 원인을 크게 3가지로 정리하고 이에 대한 구체적인 개선안을 도출하여 발표해 주시기 바랍니다.

※ 본 과제에 정해진 정답은 없으나 논리적 근거를 들어 개선안을 작성해 주십시오.

• A기업은 동종업계 유사기업들과 비교해 볼 때, 비교적 높은 재무안정성을 유지하고 있으며 업무강도가 그리 높지 않은 것으로 외부에 알려져 있음.

• 최근 조사결과, 동종업계 유사기업들과 연봉을 비교해 보았을 때 연봉 수준도 그리 나쁘지 않은 편이라는 것이 확인되었음.

• 그러나 지난 3년간 1~2년차 직원들의 이직률이 계속해서 증가하고 있는 추세이며, 경영진 회의에서 최우선 해결과제 중 하나로 거론되었음.

• 이에 따라 인사팀에서 현재 1~2년차 사원들을 대상으로 개선되어야 하는 A기업의 조직문화에 대한 설문조사를 실시한 결과, '상명하복식의 의사소통'이 36.7%로 1위를 차지했음.

• 이러한 설문조사와 함께, 신입사원 조기 이직에 대한 원인을 분석한 결과 파랑새 증후군, 셀프홀릭 증후군, 피터팬 증후군 등 3가지로 분류할 수 있었음.

〈동종업계 유사기업들과의 연봉 비교〉   〈우리 회사 조직문화 중 개선되었으면 하는 것〉

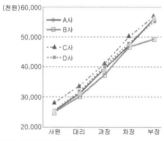

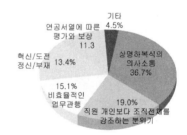

〈신입사원 조기 이직의 원인〉

• 파랑새 증후군
-현재의 직장보다 더 좋은 직장이 있을 것이라는 막연한 기대감으로 끊임없이 새로운 직장을 탐색함.
-학력 수준과 맞지 않는 '하향지원', 전공과 적성을 고려하지 않고 일단 취업하고 보자는 '묻지마 지원'이 파랑새 증후군을 초래함.

• 셀프홀릭 증후군
-본인의 역량에 비해 가치가 낮은 일을 주로 하면서 갈등을 느낌.

• 피터팬 증후군
-기성세대의 문화를 무조건 수용하기보다는 자유로움과 변화를 추구함.
-상명하복, 엄격한 규율 등 기성세대가 당연시하는 관행에 거부감을 가지며 직장에 답답함을 느낌.

- 준비전략 : 발표면접의 시작은 과제 안내문과 과제 상황, 과제 자료 등을 정확하게 이해하는 것에서 출발한다. 과제 안내문을 침착하게 읽고 제시된 주제 및 문제와 관련된 상황의 맥락을 파악한 후 과제를 검토한다. 제시된 기사나 그래프 등을 충분히 활용하여 주어진 문제를 해결할 수 있는 해결책이나 대안을 제시하며, 발표를 할 때에는 명확하고 자신 있는 태도로 전달할 수 있도록 한다.

③ 토론면접

㉠ 면접 방식 및 판단기준

- 면접 방식 : 상호갈등적 요소를 가진 과제 또는 공통의 과제를 해결하는 내용의 토론 과제를 제시하고, 그 과정에서 개인 간의 상호작용 행동을 관찰하는 방식으로 면접이 진행된다.
- 판단기준 : 팀워크, 적극성, 갈등 조정, 의사소통능력, 문제해결능력 등

㉡ 특징 : 토론을 통해 도출해 낸 최종안의 타당성도 중요하지만, 결론을 도출해 내는 과정에서의 의사소통능력이나 갈등상황에서 의견을 조정하는 능력 등이 중요하게 평가되는 특징이 있다.

㉢ 예시 문항 및 준비전략

- 예시 문항

> - 군 가산점제 부활에 대한 찬반토론
> - 비정규직 철폐에 대한 찬반토론
> - 대학의 영어 강의 확대 찬반토론

- 준비전략 : 토론면접은 무엇보다 팀워크와 적극성이 강조된다. 따라서 토론과정에 적극적으로 참여하며 자신의 의사를 분명하게 전달하며, 갈등상황에서 자신의 의견만 내세울 것이 아니라 다른 지원자의 의견을 경청하고 배려하는 모습도 중요하다. 갈등상황을 일목요연하게 정리하여 조정하는 등의 의사소통능력을 발휘하는 것도 좋은 전략이 될 수 있다.

④ 상황면접

㉠ 면접 방식 및 판단기준

- 면접 방식 : 상황면접은 직무 수행 시 접할 수 있는 상황들을 제시하고, 그러한 상황에서 어떻게 행동할 것인지를 이야기하는 방식으로 진행된다.
- 판단기준 : 해당 상황에 적절한 역량의 구현과 구체적 행동지표

ⓛ 특징: 실제 직무 수행 시 접할 수 있는 상황들을 제시하므로 입사 이후 지원자의 업무수행능력을 평가하는 데 적절한 면접 방식이다. 또한 지원자의 가치관, 태도, 사고방식 등의 요소를 통합적으로 평가하는 데 용이하다.

ⓒ 예시 문항 및 준비전략

• 예시 문항

> 당신은 생산관리팀의 팀원으로, 생산팀이 기한에 맞춰 효율적으로 제품을 생산할 수 있도록 관리하는 역할을 맡고 있습니다. 3개월 뒤에 제품A를 정상적으로 출시하기 위해 생산팀의 생산 계획을 수립한 상황입니다. 그러나 원가가 곧 실적으로 이어지는 구매팀에서는 최대한 원가를 줄여 전반적 단가를 낮추려고 원가절감을 위한 제안을 하였으나, 연구개발팀에서는 구매팀이 제안한 방식으로 제품을 생산할 경우 대부분이 구매팀의 실적으로 산정될 것이므로 제대로 확인도 해보지 않은 채 적합하지 않은 방식이라고 판단하고 있습니다. 당신은 어떻게 하겠습니까?

• 준비전략: 상황면접은 먼저 주어진 상황에서 핵심이 되는 문제가 무엇인지를 파악하는 것에서 시작한다. 주질문과 세부질문을 통하여 질문의 의도를 파악하였다면, 그에 대한 구체적인 행동이나 생각 등에 대해 응답할수록 높은 점수를 얻을 수 있다.

⑤ 역할면접

㉠ 면접 방식 및 판단기준

• 면접 방식: 역할면접 또는 역할연기 면접은 기업 내 발생 가능한 상황에서 부딪히게 되는 문제와 역할을 가상적으로 설정하여 특정 역할을 맡은 사람과 상호작용하고 문제를 해결해 나가도록 하는 방식으로 진행된다. 역할연기 면접에서는 면접관이 직접 역할연기를 하면서 지원자를 관찰하기도 하지만, 역할연기 수행만 전문적으로 하는 사람을 투입할 수도 있다.

• 판단기준: 대처능력, 대인관계능력, 의사소통능력 등

ⓛ 특징: 역할면접은 실제 상황과 유사한 가상 상황에서의 행동을 관찰함으로서 지원자의 성격이나 대처 행동 등을 관찰할 수 있다.

ⓒ 예시 문항 및 준비전략

• 예시 문항

> [금융권 역할면접의 예]
> 당신은 ○○은행의 신입 텔러이다. 사람이 많은 월말 오전 한 할아버지(면접관 또는 역할담당자)께서 ○○은행을 사칭한 보이스피싱으로 500만 원을 피해 보았다며 소란을 일으키고 있다. 실제 업무상황이라고 생각하고 상황에 대처해 보시오.

• 준비전략 : 역할연기 면접에서 측정하는 역량은 주로 갈등의 원인이 되는 문제를 해결 하고 제시된 해결방안을 상대방에게 설득하는 것이다. 따라서 갈등해결, 문제해결, 조정·통합, 설득력과 같은 역량이 중요시된다. 또한 갈등을 해결하기 위해서 상대방에 대한 이해도 필수적인 요소이므로 고객 지향을 염두에 두고 상황에 맞게 대처해야 한다.

역할면접에서는 변별력을 높이기 위해 면접관이 압박적인 분위기를 조성하는 경우가 많기 때문에 스트레스 상황에서 불안해하지 않고 유연하게 대처할 수 있도록 시간과 노력을 들여 충분히 연습하는 것이 좋다.

2 면접 이미지 메이킹

(1) 성공적인 이미지 메이킹 포인트

① 복장 및 스타일

ㄱ 남성

• 양복 : 양복은 단색으로 하며 넥타이나 셔츠로 포인트를 주는 것이 효과적이다. 짙은 회색이나 감청색이 가장 단정하고 품위 있는 인상을 준다.
• 셔츠 : 흰색이 가장 선호되나 자신의 피부색에 맞추는 것이 좋다. 푸른색이나 베이지색은 산뜻한 느낌을 줄 수 있다. 양복과의 배색도 고려하도록 한다.
• 넥타이 : 의상에 포인트를 줄 수 있는 아이템이지만 너무 화려한 것은 피한다. 지원자의 피부색은 물론, 정장과 셔츠의 색을 고려하며, 체격에 따라 넥타이 폭을 조절하는 것이 좋다.
• 구두 & 양말 : 구두는 검정색이나 짙은 갈색이 어느 양복에나 무난하게 어울리며 깔끔하게 닦아 준비한다. 양말은 정장과 동일한 색상이나 검정색을 착용한다.
• 헤어스타일 : 머리스타일은 단정한 느낌을 주는 짧은 헤어스타일이 좋으며 앞머리가 있다면 이마나 눈썹을 가리지 않는 선에서 정리하는 것이 좋다.

ⓒ 여성

- 의상 : 단정한 스커트 투피스 정장이나 슬랙스 슈트가 무난하다. 블랙이나 그레이, 네이비, 브라운 등 차분해 보이는 색상을 선택하는 것이 좋다.
- 소품 : 구두, 핸드백 등은 같은 계열로 코디하는 것이 좋으며 구두는 너무 화려한 디자인이나 굽이 높은 것을 피한다. 스타킹은 의상과 구두에 맞춰 단정한 것으로 선택한다.
- 액세서리 : 액세서리는 너무 크거나 화려한 것은 좋지 않으며 과하게 많이 하는 것도 좋은 인상을 주지 못한다. 착용하지 않거나 작고 깔끔한 디자인으로 포인트를 주는 정도가 적당하다.
- 메이크업 : 화장은 자연스럽고 밝은 이미지를 표현하는 것이 좋으며 진한 색조는 인상이 강해 보일 수 있으므로 피한다.
- 헤어스타일 : 커트나 단발처럼 짧은 머리는 활동적이면서도 단정한 이미지를 줄 수 있도록 정리한다. 긴 머리의 경우 하나로 묶거나 단정한 머리망으로 정리하는 것이 좋으며, 짙은 염색이나 화려한 웨이브는 피한다.

② 인사

㉠ 인사의 의미 : 인사는 예의범절의 기본이며 상대방의 마음을 여는 기본적인 행동이라고 할 수 있다. 인사는 처음 만나는 면접관에게 호감을 살 수 있는 가장 쉬운 방법이 될 수 있기도 하지만 제대로 예의를 지키지 않으면 지원자의 인성 전반에 대한 평가로 이어질 수 있으므로 각별히 주의해야 한다.

㉡ 인사의 핵심 포인트

- 인사말 : 인사말을 할 때에는 밝고 친근감 있는 목소리로 하며, 자신의 이름과 수험번호 등을 간략하게 소개한다.
- 시선 : 인사는 상대방의 눈을 보며 하는 것이 중요하며 너무 빤히 쳐다본다는 느낌이 들지 않도록 주의한다.
- 표정 : 인사는 마음에서 우러나오는 존경이나 반가움을 표현하고 예의를 차리는 것이므로 살짝 미소를 지으며 하는 것이 좋다.
- 자세 : 인사를 할 때에는 가볍게 목만 숙인다거나 흐트러진 상태에서 인사를 하지 않도록 주의하며 절도 있고 확실하게 하는 것이 좋다.

③ 시선처리와 표정, 목소리

  ㉠ **시선처리와 표정** : 표정은 면접에서 지원자의 첫인상을 결정하는 중요한 요소이다. 얼굴표정은 사람의 감정을 가장 잘 표현할 수 있는 의사소통 도구로 표정 하나로 상대방에게 호감을 주거나, 비호감을 사기도 한다. 호감이 가는 인상의 특징은 부드러운 눈썹, 자연스러운 미간, 적당히 볼록한 광대, 올라간 입 꼬리 등으로 가볍게 미소를 지을 때의 표정과 일치한다. 따라서 면접 중에는 밝은 표정으로 미소를 지어 호감을 형성할 수 있도록 한다. 시선은 면접관과 고르게 맞추되 생기 있는 눈빛을 띄도록 하며, 너무 빤히 쳐다본다는 인상을 주지 않도록 한다.

  ㉡ **목소리** : 면접은 주로 면접관과 지원자의 대화로 이루어지므로 목소리가 미치는 영향이 상당하다. 답변을 할 때에는 부드러우면서도 활기차고 생동감 있는 목소리로 하는 것이 면접관에게 호감을 줄 수 있으며 적당한 제스처가 더해진다면 상승효과를 얻을 수 있다. 그러나 적절한 답변을 하였음에도 불구하고 콧소리나 날카로운 목소리, 자신감 없는 작은 목소리는 답변의 신뢰성을 떨어뜨릴 수 있으므로 주의하도록 한다.

④ 자세

  ㉠ **걷는 자세**
  • 면접장에 입실할 때에는 상체를 곧게 유지하고 발끝은 평행이 되게 하며 무릎을 스치듯 11자로 걷는다.
  • 시선은 정면을 향하고 턱은 가볍게 당기며 어깨나 엉덩이가 흔들리지 않도록 주의한다.
  • 발바닥 전체가 닿는 느낌으로 안정감 있게 걸으며 발소리가 나지 않도록 주의한다.
  • 보폭은 어깨넓이만큼이 적당하지만, 스커트를 착용했을 경우 보폭을 줄인다.
  • 걸을 때도 미소를 유지한다.

  ㉡ **서있는 자세**
  • 몸 전체를 곧게 펴고 가슴을 자연스럽게 내민 후 등과 어깨에 힘을 주지 않는다.
  • 정면을 바라본 상태에서 턱을 약간 당기고 아랫배에 힘을 주어 당기며 바르게 선다.
  • 양 무릎과 발뒤꿈치는 붙이고 발끝은 11자 또는 V형을 취한다.
  • 남성의 경우 팔을 자연스럽게 내리고 양손을 가볍게 쥐어 바지 옆선에 붙이고, 여성의 경우 공수 자세를 유지한다.

ⓒ 앉은 자세

• 남성

> • 의자 깊숙이 앉고 등받이와 등 사이에 주먹 1개 정도의 간격을 두며 기대듯 앉지 않도록 주의한다. (남녀 공통 사항)
> • 무릎 사이에 주먹 2개 정도의 간격을 유지하고 발끝은 11자를 취한다.
> • 시선은 정면을 바라보며 턱은 가볍게 당기고 미소를 짓는다. (남녀 공통 사항)
> • 양손은 가볍게 주먹을 쥐고 무릎 위에 올려놓는다.
> • 앉고 일어날 때에는 자세가 흐트러지지 않도록 주의한다. (남녀 공통 사항)

• 여성

> • 스커트를 입었을 경우 왼손으로 뒤쪽 스커트 자락을 누르고 오른손으로 앞쪽 자락을 누르며 의자에 앉는다.
> • 무릎은 붙이고 발끝을 가지런히 하며, 다리를 왼쪽으로 비스듬히 기울이면 단정해 보이는 효과가 있다.
> • 양손을 모아 무릎 위에 모아 놓으며 스커트를 입었을 경우 스커트 위를 가볍게 누르듯이 올려놓는다.

(2) 면접 예절

① 행동 관련 예절

ⓐ 지각은 절대금물 : 시간을 지키는 것은 예절의 기본이다. 지각을 할 경우 면접에 응시할 수 없거나, 면접 기회가 주어지더라도 불이익을 받을 가능성이 높아진다. 따라서 면접장소가 결정되면 교통편과 소요시간을 확인하고 가능하다면 사전에 미리 방문해 보는 것도 좋다. 면접 당일에는 서둘러 출발하여 면접 시간 20~30분 전에 도착하여 회사를 둘러보고 환경에 익숙해지는 것도 성공적인 면접을 위한 요령이 될 수 있다.

ⓑ 면접 대기 시간 : 지원자들은 대부분 면접장에서의 행동과 답변 등으로만 평가를 받는다고 생각하지만 그렇지 않다. 면접관이 아닌 면접진행자 역시 대부분 인사실무자이며 면접관이 면접 후 지원자에 대한 평가에 있어 확신을 위해 면접진행자의 의견을 구한다면 면접진행자의 의견이 당락에 영향을 줄 수 있다. 따라서 면접 대기 시간에도 행동과 말을 조심해야 하며, 면접을 마치고 돌아가는 순간까지도 긴장을 늦춰서는 안 된다. 면접 중 압박적인 질문에 답변을 잘 했지만, 면접장을 나와 흐트러진 모습을 보이거나 욕설을 한다면 면접 탈락의 요인이 될 수 있으므로 주의해야 한다.

ⓒ 입실 후 태도 : 본인의 차례가 되어 호명되면 또렷하게 대답하고 들어간다. 만약 면접장 문이 닫혀 있다면 상대에게 소리가 들릴 수 있을 정도로 노크를 두세 번 한 후 대답을 듣고 나서 들어가야 한다. 문을 여닫을 때에는 소리가 나지 않게 조용히 하며 공손한 자세로 인사한 후 성명과 수험번호를 말하고 면접관의 지시에 따라 자리에 앉는다. 이 경우 착석하라는 말이 없는데 먼저 의자에 앉으면 무례한 사람으로 보일 수 있으므로 주의한다. 의자에 앉을 때에는 끝에 앉지 말고 무릎 위에 양손을 가지런히 얹는 것이 예절이라고 할 수 있다.

ⓔ 옷매무새를 자주 고치지 마라. : 일부 지원자의 경우 옷매무새 또는 헤어스타일을 자주 고치거나 확인 하기도 하는데 이러한 모습은 과도하게 긴장한 것 같아 보이거나 면접에 집중하지 못하는 것으로 보일 수 있다. 남성 지원자의 경우 넥타이를 자꾸 고쳐 맨다거나 정장 상의 끝을 너무 자주 만지작 거리지 않는다. 여성 지원자는 머리를 계속 쓸어 올리지 않고, 특히 짧은 치마를 입고서 신경이 쓰 여 치마를 끌어 내리는 행동은 좋지 않다.

ⓜ 다리를 떨거나 산만한 시선은 면접 탈락의 지름길 : 자신도 모르게 다리를 떨거나 손가락을 만지는 등 의 행동을 하는 지원자가 있는데, 이는 면접관의 주의를 끌 뿐만 아니라 불안하고 산만한 사람이라 는 느낌을 주게 된다. 따라서 가능한 한 바른 자세로 앉아 있는 것이 좋다. 또한 면접관과 시선을 맞추지 못하고 여기저기 둘러보는 듯한 산만한 시선은 지원자가 거짓말을 하고 있다고 여겨지거나 신뢰할 수 없는 사람이라고 생각될 수 있다.

② 답변 관련 예절

ⓞ 면접관이나 다른 지원자와 가치 논쟁을 하지 않는다. : 질문을 받고 답변하는 과정에서 면접관 또는 다른 지원자의 의견과 다른 의견이 있을 수 있다. 특히 평소 지원자가 관심이 많은 문제이거나 잘 알고 있 는 문제인 경우 자신과 다른 의견에 대해 이의가 있을 수 있다. 하지만 주의할 것은 면접에서 면접관 이나 다른 지원자와 가치 논쟁을 할 필요는 없다는 것이며 오히려 불이익을 당할 수도 있다. 정답이 정해져 있지 않은 경우에는 가치관이나 성장배경에 따라 문제를 받아들이는 태도에서 답변까지 충분 히 차이가 있을 수 있으므로 굳이 면접관이나 다른 지원자의 가치관을 지적하고 고치려 드는 것은 좋 지 않다.

ⓛ 답변은 항상 정직해야 한다. : 면접이라는 것이 아무리 지원자의 장점을 부각시키고 단점을 축소시키 는 것이라고 해도 절대로 거짓말을 해서는 안 된다. 거짓말을 하게 되면 지원자는 불안하거나 꺼림 칙한 마음이 들게 되어 면접에 집중을 하지 못하게 되고 수많은 지원자를 상대하는 면접관은 그것 을 놓치지 않는다. 거짓말은 그 지원자에 대한 신뢰성을 떨어뜨리며 이로 인해 다른 스펙이 아무리 훌륭하다고 해도 채용에서 탈락하게 될 수 있음을 명심하도록 한다.

ⓒ 경력직을 경우 전 직장에 대해 험담하지 않는다. : 지원자가 전 직장에서 무슨 업무를 담당했고 어떤 성과를 올렸는지는 면접관이 관심을 둘 사항일 수 있지만, 이전 직장의 기업문화나 상사들이 어땠 는지는 그다지 궁금해 하는 사항이 아니다. 전 직장에 대해 험담을 늘어놓는다든가, 동료와 상사에 대한 악담을 하게 된다면 오히려 지원자에 대한 부정적인 이미지만 심어줄 수 있다. 만약 전 직장 에 대한 말을 해야 할 경우가 생긴다면 가능한 한 객관적으로 이야기하는 것이 좋다.

ⓔ 자기 자신이나 배경에 대해 자랑하지 않는다. : 자신의 성취나 부모 형제 등 집안사람들이 사회·경제 적으로 어떠한 위치에 있는지에 대한 자랑은 면접관으로 하여금 지원자에 대해 오만한 사람이거나 배경에 의존하려는 나약한 사람이라는 이미지를 갖게 할 수 있다. 따라서 자기 자신이나 배경에 대 해 자랑하지 않도록 하고, 자신이 한 일에 대해서 너무 자세하게 얘기하지 않도록 주의해야 한다.

3 **면접 질문 및 답변 포인트**

(1) 가족 및 대인관계에 관한 질문

① 당신의 가정은 어떤 가정입니까?

면접관들은 지원자의 가정환경과 성장과정을 통해 지원자의 성향을 알고 싶어 이와 같은 질문을 한다. 비록 가정 일과 사회의 일이 완전히 일치하는 것은 아니지만 '가화만사성'이라는 말이 있듯이 가정이 화목해야 사회에서도 화목하게 지낼 수 있기 때문이다. 그러므로 답변 시에는 가족사항을 정확하게 설명하고 집안의 분위기와 특징에 대해 이야기하는 것이 좋다.

② 친구 관계에 대해 말해 보십시오.

지원자의 인간성을 판단하는 질문으로 교우관계를 통해 답변자의 성격과 대인관계능력을 파악할 수 있다. 새로운 환경에 적응을 잘하여 새로운 친구들이 많은 것도 좋지만, 깊고 오래 지속되어온 인간관계를 말하는 것이 더욱 바람직하다.

(2) 성격 및 가치관에 관한 질문

① 당신의 PR포인트를 말해 주십시오.

PR포인트를 말할 때에는 지나치게 겸손한 태도는 좋지 않으며 적극적으로 자기를 주장하는 것이 좋다. 앞으로 입사 후 하게 될 업무와 관련된 자기의 특성을 구체적인 일화를 더하여 이야기하도록 한다.

② 당신의 장·단점을 말해 보십시오.

지원자의 구체적인 장·단점을 알고자 하기 보다는 지원자가 자기 자신에 대해 얼마나 알고 있으며 어느 정도의 객관적인 분석을 하고 있나, 그리고 개선의 노력 등을 시도하는지를 파악하고자 하는 것이다. 따라서 장점을 말할 때는 업무와 관련된 장점을 뒷받침할 수 있는 근거와 함께 제시하며, 단점을 이야기할 때에는 극복을 위한 노력을 반드시 포함해야 한다.

③ 가장 존경하는 사람은 누구입니까?

존경하는 사람을 말하기 위해서는 우선 그 인물에 대해 알아야 한다. 잘 모르는 인물에 대해 존경한다고 말하는 것은 면접관에게 바로 지적당할 수 있으므로, 추상적이라도 좋으니 평소에 존경스럽다고 생각했던 사람에 대해 그 사람의 어떤 점이 좋고 존경스러운지 대답하도록 한다. 또한 자신에게 어떤 영향을 미쳤는지도 언급하면 좋다.

(3) 학교생활에 관한 질문

① 지금까지의 학교생활 중 가장 기억에 남는 일은 무엇입니까?

가급적 직장생활에 도움이 되는 경험을 이야기하는 것이 좋다. 또한 경험만을 간단하게 말하지 말고 그 경험을 통해서 얻을 수 있었던 교훈 등을 예시와 함께 이야기하는 것이 좋으나 너무 상투적인 답변이 되지 않도록 주의해야 한다.

② 성적은 좋은 편이었습니까?

면접관은 이미 서류심사를 통해 지원자의 성적을 알고 있다. 그럼에도 불구하고 이 질문을 하는 것은 지원자가 성적에 대해서 어떻게 인식하느냐를 알고자 하는 것이다. 성적이 나빴던 이유에 대해서 변명하려 하지 말고 담백하게 받아드리고 그것에 대한 개선노력을 했음을 밝히는 것이 적절하다.

(4) 지원동기 및 직업의식에 관한 질문

① 왜 우리 회사를 지원했습니까?

이 질문은 어느 회사나 가장 먼저 물어보고 싶은 것으로 지원자들은 기업의 이념, 대표의 경영능력, 재무구조, 복리후생 등 외적인 부분을 설명하는 경우가 많다. 이러한 답변도 적절하지만 지원 회사의 주력 상품에 관한 소비자의 인지도, 경쟁사 제품과의 시장점유율을 비교하면서 입사동기를 설명한다면 상당히 주목 받을 수 있을 것이다.

② 만약 이번 채용에 불합격하면 어떻게 하겠습니까?

불합격할 것을 가정하고 회사에 응시하는 지원자는 거의 없을 것이다. 이는 지원자를 궁지로 몰아넣고 어떻게 대응하는지를 살펴보며 입사 의지를 알아보려고 하는 것이다. 이 질문은 너무 깊이 들어가지 말고 침착하게 답변하는 것이 좋다.

③ 당신이 생각하는 바람직한 사원상은 무엇입니까?

직장인으로서 또는 조직의 일원으로서의 자세를 묻는 질문으로 지원하는 회사에서 어떤 인재상을 요구하는 가를 알아두는 것이 좋으며, 평소에 자신의 생각을 미리 정리해 두어 당황하지 않도록 한다.

④ 직무상의 적성과 보수의 많음 중 어느 것을 택하겠습니까?

이런 질문에서 회사 측에서 원하는 답변은 당연히 직무상의 적성에 비중을 둔다는 것이다. 그러나 적성만을 너무 강조하다 보면 오히려 솔직하지 못하다는 인상을 줄 수 있으므로 어느 한 쪽을 너무 강조하거나 경시하는 태도는 바람직하지 못하다.

⑤ 상사와 의견이 다를 때 어떻게 하겠습니까?

과거와 다르게 최근에는 상사의 명령에 무조건 따르겠다는 수동적인 자세는 바람직하지 않다. 회사에서는 때에 따라 자신이 판단하고 행동할 수 있는 직원을 원하기 때문이다. 그러나 지나치게 자신의 의견만을 고집한다면 이는 팀원 간의 불화를 야기할 수 있으며 팀 체제에 악영향을 미칠 수 있으므로 선호하지 않는다는 것에 유념하여 답해야 한다.

⑥ 근무지가 지방인데 근무가 가능합니까?

근무지가 지방 중에서도 특정 지역은 되고 다른 지역은 안 된다는 답변은 바람직하지 않다. 직장에서는 순환 근무라는 것이 있으므로 처음에 지방에서 근무를 시작했다고 해서 계속 지방에만 있는 것은 아님을 유의하고 답변하도록 한다.

(5) 여가 활용에 관한 질문

취미가 무엇입니까?

기초적인 질문이지만 특별한 취미가 없는 지원자의 경우 대답이 애매할 수밖에 없다. 그래서 가장 많이 대답하게 되는 것이 독서, 영화감상, 혹은 음악감상 등과 같은 흔한 취미를 말하게 되는데 이런 취미는 면접관의 주의를 끌기 어려우며 설사 정말 위와 같은 취미를 가지고 있다하더라도 제대로 답변하기는 힘든 것이 사실이다. 가능하면 독특한 취미를 말하는 것이 좋으며 이제 막 시작한 것이라도 열의를 가지고 있음을 설명할 수 있으면 그것을 취미로 답변하는 것도 좋다.

(6) 지원자를 당황하게 하는 질문

① 성적이 좋지 않은데 이 정도의 성적으로 우리 회사에 입사할 수 있다고 생각합니까?

비록 자신의 성적이 좋지 않더라도 이미 서류심사에 통과하여 면접에 참여하였다면 기업에서는 지원자의 성적보다 성적 이외의 요소, 즉 성격·열정 등을 높이 평가했다는 것이라고 할 수 있다. 그러나 이런 질문을 받게 되면 지원자는 당황할 수 있으나 주눅 들지 말고 침착하게 대처하는 면모를 보인다면 더 좋은 인상을 남길 수 있다.

② 당신은 이 회사에 적합하지 않은 것 같군요.

이 질문은 지원자의 입장에서 상당히 곤혹스러울 수밖에 없다. 질문을 듣는 순간 그렇다면 면접은 왜 참가시킨 것인가 하는 생각이 들 수도 있다. 하지만 당황하거나 흥분하지 말고 침착하게 자신의 어떤 면이 회사에 적당하지 않는지 겸손하게 물어보고 지적당한 부분에 대해서 고치겠다는 의지를 보인다면 오히려 자신의 능력을 어필할 수 있는 기회로 사용할 수도 있다.

③ 다시 공부할 계획이 있습니까?

이 질문은 지원자가 합격하여 직장을 다니다가 공부를 더 하기 위해 회사를 그만 두거나 학습에 더 관심을 두어 일에 대한 능률이 저하될 것을 우려하여 묻는 것이다. 이때에는 당연히 학습보다는 일을 강조해야 하며, 업무 수행에 필요한 학습이라면 업무에 지장이 없는 범위에서 야간학교를 다니거나 회사에서 제공하는 연수 프로그램 등을 활용하겠다고 답변하는 것이 적당하다.

⑤ 지원한 분야가 전공한 분야와 다른데 여기 일을 할 수 있겠습니까?

수험생의 입장에서 본다면 지원한 분야와 전공이 다르지만 서류전형과 필기전형에 합격하여 면접을 보게 된 경우라고 할 수 있다. 이는 결국 해당 회사의 채용 방침상 전공에 크게 영향을 받지 않는다는 것이므로 무엇보다 자신이 전공하지는 않았지만 어떤 업무도 적극적으로 임할 수 있다는 자신감과 능동적인 자세를 보여주도록 노력하는 것이 좋다.

CHAPTER
02 **면접기출**

---

1 **토론면접**

한 가지 주제에 대해 찬반을 정하여 30분 정도 토론을 진행한다.

① 공기업 민영화에 대한 찬반토론

② 업무 외 시간에 개인적인 일과 회사의 긴급한 잔업이 충돌한다면 잔업 여부에 대한 찬반토론

---

2 **인성면접**

① 자기소개를 해 보시오.

② 지원 동기는 무엇인가?

③ 한국장학재단에 입사하게 되면 어떤 마음으로 회사생활을 할 것인가?

④ 가장 열정적으로 추진했던 경험에 대해 말해 보시오.

⑤ 학자금대출 이용경험이 있다면 말해 보시오.

⑥ 우리 재단에서 추진하고 있는 사업에 대해 말해 보시오.

⑦ 우리 재단의 대출상품의 개선점에 대해 말해 보시오.

⑧ 자신이 생각한 학자금 대출상품이 있다면 말해 보시오.

⑨ 우리 재단이 나아가야 할 방향을 제시하시오.

⑩ 가장 자신 있게 할 수 있는 업무는 무엇인가?

⑪ 가장 해보고 싶은 업무는 무엇인가?

⑫ 최근 본 뉴스와 우리 재단과의 연관점에 대해 말해 보시오.

⑬ 한국장학재단의 사회공헌사업에 대해 평가하고 앞으로 나아갈 방향성에 대해 말해 보시오.

⑭ 자신만의 스트레스 해소 방법이 있다면 무엇인가?

⑮ 10년 후의 자신의 모습에 대해 생각해 본다면?

⑯ 마지막으로 하고 싶은 말은?

자격증

한번에 따기 위한 서원각 교재

한 권에 따기 시리즈 / 기출문제 정복하기 시리즈를 통해 자격증 준비하자!